CW00970720

Por qué las mujeres salvarán el planeta

CICLOGÉNESIS 9 | RAYO VERDE

R

Por qué las mujeres salvarán el planeta

Varias autoras

Vandana Shiva, Maria Mies, Yayo Herrero, entre más de veinte autoras, proponen ensayos y entrevistas ecofeministas para cambiarlo todo.

Rayo verde
editorial

Primera edición, 1000 ejemplares: marzo 2019
Segunda edición, 200 ejemplares: diciembre 2019

Título original: *Why Women Will Save The Planet*
Copyright © Friends of the Earth Trust Ltd and C40 Cities, 2018
Copyright © Friends of the Earth Trust Ltd, 2015
Why Women Will Save the Planet was first published in English in 2015
by Zed Books Ltd, of Unit 2.8 The Foundry, 17 Oval Way, London SE11
5RR, UK. La edición en español publicada por Rayo Verde editorial ha
sido acordada a través de Oh!Books Literary Agency

Traducción del inglés: Víctor Sabaté
Diseño de la cubierta: Tono Cristòfol
© de la ilustración de la cubierta: © Andreu Zaragoza
Corrección: Carlos Marín, Marc Fàbregas
Producción editorial: Marta Castell, Maria Murillo

Publicado por Rayo Verde Editorial
Gran Via de les Corts Catalanes 514, 1° 7ª, 08015 Barcelona
www.rayoverde.es
📷 🐦 @Rayo_Verde 𝐟 RayoVerdeEditorial

Impresión: Estugraf
Depósito legal: B 6367-2019
ISBN: 978-84-16689-86-6
BIC: JFFK; RNA; DN

Impreso en España - *Printed in Spain*

Índice

El poder del optimismo tenaz

Christiana Figueres
Exdirectora de la Convención Marco de las Naciones
Unidas sobre el Cambio Climático y una de las principales
impulsoras del Acuerdo de París de 2015

*Esta entrevista con Christiana Figueres, la arquitecta del Acuerdo
de París de 2015, tuvo lugar mientras Christiana se encontraba en
su ciudad natal, San José, en Costa Rica. Su entrevistadora fue
una periodista radicada en Londres, y el día en que conversaron se
vivió en el Reino Unido la jornada más calurosa de un mes de junio
de los últimos cuarenta años (34,5 °C).*

¿Puedes explicar cómo desarrollaste tus ideas sobre aquella negociación de lo innegociable que fue el Acuerdo de París de 2015? ¿Tu enfoque se basó en técnicas de liderazgo empresarial o en algo más personal?

Me gustaría poder decir que tenía una metodología clara en mi cabeza, pero la verdad es que no fue así. Para mí, había dos ingredientes fundamentales: por un lado, mis valores y principios, y por otro, mi intuición. Los valores y los principios constituyeron la base de mi trabajo, pero para moverme y para desarrollar los fundamentos me basé mucho en la intuición.

La gente suele esforzarse en ocultar sus valores en el trabajo. ¿Hacen bien?

Yo he elegido ser muy abierta, voy a pecho descubierto con mis valores, mis principios y mis convicciones. Creo que de este modo es más transparente: la gente sabe de dónde vengo y pueden escoger por sí mismas si quieren unirse o no. Saben qué es lo que se van a encontrar si trabajan conmigo. Yo me esfuerzo por trabajar desde el amor y el respeto profundos hacia todas las personas, sin importar su lugar de origen, su identidad sexual o su edad.

Cuando ocupé la Secretaría Ejecutiva [de la Convención sobre Cambio Climático] de las Naciones Unidas en Bonn en 2010, lo primero que hice no fue averiguar cómo funcionaba la administración de la ONU, aunque no había dirigido nunca un departamento de esta organización, sino más bien preguntar: «¿Cómo están los trabajadores?, ¿cómo andan de ánimos?». Sabía que la moral estaba baja después de Copenhague 2009, así que durante mi primer año me dediqué a intentar entender a las quinientas personas que trabajaban en el secretariado de la Convención Marco de las Naciones Unidas sobre el Cambio Climático (CMNUCC).

La prioridad fue desarrollar todo tipo de proyectos para la gente que trabajaba allí, para mejorar su calidad de vida, no su rendimiento. Dije: «Por favor, dime qué te impide venir a trabajar con una sonrisa». El Smile Project («proyecto sonrisa») identificó las cosas que el personal deseaba cambiar, y entonces desarrollamos un proyecto a partir de eso. Pero ese amor y ese respeto profundos hacia las personas dentro del secretariado también se aplican fuera de él; son los mismos valores, los mismos principios, la misma convicción de respetar auténtica y profundamente la fabulosa diversidad que tenemos los seres humanos: las tradiciones culturales, las creencias, las necesidades, los intereses... Todas esas diferencias tienen que respetarse de forma genuina. Y hay que hacerlo sin esperar que la gente cambie su forma de pensar o de actuar, o la forma en la que interactúan unos con otros.

Ése es un primer valor. Otro, que es verdaderamente útil, es saber escuchar profundamente.

A escuchar profundamente he aprendido sobre la marcha, y lo he hecho porque tuve un trauma personal muy grave, que ocurrió a mitad de mi período en el secretariado, y llegué a sentirme profundamente desesperada. Me refugié en el budismo para encontrar consuelo y comprensión. Y mientras estudiaba budismo aprendí el arte de escuchar profundamente de Thich Nhat Hanh, fundador de Plum Village, una comunidad budista en el exilio. El arte de escuchar profundamente se complementa a la perfección con el primer valor del que te he hablado (porque se deriva del respeto hacia la otra persona), pero te coloca de forma activa en la posición de no juzgar y de preguntar y escuchar profunda y atentamente a las personas con las que estás interactuando. Fue muy útil para mí tanto desde un punto de vista personal como profesional. El respeto profundo al que me refería antes es más pasivo, pero la escucha es la parte activa de tu interacción con la gente. No les dices qué tienen que hacer, sino que les preguntas cómo se sienten y qué opinan de las cosas.

El optimismo tenaz es algo que también he desarrollado sobre la marcha. Llegué a él cuando me di cuenta de que, aunque era insuficiente, el marco global para abordar el cambio climático era igualmente necesario. Había tantas pruebas sobre el cambio climático y estaban sucediendo tantas cosas que iban contra los esfuerzos por frenarlo que tenía que mantenerme bien asida a mi optimismo. Mi optimismo era necesario porque no había otra forma de enfrentarme a ello, pero también tenía que ser tenaz, en el sentido de darme cuenta de que había muchos obstáculos, no para minimizarlos, sino para tener claro el objetivo final y para saber que de algún modo conseguiríamos superarlos, que los venceríamos o los evitaríamos de una u otra forma, pero que teníamos que alcanzar nuestro objetivo.

Así que mi optimismo tenaz es una forma provocativa de decir «optimismo incansable».

¿Qué diferencias has visto —o querrías ver— en las dinámicas de las reuniones cuando éstas tienen una proporción equitativa de hombres y mujeres?

Sería muy simplista e irresponsable hacer una declaración que pretendiera generalizar sobre esto. Hecha esta puntualización, creo que hay una energía femenina —que muchos hombres también tienen— que lleva a tener una actitud abierta y una mayor capacidad para lidiar con la complejidad y con las diferencias de opinión. Por supuesto, no podemos pasar de «muchas mujeres» y «muchos hombres» a establecer una generalización.

Pero tiendo a observar que muchas mujeres son más receptivas a las diferencias de opinión y están acostumbradas a trabajar con ellas y a conseguir un resultado fruto de la colaboración y no de la imposición. Las mujeres tienden a usar la colaboración y la sabiduría colectiva —lo que yo llamo liderazgo colectivo— para ocuparse de los problemas.

¿Puedes extenderte un poco más sobre esta idea de liderazgo colectivo?

El liderazgo colectivo es uno de mis conceptos preferidos. Me di cuenta enseguida de que no tenía respuestas para todo; de que, de hecho, no tenía respuestas para casi nada. Pero sabía que, colectivamente, sí podíamos llegar a esas respuestas.

En vez de mantener alejadas a las personas o a las instituciones, yo siempre intenté de forma deliberada que nos abriéramos a tantos actores, voces y opiniones como fuera posible. Para mí está muy claro que la sabiduría es más sabia cuando se produce de forma colectiva. Dos mentes piensan mejor que una; diez, mejor que dos, y mil, mejor que diez. Hace que las cosas sean más complicadas y el proceso más lento, pero al final creo que el resultado es más sólido.

Has vivido y viajado por muchos lugares. ¿Hay alguna ciudad que ofrezca oportunidades de trabajo y de calidad de vida independientemente del género o del salario?

No creo que esta pregunta se pueda responder con un sí o un no. La situación de las mujeres puede ubicarse en una posición relativa —un poco mejor o un poco peor— dentro de un abanico de posibilidades. Deja que lo plantee de otra forma: podríamos colocar las diferentes ciudades del mundo en un eje según las oportunidades o la igualdad de oportunidades de la que gozan en ellas las mujeres. Te diría que mi ciudad natal, San José, en Costa Rica, ofrece en la actualidad muchas oportunidades para las mujeres, aunque seguramente hace treinta o cuarenta años no eran tantas. Cuando estoy en casa, puedo ver una brillante generación de jóvenes mujeres profesionales que trabajan codo con codo —tanto entre ellas como con hombres fantásticos— y que están alcanzando con cierta facilidad y comodidad posiciones de liderazgo. Por supuesto, hay muchos países y muchas ciudades que se encuentran muy por detrás en este sentido, pero es muy emocionante ver que esto está empezando a ocurrir en algunos países en desarrollo.

Ahora vivo en Londres. Londres es una buena ciudad para la mayoría de las mujeres (no para todas, como no lo es para todo el mundo). En muchos países desarrollados, las ciudades reconocen el valor de trabajar con el 100% del potencial social, tanto masculino como femenino. Usar únicamente el 50% del potencial social no nos llevará mucho más lejos de donde estamos ahora. Alcanzar el 100% de nuestro potencial es un poderoso impulso positivo.

Lo que hace difícil responder a tu pregunta de forma tajante es que cada mujer se enfrenta a una realidad diferente. Cuando hablo de las buenas oportunidades para las mujeres en Costa Rica no quisiera dar la impresión de que cada mujer costarricense siente que tiene igualdad de oportunidades. Pero el hecho es que si sitúas la ciudad de San José en el eje que comentaba antes, o la comparas con la media, puede decirse que las mujeres en esta ciudad tienen oportunidades bastante buenas. Obviamente, si miramos caso por caso encontraremos mujeres que no han tenido problemas para llegar a donde querían y que han conseguido alcanzar la igualdad salarial, pero también encontraremos mujeres que están muy oprimidas.

Como sociedad nos estamos moviendo hacia la dirección correcta, pero cada uno de nosotros se sitúa en un punto diferente del continuo de oportunidades. Y es más complicado aún. Puede darse el caso de una mujer que esté muy oprimida en el plano personal, pero que tenga éxito profesional, o a la inversa. El éxito personal y profesional no siempre van de la mano, aunque muchas veces sí lo hagan.

Has advertido de que era necesario un cambio radical en los flujos de financiación de las industrias de combustibles fósiles para garantizar que el mundo pueda cumplir sus obligaciones de reducción de emisiones y alcanzar los objetivos de la lucha contra el cambio climático. Desde 2015, ¿ves algún cambio positivo al respecto?

Sí, creo que es algo que está ocurriendo. Afortunadamente, se está incrementando tanto el ritmo como la escala, aunque no tan rápido como me gustaría. El mercado de bonos verdes ha crecido desde los diez u once mil millones de dólares de hace unos años a cuarenta mil millones, luego a ochenta mil, y este año [2017] se estima que llegará a unos ciento veintitrés mil millones de dólares. Y éste es sólo un instrumento financiero, no el único. En los movimientos de inversión y desinversión hemos visto también una tendencia favorable a las tecnologías con menos emisiones de carbono en detrimento de las tecnologías más intensivas en carbono. Lo estamos viendo. Aunque, como digo, no tan rápido como nos gustaría.

Muchos nos sentimos impotentes para contribuir a solucionar los grandes problemas mundiales. Cuando tú tuviste el poder para hacer cambios en el período previo al Acuerdo de París de 2015 usaste ese optimismo tenaz del

que hablabas antes. ¿Cómo podemos las mujeres ponerlo en práctica para ayudar a crear los grandes cambios que se necesitan?

A todos nos motiva algo en la vida. Todos sentimos pasión por algo. En mi caso, me siento permanente y consistentemente motivada por mis hijas: dos mujeres fantásticas que ahora tienen veintisiete y veintinueve años. Estoy muy orgullosa de ellas, pero para mí también representan a las generaciones del futuro que van a padecer los efectos del cambio climático. Las dos mantienen vivas mis ganas de seguir adelante y de trabajar con tanta pasión como lo hago. Ésa es mi elección personal.

En general, siempre he creído que deberíamos trabajar en cuestiones por las que sintamos pasión. No creo que alguien que se levanta y va a trabajar simplemente porque «ése es su empleo» pueda dar el 150% de su potencial en su trabajo. Cuando mis hijas dudan entre empleos, o entre áreas de trabajo, siempre les pregunto: «¿Con cuál de ellas te sientes más identificada?». Si tu trabajo es tu pasión, se activan muchos más componentes de quien eres como ser humano. En tu profesión no sólo activas tu intelecto, activas todo tu ser. Alguien que sólo trabaja con su cabeza está minimizando la huella que podría dejar con su trabajo. Puedes dejar una huella mucho más profunda en lo que haces, sea lo que sea, si trabajas con la cabeza, el corazón y el alma, juntos y en sintonía. Mi elección fue el cambio climático, pero cualquiera debería elegir el campo en el que pueda dejar huella.

¿Por qué el cambio climático se convirtió en tu pasión?

Cuando era una niña viajé con mis padres —ambos estuvieron siempre metidos en política— a todos los rincones de Costa Rica, y una de las cosas más asombrosas que vi fue un pequeño sapo dorado, una especie endémica de un parque nacional de Costa Rica. Me pareció maravilloso. Cuando mis hijas llegaron a la misma edad que tenía yo cuando lo vi, descubrí que aquella especie de sapo se había extinguido. [El sapo dorado fue avistado por última vez en 1989 en el bosque de Monteverde, en Costa Rica, por lo que se considera una especie extinguida. Su desaparición fue la primera extinción atribuida al calentamiento global causado por la actividad humana].

Me impresionó el hecho de que hubiera especies que se extinguían durante mi vida. Pensé: «Esto no es lo que los padres deberían hacer, dejar como herencia un planeta cada vez más limitado a sus hijos. Deberían dejar como herencia un planeta mejor». Y entonces es cuando empecé a pensar en lo que está sucediendo.

En tu opinión, ¿por qué las mujeres salvarán el mundo?

No creo que las mujeres vayan a salvar el planeta por sí solas. Mujeres y hombres tenemos que unir fuerzas y maximizar nuestro potencial conjunto y colectivo para mejorar el mundo. Creo que la complementariedad de los enfoques que los dos géneros podemos aportar es exactamente lo que necesitamos. No podemos avanzar de manera significativa con un solo enfoque. Necesitamos un equilibrio. Necesitamos singularidades tanto masculinas como femeninas.

Y para los hombres es igual: necesitan equilibrar sus singularidades masculinas con características femeninas para dejar más huella. Esta necesidad de equilibrio sirve tanto para una persona como para una familia; y ambas singularidades son necesarias en una organización, en un país y desde luego también en el planeta si queremos alcanzar un equilibrio. El problema es que durante miles de años han predominado las singularidades masculinas. Si las mujeres tienen las mismas oportunidades para contribuir al bienestar global seremos capaces de crear un mundo más seguro, más justo y más próspero: mediante la participación universal alcanzaremos un bienestar universal.

Empoderar a las mujeres para potenciar el Acuerdo de París sobre el cambio climático

Patricia Espinosa
Secretaria ejecutiva de la Convención Marco de las
Naciones Unidas sobre Cambio Climático (CMNUCC)

Vivimos tiempos difíciles, pero también apasionantes. En nuestra época se conjugan una grave amenaza y una gran oportunidad. La amenaza proviene de muchos frentes, y el cambio climático no hace más que agravar los desafíos a los que se enfrenta la humanidad.

La pérdida de vidas humanas y de medios de subsistencia debida al impacto del cambio climático y de otras amenazas es inaceptable. El coste humano y económico de no actuar es demasiado alto.

Pero actuar sobre el cambio climático representa también una gran oportunidad. Es una forma de asegurar una paz duradera y una prosperidad generalizada. La lucha contra el cambio climático puede sacar a mucha gente de la pobreza y garantizar que se cubran sus necesidades, incluso si tenemos en cuenta que el aumento de población que se prevé para las próximas décadas nos llevará a los diez mil millones de habitantes en la Tierra en 2050.

En este momento, el sistema multilateral con el que trabajamos se está viendo sometido a una dura prueba. Los gobiernos nacionales no pueden garantizar por sí solos una prosperidad permanente si no llevan a cabo una transformación en su desarrollo social y económico orientada a minimizar los riesgos y aprovechar la oportunidad que se presenta ante nosotros.

La transformación de nuestras sociedades y economías requiere la participación de todo el mundo en una agenda común.

Está claro que la respuesta al cambio climático precisa una rápida transición del modelo de negocios convencional a una economía mundial flexible y con bajas emisiones de carbono.

También está claro que esta transición tiene que llevarse a cabo de forma que sea inclusiva, justa y equitativa. Los países han articulado esta visión a través del Acuerdo de París sobre el cambio climático, la Agenda 2030 para el Desarrollo Sostenible y el Marco de Sendai para la Reducción del Riesgo de Desastres.

Una cuestión común en estos programas es el reconocimiento de que la igualdad de género y el empoderamiento de las mujeres y las niñas son un elemento clave para su implementación exitosa.

Incorporar y empoderar a las mujeres y a las niñas en el desarrollo y la implementación de las soluciones para el cambio climático es lo correcto, y también lo más inteligente.

Colaboración inteligente

Disponemos de fuertes evidencias que relacionan directamente la inclusión de las mujeres en las políticas y soluciones aplicadas en la lucha contra el cambio climático con mejores resultados, mayor crecimiento económico y soluciones más sostenibles. Pero no podemos dar por sentado que la igualdad de género y el empoderamiento de mujeres y niñas en el contexto de la lucha contra el cambio climático y a favor del desarrollo sostenible será algo que sucederá sin más.

En todo el mundo existen barreras culturales, estructurales e institucionales que debemos superar para asegurarnos de que las mujeres tengan voz, capacidad de intervención y autoridad para poder contribuir de forma plena y efectiva a las soluciones contra el cambio climático, así como para poder beneficiarse de ellas.

Los gobiernos, las empresas, las organizaciones intergubernamentales y la sociedad civil deben ejercer su liderazgo para concienciar, impulsar y garantizar que el cambio climático sea verdaderamente sensible al género.

Este objetivo va a requerir un nivel sin precedentes de colaboración y cooperación entre estos actores.

El Acuerdo de París y la Agenda 2030 proporcionan un marco para el seguimiento del progreso tanto para los gobiernos nacionales como para todos aquellos cuyo compromiso es necesario para lograr una transformación sostenible exitosa, como las ciudades, regiones, empresas o inversores, entre otros.

Nuestra capacidad para calibrar este esfuerzo colectivo será fundamental para evaluar y hacer los ajustes necesarios a la contribución de cada nación al Acuerdo de París y a los planes de lucha contra el cambio climático.

Las mujeres pueden y deben ser empoderadas para contribuir al éxito de nuestros objetivos globales.

Iniciativas como Women4Climate de C40 Cities pueden convertirse en una importante contribución a estos esfuerzos; sus investigaciones sobre la relación entre el género, las ciudades y el cambio climático ya han empezado a ofrecer resultados. Los amplios conjuntos de datos recogidos refuerzan y mejoran las políticas sobre el cambio climático, ya que garantizan que las necesidades, perspectivas y preferencias del conjunto de la población se encuentren representadas.

Las mujeres constituyen el 50% de la población y no pueden ser excluidas de las decisiones sobre el desarrollo.

Otra innovadora iniciativa es el estudio —el primero en su campo— del Comité de Ayuda al Desarrollo de la OCDE (Organización para la Cooperación y el Desarrollo Económicos), que realizó un seguimiento sobre cómo las mujeres se beneficiaban de la financiación relacionada con el cambio climático, concretamente de las ayudas oficiales bilaterales para el desarrollo centradas en el medioambiente.

Los resultados del estudio mostraron que la coincidencia entre la ayuda para el desarrollo de la lucha contra el cambio climático y el apoyo a la igualdad de género representó únicamente un 30% de las ayudas bilaterales en 2014, un total de ocho mil millones de dólares. Si damos más importancia a la igualdad y la situamos como un objetivo primordial, las instituciones que prestan ayuda se asegurarán de que sus recursos llegan a los que más los necesitan. Esta es la base para lograr un cambio verdaderamente transformador y una recuperación duradera.

Otro hallazgo fundamental apunta a que sería necesario un mayor esfuerzo en la mejora de las oportunidades de participación de las mujeres en la economía verde. Esto es completamente cierto, tenemos que mejorar en este sentido.

Insto a que cada municipio evalúe sus planes contra el cambio climático e integre consideraciones de género para alcanzar soluciones climáticas más eficaces y sostenibles. Que sesenta y cuatro países ya hayan avanzado en este sentido al incluir enfoques sensibles al género en las acciones que han adoptado bajo el Acuerdo de París es una excelente noticia, pero es necesario seguir avanzando.

Los países saldrán muy beneficiados al descubrir las sinergias entre la lucha contra el cambio climático y las acciones que favorezcan el empoderamiento de las mujeres. Esta es una de las lecciones más importantes que hemos aprendido de las ciudades y las regiones que han impulsado colaboraciones con la sociedad civil, el sector privado y las organizaciones locales de mujeres.

Existe un creciente reconocimiento mundial de la urgencia de aumentar el número de mujeres en los centros de decisiones y los puestos de liderazgo para luchar contra el cambio climático y a favor de la sostenibilidad. Pero siguen existiendo numerosas barreras en todos los sectores de la economía: en el sector privado, en las instituciones políticas públicas y en la creación de nuevas empresas.

Dar voz a las mujeres

Una barrera clave en el sector agrícola es el sesgo de género en la propiedad y el acceso a la tierra. Por ejemplo, en Tanzania, aunque las mujeres tienen derecho a acceder legalmente a las tierras, eso no es suficiente, porque los hombres toman muchas de las decisiones sobre la propiedad de las tierras, lo que hace más complicado para ellas expandir o diversificar su actividad agrícola. Esto puede ralentizar o impedir respuestas que hagan frente a los impactos climáticos.

Esta arraigada dinámica se repite demasiado a menudo, en demasiados lugares, y es algo que tenemos que cambiar. Un ejemplo sobre cómo enfrentarse a ella es el énfasis en el liderazgo femenino de la iniciativa Women4Climate de C40 Cities, que establece un programa de orientación para las mujeres jóvenes que formarán nuestra próxima generación de lideresas y facilita que éstas puedan dialogar con las lideresas actuales.

Personalmente, estoy muy orgullosa de ser una de las mentoras de la iniciativa, y trabajo para permitir que más mujeres jóvenes sean capaces de enfrentarse a los desafíos del cambio climático en sus propias comunidades.

En junio de 2017 tuve la suerte de que se me invitara a participar en la red International Gender Champions y de ayudar a empoderar a más lideresas. Hago todo lo posible para crear más espacios que den voz a las mujeres.

Una de las acciones que llevé a cabo fue la firma del compromiso de paridad, con el que me comprometo a pedir a los organizadores de cualquier evento en el que participe que respeten el equilibrio de género entre los participantes en debates o mesas redondas. Creo que todas las organizaciones deberían rendir cuentas sobre ello, y quiero asegurarme de que, cuando hablamos de un asunto tan importante como el cambio climático, las mujeres que han trabajado en este campo tengan igualdad de oportunidades para compartir sus conocimientos y perspectivas. Esto enriquece las discusiones y aumenta la visibilidad de lideresas y mujeres especialistas en estos campos.

La iniciativa Impulso para el Cambio del secretariado que dirijo en las Naciones Unidas también está aumentando la visibilidad de las mujeres que luchan contra el cambio climático. «Impulso para el Liderazgo de las Mujeres», uno de los elementos de esta iniciativa, ha generado una gran cantidad de acciones locales creativas e innovadoras lideradas por mujeres.

Como reconocimiento de la importancia del liderazgo para impulsar el cambio hacia acciones más sensibles al género contra el cambio climático, este 2017, «Impulso para el Liderazgo de las Mujeres» diferencia por primera vez entre dos áreas: el empoderamiento y el liderazgo.

Abiertos al cambio

Seguiremos dando visibilidad a esfuerzos como el de Dar Si Hmad, la Actividad Faro de Impulso para el Cambio de 2016 en Marruecos, que fue sede de la conferencia de ONU Cambio Climático 2016. El grupo liderado por mujeres del proyecto Dar Si Hmad diseñó e instaló el mayor sistema operativo de captación de agua de niebla del mundo. Con la ayuda de 600 metros cuadrados de unas redes especiales consiguen extraer agua fresca de la niebla para más de cuatrocientas personas en cinco comunidades vulnerables en el borde del árido desierto del Sahara.

El agua, un recurso valioso y escaso, juega un papel fundamental en las vidas de las mujeres de estas áreas, las cuales a menudo tienen que desplazarse durante tres horas diarias a lejanos pozos, a veces agotados. Esta innovadora solución a los continuos problemas causados por la falta de agua está inspirada en algunas prácticas antiguas, actualizadas con un toque moderno que garantizará resultados duraderos.

Cuando se instaló la infraestructura para extraer y distribuir el agua de la niebla, se equipó a las mujeres de las aldeas con teléfonos móviles y se les enseñó a controlar el sistema, manteniendo así su papel ancestral como gestoras de este recurso.

Como Jamila Bargach, directora de Dar Si Hmad, me explicó, no se trata sólo del medioambiente y de desarrollar resiliencia para el cambio climático: «Las mujeres han ganado medio día, que han invertido en actividades productivas como la elaboración de aceite de argán. Esto ha sido beneficioso para ellas, para sus familias y para sus comunidades».

Éste es sólo un ejemplo entre los muchos que podrían ilustrar los múltiples beneficios que pueden lograrse cuando las mujeres dirigen el diseño y la implementación de soluciones a los problemas climáticos.

En la XXIII Conferencia sobre Cambio Climático de Bonn (COP 23), celebrada en noviembre de 2017, se acordó que los miembros de la Convención Marco de Naciones Unidas sobre el Cambio Climático revisarán información técnica para entender los desafíos para la participación plena e igualitaria de las mujeres en las reuniones de ONU Cambio Climático. Este análisis de las opciones para aumentar el número de mujeres participantes debería ofrecer diversos modos de romper las barreras que impiden que las mujeres lleguen a los más altos niveles de gobernanza global.

Así pues, podemos ver progresos tanto en el ámbito comunitario como en el internacional.

Las mujeres están ganando terreno en las comunidades rurales agrícolas y en las ciudades más grandes y de más rápido crecimiento. Pero esto no es suficiente.

Debemos compartir lo que hemos aprendido a través de estudios, informes técnicos y en proyectos sobre el terreno. Debemos prestar atención a los proyectos presentados por Impulso para el Cambio, por C40 y por otras muchas iniciativas que están trabajando para empoderar a las mujeres y para aumentar su presencia en cada comunidad de cada país.

Los que ahora ostentan el poder tienen que darles espacio y la oportunidad de ser escuchadas. Los líderes deben prestar atención a todas las voces, especialmente a las de quienes han sido históricamente infrarrepresentados, y escuchar con sinceridad y reflexionar profundamente. Deben estar abiertos al cambio.

Las acciones contra el cambio climático nos ofrecen la oportunidad de mejorar el desarrollo social y económico. Tenemos que aprovechar esta oportunidad para conseguir que las mujeres y las niñas se sitúen en una posición de igualdad en el seno de una sociedad estable y sostenible marcada por una paz duradera y por la prosperidad. Así es como las mujeres salvarán el planeta.

El murmullo del césped en verano: ciudades, género y cambio climático

Susan Buckingham
Investigadora independiente sobre estudios de género y
consultora y geógrafa feminista. Cambridge, Reino Unido

Es un hecho que las ciudades contribuyen negativamente al cambio climático. Pero, al mismo tiempo, pueden liderar la lucha contra él y encontrar nuevas formas de controlarlo y mitigarlo: en su mejor versión, hasta las ciudades más grandes y caóticas pueden ser creativas, seductoras y apasionantes. Las ciudades pueden proporcionar a las mujeres y los hombres la libertad de encontrar su auténtico yo, y ofrecernos oportunidades para convivir de forma constructiva, sin que importe nuestra religión, cultura, etnia, sexualidad, edad, responsabilidades familiares o cualquier otra diferencia. Las ciudades pueden convertirse en el contexto y el espacio en el que se produzcan cambios sociales, medioambientales y políticos —desde protestas multitudinarias a proyectos ecológicos comunitarios y arte imaginativo— que nos animen a pensar nuevas maneras de convivir con los demás y con la naturaleza.

Pero, en su peor versión, las ciudades también pueden ser alienantes y contribuir a la división social. La riqueza extrema, e incluso el bienestar «simplemente confortable», hace que los que gozan de seguridad financiera vivan en una burbuja que los aísla del lado oscuro de las ciudades, como las personas sin hogar, o con problemas de adicción, o las trabajadoras sexuales o las bandas callejeras.

Las ciudades son constructos influenciados por las estructuras sociales, económicas y culturales: desde grandilocuentes significantes del capital como los rascacielos que acogen bancos de inversión hasta centros comerciales privados que intentan evitar que los pobres accedan a ellos, o que incluso los echan por la fuerza, pasando por barrios residenciales vallados, sólo para ricos. Como tales, las ciudades llevan la marca de la desigualdad de género: es muy frecuente que los edificios y la planificación urbana creen barreras a la accesibilidad y a la sensación de seguridad, provocando así una sensación de hostilidad, o que se muestren indiferentes a la hora de reflejar la importancia de las mujeres. Por ejemplo: ¿cuántas estatuas que celebran las vidas de mujeres puedes recordar en las ciudades que conoces, en comparación con los cientos de estatuas de políticos y militares varones que existen en las ciudades de todo el mundo? La explicación más simple a este hecho es que las ciudades han sido construidas por hombres y para hombres, y que por lo tanto alienan a las mujeres y evitan que formen parte activa y plena de la vida urbana.

Por muy imaginativos que puedan ser los arquitectos, planificadores y diseñadores urbanos, es imposible para ellos entender totalmente las vidas y preocupaciones de quienes no son como ellos.

De modo que las personas que quedan fuera de lo que éstos pueden comprender siguen siendo marginadas a medida que las ciudades se expanden horizontal y verticalmente. Ni siquiera las ciudades jardín y las pequeñas poblaciones que pretendían liberar, a principios del siglo XX, a sus nuevos habitantes de las oscuras, húmedas, superpobladas e insalubres grandes ciudades industriales inglesas supieron prestar atención a las preocupaciones de las mujeres. Y unas ciudades que refuerzan la desigualdad de género tienden a empeorar el cambio climático.

¿Quién diseña las ciudades?

A pesar de las iniciativas en todo el mundo para que las mujeres jóvenes estudien materias CTIM (el acrónimo que sirve para designar las disciplinas académicas de ciencia, tecnología, ingeniería y matemáticas), la mayoría de los desarrolladores, planificadores, arquitectos, aparejadores, urbanistas e ingenieros civiles siguen siendo hombres. También suelen serlo los políticos municipales y nacionales que toman decisiones sobre la construcción de edificios y sobre la urbanización, demolición o reconstrucción de áreas urbanas e infraestructuras. Además, muchos proyectos urbanos responden al vanidoso intento de mejorar la imagen de las compañías que los financian, los políticos que los aprueban y los arquitectos «estrella» que los diseñan. También gran parte de los proyectos de movilidad se diseñan y construyen de forma aislada, centrados en sí mismos en vez de pensarse de acuerdo con las necesidades de los barrios que atraviesan. Por ejemplo, North Kensington, en Londres, fue dividido por la ampliación y elevación de la autopista que se construyó en la década de 1960. A pesar de la enérgica oposición y la lucha de los vecinos, el proyecto de la autopista Westway salió adelante y creó una barrera entre la próspera zona al sur de la carretera —que incluye la mitad inferior de Kensington y Chelsea— y la zona norte de Kensington, ahora caracterizada por grandes bloques de alojamiento y famosa por el incendio de la torre Grenfell en 2017. Esta autopista conecta el centro de Londres con los pudientes suburbios y ciudades dormitorio al oeste de la capital, y permite a los conductores desplazarse rápidamente de una zona a otra, ajenos a la destrucción de la comunidad que vive bajo la estructura de la carretera elevada —donde los sintecho sufren la polución del paso de vehículos— e ignorantes de las vidas de las personas que habitan en Lancaster West Estate, el complejo del que formaba parte la torre Grenfell, levantado en la década de 1970, tras la construcción de Westway.

Tiempo atrás, la periodista sobre arquitectura y autora de *Muerte y vida de las grandes ciudades*, Jane Jacobs, había tenido más éxito al llamar la atención sobre los intereses y procedimientos municipales, políticos y financieros que apoyaban la construcción de autopistas sobre enormes franjas de grandes ciudades estadounidenses.[1] Estas carreteras estaban flanqueadas por grandes bloques de alojamiento y oficinas, y todavía podemos ver reflejos de esta tendencia urbanística en muchas ciudades del mundo. Sus críticas y el activismo local de la década de 1950 consiguieron impulsar las exitosas protestas contra la destrucción del Greenwich Village (área residencial neoyorquina originada en el siglo XIX) y del parque Washinghton Square. Su defensa de las ciudades a escala humana fue criticada por el célebre urbanista estadounidense Lewis Mumford, que en su columna en el *New Yorker* se refirió despectivamente a las ideas de la periodista como «los remedios caseros de mamá Jacobs contra el cáncer urbanístico» y a su visión de las actividades cotidianas del barrio como «los pequeños flirteos que ponen un poco de sal a la vida de las amas de casa».[2] La crítica de Mumford asume que las actividades que implican el cuidado no remunerado de niños, vecinos o ancianos y las relacionadas con el cuidado y abastecimiento del hogar son menos válidas que las de quienes trabajan fuera de casa en empleos remunerados. Esta asunción sigue vigente en la actualidad, cuando, por ejemplo, en los debates sobre movilidad y transporte escolar, se considera que los viajes cortos en coche (realizados sobre todo por mujeres) son más prescindibles que los desplazamientos al lugar de trabajo (realizados sobre todo por hombres).

Lo cierto es que son estos últimos quienes se benefician más de las redes viarias de alta velocidad que se construyen como parte del desarrollo y las renovaciones urbanas. Por ejemplo,

1 Jacobs, J. (2011). *Muerte y vida de las grandes ciudades*. Madrid: Capitan Swing.
2 Citado en Solnit, R. (2007). *Storming the Gates of Paradise: Landscapes for Politics*. Berkeley: University of California Press.

las carreteras principales, como el caso de Westway que hemos mencionado antes, suelen tener un diseño radial, pensado para ayudar al empleado que se desplaza a su zona de trabajo, a pesar de que «él» va a realizar un único desplazamiento de ida y vuelta al día, en comparación con los múltiples viajes encadenados de «ella» relacionados con actividades de cuidado y mantenimiento domésticos. Y, pese a esta disparidad en el número de trayectos, las mujeres son más propensas que los hombres a usar el transporte público, lo que les supone una mayor pérdida de tiempo e incrementa la complejidad de sus desplazamientos para acompañar a las guarderías y escuelas a los niños y niñas y a otros parientes que dependen de ellas a las consultas médicas o a los hospitales, así como para hacer las compras domésticas de sus hogares y/o los de los vecinos, todo ello compaginado en ocasiones con un trabajo remunerado a tiempo completo o parcial en el que, por si fuera poco, suelen cobrar menos que los hombres.

La historiadora urbana y profesora de arquitectura Dolores Hayden ha criticado que los barrios residenciales situados en las afueras de las ciudades estadounidenses hayan sido diseñados para fosilizar y establecer como modelo un tipo de familia culturalmente específico: una unidad familiar con un «padre de familia» que trae el dinero a casa y con un «ama de casa» que realiza un trabajo doméstico y de crianza de los hijos e hijas no remunerado.[3] Además, estos barrios residenciales, en los que cada casa esta separada de las demás, tienen importantes costes sociales y medioambientales: por un lado, multiplican el número de desplazamientos en coche y la distancia de los mismos, y por otro, cada casa y su jardín tienen que equiparse con electrodomésticos e instalaciones que no pueden compartirse. Todo ello estimula un consumo ambientalmente destructivo y conduce a un aislamiento aún mayor, a un estilo de vida que

---

3 Hayden, D. (1980). «What would a non-sexist city look like? Speculations on housing, urban design and human work». *Signs*, vol. 5, núm. 3, pp. 170-187.

Joni Mitchell reflejó poéticamente en su canción de 1975 *The Hissing of Summer Lawns*, que podría traducirse como «el murmullo del césped en verano».

Otra consecuencia de situar las zonas residenciales (de uso extensivo) alejadas de los centros de trabajo remunerados (con un uso intensivo del suelo), así como mantener las zonas residenciales de familias de ingresos altos separadas de las de bajos ingresos, es la carga adicional que se establece sobre las personas con menos recursos que trabajan en las oficinas y hogares de las familias más adineradas. Algunos estudios en Estambul[4] y en Santiago de Chile[5] han analizado los desplazamientos llevados a cabo por mujeres con bajos ingresos entre sus hogares en zonas periféricas y sus trabajos como empleadas domésticas, niñeras o cuidadoras en oficinas centrales o en hogares de familias adineradas. Desplazamientos de hasta tres horas por trayecto, que todavía se alargan más por la búsqueda de medios de transporte más económicos, hacen aún más complicadas las ya de por sí difíciles vidas de estas trabajadoras. Una ciudad con distancias más cortas —como el modelo que Berlín se ha propuesto alcanzar— reduciría las emisiones de carbono y haría más fáciles las vidas de las mujeres.

Además, las decisiones de planificación y las políticas de salud y educación, en el Reino Unido especialmente desde finales de la década de 1990, han tendido a situar los centros de enseñanza secundaria, hospitales y universidades en ubicaciones no siempre bien comunicadas por transporte público. Esto genera tráfico adicional y aumenta las emisiones de gases de efecto invernadero, además de complicar las labores de cuidados de muchas mujeres y algunos hombres. Inés Sánchez de Madariaga,

4 Beyazit, E. (2016). «Gendered mobilities: commuting experiences of female domestic workers in Istanbul», *Engendering Habitat III International Conference*, Madrid, 5-7 de octubre de 2016.
5 Jiron, P. (2008). *Mobility on the move: examining urban daily mobility practices in Santiago de Chile* (tesis doctoral). Londres: London School of Economics and Political Science.

en un estudio en el que aboga por una movilidad del cuidado, presenta datos de la Encuesta Europea Armonizada sobre el Empleo del Tiempo que demuestran que las mujeres dedican el doble de tiempo que los hombres a las labores de cuidado y trabajo domésticos y que, sin un sistema de transporte público que reconozca la importancia de minimizar sus desplazamientos, la calidad de vida de las mujeres y la del medioambiente se ven seriamente comprometidas. La solución que propone Sánchez de Madariaga es una ciudad de distancias cortas, con énfasis en lo local, que minimice el daño medioambiental y amplíe las oportunidades de contacto vecinal.[6]

Las compras por Internet tal vez parezcan una solución para las personas con poco tiempo, pero se trata de un aspecto cuyo impacto sobre el medioambiente y las necesidades de las mujeres hay que tener muy en cuenta. No se ha investigado demasiado sobre el impacto medioambiental de las compras por Internet, pero un reciente informe estadounidense las relacionó con el aumento del tiempo de los desplazamientos, los atascos, la velocidad media y las emisiones de gases de efecto invernadero en la red de transporte urbano.[7] Por otra parte, la asociación 1 Million Women, que aspira a construir un «movimiento de mujeres y niñas fuertes e inspiradoras que actúen contra el cambio climático», destaca el sustancial aumento en la demanda de cartón debido a las compras por Internet.[8]

Muchas decisiones sobre planificación y diseño, asimismo, han provocado que las ciudades se perciban como inseguras, y es frecuente que las decisiones políticas no hagan más que

6 Sánchez de Madariaga, I. (2013). «Mobility of care: introducing new concepts in urban transport», en Sánchez de Madariaga, I. y Roberts, M. (eds.), *Fair Shared Cities: The Impact of Gender Planning in Europe*. Farnham: Ashgate, pp. 33-48.
7 Laghaei, J.; Faghri, A. y Li, M. (2015). «Impacts of home shopping on vehicle operations and greenhouse gas emissions: multi-year regional study». *International Journal of Sustainable Development and World Ecology*, vol. 23, núm. 5, pp. 381-391.
8 1 Million Women (2016). «What's the environmental impact of your online shopping habits?». Recuperado de: www.1millionwomen.com.au/blog/whats-environmental-impact-your-online-shopping-habits/.

agravar este problema. La iluminación, por ejemplo, es una cuestión controvertida en la que la necesidad de reducir el consumo energético va en detrimento de la seguridad; recientemente, hemos visto un caso que ejemplifica este problema, cuando algunas asociaciones de mujeres en Cambridge (Reino Unido) protestaron contra la decisión de la autoridad viaria de reducir la iluminación nocturna como medida de ahorro energético. Las calles y las zonas públicas sin vigilancia nos parecen inseguras, y las circunstancias para que esto suceda suelen corresponder al cambio en los usos del lugar: de un uso mixto a una sola actividad. Jane Jacobs escribe con entusiasmo sobre la coreografía urbana cotidiana que empieza con la temprana apertura de las tiendas, la salida de los primeros viajeros de los trenes, y continúa con los niños acompañados a la escuela por sus madres, que luego compran y socializan en el parque y en las calles.[9] El día termina con los bares y restaurantes activos hasta última hora de la tarde. Con tantas actividades y de tan distinta naturaleza, la calle nunca queda sin vigilancia. Pero cuando toda esta variedad de actividades se reemplaza por un monocultivo de pisos, u oficinas, o tiendas, entonces no sólo aumentan el número de desplazamientos, la contaminación y los niveles de aislamiento, sino que la gente —y especialmente las mujeres— se siente menos segura.

Al fin y al cabo, ¿quién construye las ciudades? Aparejadores, urbanistas, ingenieros civiles, arquitectos y otras profesiones relacionadas con la construcción y el medioambiente están dominadas por hombres, y, posiblemente, por una visión maculina.[10] En 2015, sólo el 35% de los miembros del Royal Town Planning Institute eran mujeres —y no todas ellas habían ejer-

9 Jacobs, J., *op. cit.*
10 Buckingham, S. y Kulcur, R. (2017). «It's not just the numbers: challenging masculinist working practices in climate change decision-making in UK government and non-governmental organizations», en Griffin Cohen, M. (ed.), *Climate Change and Gender in Rich Countries: Work, Public Policy and Action*. Londres: Routledge.

cido como planificadoras urbanas—.[11] Según *The Architects' Journal*, el porcentaje de arquitectas profesionales registradas en el Reino Unido constituye únicamente el 25% del total de arquitectos.[12] Un amplio estudio sobre el sector en Europa arrojó como resultado que el 39% de los arquitectos son mujeres, pero que los hombres ganan una tercera parte más que ellas.[13] En Estados Unidos, en 2014, las mujeres representaban un 30% de los miembros asociados al colegio profesional de arquitectos, aunque sólo un 25% trabajaban como tales.[14] Los arquitectos «estrella» son hombres, por abrumadora mayoría: la Medalla de Oro del American Institute of Architects sólo ha sido concedida a una mujer en una ocasión, y fue a título póstumo; el prestigioso premio Pritzker ha sido otorgado en solitario a una mujer también en una única ocasión —y dos veces más de forma conjunta con algún hombre—, y lo mismo sucede con la Medalla de Oros del RIBA, con una única ganadora en solitario —y tres más que han compartido el premio con hombres—. Los resultados de la sexta encuesta global Women in Architecture de *The Architectural Review* establecen como dos de los principales problemas la brecha salarial de género y las condiciones

11 Willmott, R. (2015). «Making it happen: Roisin Willmott reflects on International Women's Day». Royal Town Planning Institute. Recuperado de: www.rtpi.org.uk/briefing-room/rtpi-blog/making-it-happen-celebrating-international-day
12 Waite, R. (2016). «Number of women architects in AJ100 practices rises again». *Architects' Journal* (3 de junio de 2016). Recuperado de: www.architects-journal.co.uk/news/number-of-women-architects-in-aj100-practices-rises-again/10007191.article
13 Architects' Council of Europe (2015). *The Architectural Profession in Europe 2014: A Sector Study.* Bruselas: Architects' Council of Europe. Recuperado de: www.ace-cae.eu/fileadmin/New_Upload/7._Publications/Sector_Study/2014/EN/2014_EN_FULL.pdf
14 Chang, L. C. (2014). «Where are the women? Measuring progress on gender in architecture». Washington, DC: Association of Collegiate Schools of Architecture. Recuperado de: www.acsa-arch.org/resources/data-resources/women

de trabajo poco compatibles con la conciliación familiar.[15] El sexismo, la discriminación y el acoso laboral son mencionados por más de la mitad de mujeres como factores que contribuyen a que las arquitectas «pierdan su fe» en la profesión, lo que sugiere que es bastante improbable que las cosas vayan a cambiar mucho a corto o medio plazo respecto a quién diseña los edificios y las ciudades.

¿Qué podemos hacer?

¿Es esta trayectoria inevitable para las ciudades del siglo XXI? Las ciudades se han hecho menos seguras y se ha vuelto más difícil lidiar con ellas al incrementar la segregación urbana según las actividades económicas y las clases sociales, lo que también implica un aumento de las emisiones de gases de efecto invernadero. Los grandes proyectos de desarrollo producirán fuertes huellas de carbono. ¿Puede un enfoque basado en la igualdad de género contribuir a que las ciudades sean menos dañinas para el medioambiente y más justas para las mujeres? Y si las ciudades fueran mejores lugares en los que vivir para las mujeres, ¿acaso no lo serían también para los hombres?

Hay muchos ejemplos de proyectos urbanísticos que ya han intentado combinar género y justicia ambiental. En países del norte de Europa como Suecia y los Países Bajos se han desarrollado algunos proyectos de construcción de viviendas para mujeres en los que pueden vivir de forma cooperativa —compartiendo cocinas, servicios de guardería o talleres de herramientas— madres jóvenes con hijos dependientes o mujeres mayores que viven solas; esta solución redunda en un menor aislamiento social y en un incremento de la eficiencia energética debido al uso compartido de recursos materiales. El proyecto

15 Tether, B. (2017). «How architecture cheats women: results of the 2017 Women in Architecture survey revealed». *Architectural Review* (27 de febrero de 2017). Recuperado de: www.architectural-review.com/rethink/how-architecture-cheats-women-results-of-the-2017-women-in-architecture-survey-revealed/10017497.article?blocktitle=Women-in-architecture-survey&contentID=16263&v=1

de viviendas Frauen-Werk-Stadt (FWS) en Viena salió adelante gracias a un concurso convocado sólo para mujeres urbanistas y arquitectas, una forma de romper el dominio de concursos de planificación urbanística en los que no se invitaba a ninguna mujer. Fue puesto en marcha por la Frauenbüro (la oficina para la mujer) de Viena, creada en 1992 y que todavía trabaja para fomentar el diseño sensible al género y al medioambiente. En la primera década de nuestro siglo se desarrolló un segundo proyecto FWS, centrado en la vida de las personas mayores. Este tema tiene una importancia especial para las mujeres —ya que hay más mujeres que hombres entre la población anciana—, pero también beneficia a los hombres ancianos. Los principios rectores de ambos proyectos son la polivalencia de los espacios —habitaciones que pueden usarse para diferentes funciones—, la coexistencia intergeneracional, el contacto visual con áreas recreativas dentro y fuera de los pisos, los espacios comunes y trasteros, los espacios de socialización y los espacios que transmiten sensación de seguridad.[16]

Esta iniciativa sirvió de inspiración a Berlín en 2001, cuando se legisló que la planificación y construcción urbanística en la ciudad tenía que tener en cuenta las relaciones de género y cómo éstas interactúan con otras características sociales, demográficas y culturales.[17] Este tipo de planificación refuerza el sentido de pertenencia y fortalece a la comunidad al incrementar el uso mixto de los edificios, la accesibilidad, la movilidad y un enfoque basado en una ciudad compacta. Las viviendas sensibles al género prestan atención a la coexistencia social e intergeneracional, proporcionan alojamientos robustos y flexibles para minimizar el número de desplazamientos de los inquilinos y ahorran recursos gracias a la eficiencia energética. Todas estas medidas

16 Irschick, E. y Kail, E. (2013). «Vienna: progress towards a fair shared city», en Sánchez de Madariaga, I. y Roberts, M. (eds.), *op. cit.*, pp. 193–230.
17 Senatsverwaltung für Stadtentwicklung (2011). *Gender Mainstreaming in Urban Development*. Berlín: Senatsverwaltung für Stadtentwicklung, p. 10.

pueden contribuir a la reducción de la emisión de gases de efecto invernadero y de la huella de carbono de las ciudades. Berlín tiene una rica tradición de opciones de alojamiento alternativas con beneficios sociales y medioambientales: por ejemplo, en una página web para compartir viviendas encontramos mil viviendas ecológicas en las que los inquilinos tienen espacios privados, pero también comparten espacios comunes en diferentes grados, con beneficios sociales y medioambientales.[18] Lidewij Tummers ha investigado las viviendas compartidas en Europa para entender la simbiosis entre la igualdad de género y las bajas emisiones de carbono. Reconociendo el poder del entorno arquitectónico para reforzar ciertos comportamientos y estilos de vida, Tummers concluye que la disrupción social necesaria para alcanzar la igualdad de género «puede ser la clave para resolver de manera justa los desafíos que el cambio climático nos ofrece».[19] Por supuesto, como las ecofeministas han sostenido desde hace tiempo, esto requiere reformular las relaciones de género para asegurarnos de que la igualdad de género se alcanza modificando el dominio de la masculinidad industrial que establece las actuales normas masculinas de comportamiento, incluyendo su relación con la naturaleza no humana.[20]

Los proyectos de pequeña escala, diseñados de forma colaborativa con las comunidades a las que están destinados, tienen muchas posibilidades de ser positivos tanto para las mujeres como para el medioambiente si toman en cuenta las vidas complejas y las múltiples tareas de las personas involucradas en el proceso de diseño. Ejemplos de ello los encontramos en el Col·lectiu Punt 6 en Barcelona,[21] que se creó para incluir una

---

18 Véase www.cohousing-berlin.de/en/about. Acceso el 20 de julio de 2017.

19 Tummers, L. (2017). «Co-housing: a double shift in roles?», en Buckingham, S. y Le Masson, V. (eds.), *Understanding Climate Change through Gender Relations*. Londres: Routledge, pp. 239-256.

20 Buckingham, S. (2018). «Gendered nature and ecofeminism», en Cannon, T. (ed.), *Sage Handbook on Nature*. Londres: Sage.

21 Véase www.punt6.org/en/

perspectiva de género en el diseño de espacios e instalaciones urbanas, como respuesta a la legislación nacional, y en Urbanistas, una red dirigida por mujeres que trabaja con organizaciones profesionales de planificación urbana en el Reino Unido y en Australia para animar a las mujeres a «recurrir tanto a los valores personales como a los conocimientos profesionales para liderar y desarrollar proyectos [...] que [consigan] igualdad y justicia social».[22]

Conclusión

Las estrategias formales e informales que se han presentado en este artículo ilustran cómo las mujeres pueden desenvolverse como profesionales urbanísticas y como miembros de la comunidad para abordar las actuales desigualdades de género y mejorar las vidas de otras mujeres —y hombres— en las ciudades. Estas estrategias también son más adecuadas para el medioambiente que los actuales modelos de planificación, desarrollo y diseño. Dada la vulnerabilidad de las áreas urbanas al cambio climático y la contribución negativa de las actuales ciudades al medioambiente, nos encontramos ante la extrema necesidad de establecer estrategias alternativas para la vida urbana, y esto es algo que podríamos conseguir con un aumento de la presencia de las mujeres en la toma de decisiones.[23] Sin duda, un cambio de estas características sería digno de celebración, y nos permitiría superar las normas de género que mantienen a las mujeres atrapadas por las expectativas masculinas —y de los desarrolladores urbanísticos— en «la casa en la colina», bajo el «murmullo del césped» de la distopía sexista y medioambiental de Joni Mitchell.

---

22 Véase https://urbanistasuk.wordpress.com/urbanistas-london-3/
23 Hartley, L. (2015). «Space for women to "do urban"», *Town and Country Planning* (noviembre de 2015), pp. 514-515.

Iniciativas contra el cambio climático en Durban: de las reforestadoras a las abanderadas de un estilo de vida ecológico

Zandile Gumede
Alcaldesa de Durban, Sudáfrica

Las mujeres son cuidadoras por naturaleza. Sin ser conscientes de ello, han liderado durante mucho tiempo la lucha contra el cambio climático, para asegurar la sostenibilidad ambiental y proteger las necesidades de las futuras generaciones.

Aproximadamente el 67% del término municipal de eThekwini (nombre con el que también es conocida la ciudad de Durban) son zonas rurales en plena naturaleza, con miles de personas viviendo en la miseria, a pesar de los avances en el crecimiento económico y en la prestación de servicios desde la llegada de la democracia a Sudáfrica. Los riesgos asociados con el cambio climático en Durban incluyen el aumento de la presión sobre los recursos hídricos, la seguridad energética, los servicios sanitarios, la seguridad alimentaria, la pérdida de biodiversidad y el aumento del nivel del mar, que afectará al turismo. Estos efectos podrían provocar una importante pérdida de vidas humanas y de medios de subsistencia, así como daños en las infraestructuras.

Gran parte del continente africano es eminentemente rural, como el área de la que estamos hablando, y el cambio climático tiene un impacto directo sobre las mujeres que habitan estas zonas. El hecho de que la responsabilidad de sacar adelante sus hogares recaiga sobre ellas —buscar leña, traer agua de los ríos, cultivar sus precarios huertos y, en general, atender las necesidades familiares— las convierte en las personas más vulnerables frente a los efectos del cambio climático. Son el grupo que depende en mayor grado de los recursos naturales para su subsistencia y también quienes tienen menos capacidad de respuesta frente a desastres naturales como sequías e inundaciones. Además, los efectos del cambio climático suponen una amenaza para los recursos naturales de los que dependen.

Debido a su situación de pobreza, la mayoría de los sudafricanos llevan una existencia minimalista. Durante siglos, las mujeres se han responsabilizado de que no se malgaste nada; todo se recicla y se reutiliza. Los platos se lavan con la menor cantidad posible de agua. Toda el agua que sobra se usa en el huerto familiar, y los restos de comida se usan como abono. Las latas y botellas se convierten en recipientes de almacenamiento, y los periódicos en manteles desechables efectivos y baratos, o en forros para los estantes. El plástico trenzado o el mimbre se transforman en excelentes esterillas. Esta situación no se da sólo en Durban, y ni siquiera sólo en Sudáfrica, sino en todo el continente africano.

Este estilo de vida protector y minimalista todavía está fuertemente arraigado en muchas mujeres en la actualidad, sobre todo en las generaciones de mayor edad, que desaprueban los excesos de los estándares modernos de vida. Y lo cierto es que deberíamos tomar ejemplo de ellas y fijarnos en su estilo de vida sobrio y austero.

La respuesta al cambio climático depende de la elección de nuestro estilo de vida, y las mujeres jóvenes tienen que abanderar un estilo de vida ecológico, especialmente si tenemos en cuenta los numerosos retos medioambientales a los que nuestro planeta se enfrenta en la actualidad.

Inspirar a todas las mujeres

El 9 de agosto se celebra en Sudáfrica el Día Nacional de la Mujer, que conmemora la marcha con la que mujeres de todas las razas protestaron contra el Gobierno del *apartheid* en 1956. Aquellas mujeres suponen toda una inspiración para las sudafricanas que vivimos hoy, y sentimos que tenemos que continuar la lucha en todos los ámbitos, entre ellos el cambio climático. Las mujeres de todas las clases sociales pueden jugar un papel fundamental en la lucha para mitigar los efectos del cambio climático y para adaptarnos a ellos: tanto las amas de casa como las chicas jóvenes y las trabajadoras profesionales que están desarrollando sus carreras. Sus conocimientos y experiencias en todo tipo de prácticas sostenibles son un recurso que debemos aprovechar en beneficio de la comunidad. Hemos descubierto que su plena participación provoca una mayor respuesta y cooperación.

Debemos inspirarnos en mujeres como la profesora Wangari Maathai (1940-2011), fundadora del Movimiento Cinturón Verde y ganadora del Premio Nobel de la Paz en 2004. La profesora Maathai introdujo la idea de la plantación comunitaria de árboles, idea que crecería y se terminaría convirtiendo en el Movimiento Cinturón Verde, una organización que acoge a miles de grupos comunitarios y que centra sus esfuerzos en la reducción de la pobreza y la conservación medioambiental a través de la plantación de árboles.

Wangari Maathai ha sido reconocida internacionalmente por su lucha a favor de la democracia, los derechos humanos y la conservación del medioambiente. Su trayectoria es bien conocida debido a las numerosas actividades e iniciativas en las que ha colaborado, entre ellas su visible papel en la ciudad de Nairobi, su nombramiento como mensajera de la Paz de la ONU en 2009 y su papel como miembro de un grupo de la ONU en 2010 para avanzar hacia los Objetivos de Desarrollo del Milenio. Su labor altruista ha sido reconocida con numerosos premios y doctorados honoríficos.

Sus sabias palabras me inspiraron: «No podemos cansarnos ni rendirnos. Hagámoslo por nosotros y por las generaciones venideras: ¡levantémonos y caminemos!».

Aquí en Durban es un orgullo y un privilegio contar con la ayuda de una conciudadana nuestra, la doctora Debra Roberts. La doctora Roberts dirigió previamente el Departamento de Protección del Clima y Planificación Ambiental (EPCPD, por sus siglas en inglés), que se encarga de los programas de adaptación al cambio climático de la ciudad. Ahora está al frente de la iniciativa Ciudad Sostenible y Resiliente y copreside el Grupo de Trabajo II para el Sexto Informe de Evaluación del Grupo Intergubernamental de Expertos sobre el Cambio Climático (IPCC, por sus siglas en inglés). Es la primera sudafricana y funcionaria del Gobierno en desempeñar este papel. Su pasión por la biodiversidad y por la adaptación al cambio climático en el desarrollo de las ciudades ha hecho de ella una figura muy respetada y con un prestigio mundial en este campo.

Wangari Maathai y Debra Roberts son dos ejemplos de mujeres que han influido sobre la agenda y las políticas globales, pero las mujeres son fundamentales en los diferentes proyectos de reforestación de Durban con un enfoque de adaptación basada en el ecosistema, como los proyectos de reforestación comunitaria de Buffelsdraai —600 hectáreas—, de la montaña Inanda —250 hectáreas— y de Paradise Valley —200 hectáreas—, así como las 78.000 hectáreas del Sistema Metropolitano de Espacio Abierto de Durban (D'MOSS).

Más de cuatrocientos hogares, administrados por mujeres, se han beneficiado de estos programas. Las participantes realizan diversas funciones, desde recolectar semillas autóctonas hasta plantarlas y cultivarlas para vender los pimpollos en la ciudad para proyectos de reforestación. También se contrata a miembros de las comunidades locales para reforestar y erradicar plantas alóctonas invasoras. Hemos acuñado el término «tree-preneurs» (de *tree*, árbol, y *entrepreneur*, emprendedor) para denominar a estas mujeres que trabajan en tareas de reforestación.

La gestión de residuos también es un gran desafío para las ciudades en rápido desarrollo como Durban, especialmente para los residentes en los asentamientos informales. La puesta en marcha de un programa comunitario de gestión de residuos en el que un grupo de mujeres ha iniciado un programa de reciclaje para reducir los problemas de los desechos está mejorando las cosas. La creación de iniciativas de economía verde por parte de nuestras «waste-preneurs» (de *waste*, desechos, y *entrepreneur*) es uno de los objetivos fundamentales para la adaptación al cambio climático en la ciudad. Estas iniciativas comportan múltiples beneficios, entre los que se cuentan la creación de empleo y la reducción de la pobreza, por lo que deben ser apoyadas y reproducidas en toda la ciudad como parte de los programas medioambientales.

Su aparición ha tenido un efecto muy positivo en las vidas de las mujeres, que ahora están en una posición mucho mejor para mantener a sus familias. Además, estas mujeres han sido empoderadas con información y también actúan como defensoras de la protección medioambiental en sus comunidades. El valor de este tipo de educación e interacción a niveles tan profundos es inconmensurable, ya que permite que las comunidades hagan suyo su entorno, lo cuiden y valoren los servicios que ofrece.

Usar planes sensibles al género

La municipalidad de eThekwini es muy estricta por lo que respecta a la equidad de género, y se propone eliminar cualquier discriminación en los lugares de trabajo. Queremos que se contrate a más gente de las comunidades tradicionalmente más desfavorecidas, especialmente a mujeres, jóvenes y personas con discapacidades.

Actualmente, las mujeres ya constituyen un 48% del equipo que se especializa en los problemas medioambientales y de la lucha contra el cambio climático en la ciudad.

Hemos detectado que existe una escasez de trabajadores debidamente cualificados entre determinados grupos de negros y mujeres, especialmente en ciertas áreas como ciencias e ingeniería. Para el período 2014-2018 se ha elaborado y se está implementando un plan para las cuestiones de género que tiene como objetivo alcanzar la equidad en el ámbito laboral.

La municipalidad de eThekwini se ha asociado con la universidad local para desarrollar herramientas de respuesta al cambio climático y aumentar la capacidad local. Este programa, cuyos estudiantes son mujeres en un 60%, ya ha conseguido que catorce personas se gradúen con un máster y dos con un doctorado. La educación es la mejor manera para que las mujeres se empoderen. Las ciudades pueden aprovechar programas como las becas Women4Climate para facilitar que las jóvenes más inteligentes se conviertan en mujeres destacadas que lideren la agenda sobre el cambio climático.

En este sentido, los programas de orientación son fundamentales para que las mujeres jóvenes ganen confianza y para perfeccionar sus habilidades. Esto asegurará que las siguientes generaciones dispongan de mujeres fuertes e influyentes que puedan continuar el legado iniciado por unas pocas.

Hay espacio para que todas las mujeres puedan llevar a cabo acciones contra el cambio climático: ya sea plantando árboles, involucrándose en la protección de los ríos, reciclando residuos o participando en la política y en los procesos de adopción de decisiones; ya se trate de una madre que se ocupa de su casa en un barrio residencial o de una comprometida activista medioambiental. Allá donde se produce el empoderamiento de las mujeres, la comunidad entera se beneficia de él.

El empoderamiento de las mujeres y la sostenibilidad ambiental en el contexto de los acuerdos internacionales de las Naciones Unidas

Diane Elson
Universidad de Essex

Introducción

¿Por qué los activistas medioambientales tendrían que estar interesados en el empoderamiento de las mujeres? No porque las mujeres estén intrínsecamente más cerca de la naturaleza, ni porque estén mejor dotadas para salvar el planeta, sino porque ni la sostenibilidad medioambiental ni el empoderamiento de las mujeres podrán alcanzarse sin un claro desafío a los patrones de crecimiento económico y a las configuraciones del poder económico que ignoran los recursos que están fuera del mercado —no sólo el clima y los océanos, sino también el trabajo doméstico y de cuidados no remunerado, que es vital para el bienestar humano y que recae, de una forma desproporcionadamente alta, en las mujeres—. Existen sinergias muy importantes entre la sostenibilidad medioambiental y el empoderamiento de las mujeres que tienen que ser exploradas, y los movimientos sociales centrados en cada uno de estos objetivos pueden fortalecerse si colaboran en sus esfuerzos. En este capítulo se exploran estos argumentos en relación con los acuerdos de las Naciones Unidas sobre medioambiente y sobre la discusión en torno a lo que la economía verde significará en la práctica.

Los acuerdos internacionales de las Naciones Unidas sobre medioambiente y el empoderamiento de las mujeres

Desde la Conferencia sobre Medio Ambiente y Desarrollo de las Naciones Unidas (CNUMAD) en Río en 1992, una serie de acuerdos internacionales han relacionado la participación de las mujeres en actividades relacionadas con ellos como un factor importante para el cumplimiento de sus objetivos. Así, el Principio 20 de la Declaración de Río sobre el Medio Ambiente y el Desarrollo establece que la plena participación de las mujeres es esencial para alcanzar el desarrollo sostenible.[24] Las tres convenciones mundiales sobre medioambiente que siguieron a esta conferencia —la Convención Marco de las Naciones Unidas sobre el Cambio Climático (CMNUCC), el Convenio sobre la Diversidad Biológica (CDB) y la Convención de las Naciones Unidas de Lucha contra la Desertificación (UNCCD)— hacen referencia a la importancia del aumento de la participación de las mujeres en los órganos públicos pertinentes.[25]

También en el documento final de la Conferencia sobre el Desarrollo Sostenible de la ONU (Río+20), titulado *El futuro que queremos*, queda constancia de esta preocupación sobre el empoderamiento de las mujeres:

Reconocemos que la igualdad entre los géneros y el empoderamiento de las mujeres son importantes para el desarrollo sostenible y nuestro futuro común. Reafirmamos nuestros compromisos de asegurar a la mujer igualdad de derechos, acceso y oportunidades de participación y liderazgo en la economía, la sociedad y la adopción de decisiones políticas. [...] Recalcamos que las mujeres pueden contribuir decisivamente al logro del desarrollo sostenible. Reconocemos la función de

24 Conferencia de las Naciones Unidas sobre el Medio Ambiente y el Desarrollo (1992). *Rio Declaration on Environment and Development*, A/CONF.151/26. Recuperado de: www.un-documents.net/rio-dec.htm

25 Unión Internacional para la Conservación de la Naturaleza (2013). *The Environment and Gender Index (EGI) 2013 Pilot*, Washington D. C.: IUCN.

liderazgo de las mujeres y resolvemos promover la igualdad entre los géneros y el empoderamiento de la mujer y asegurar su participación plena y efectiva en las políticas, los programas y los procesos de adopción de decisiones en materia de desarrollo sostenible a todos los niveles.[26]

Pero esa insistencia en el fomento de la participación de las mujeres en la toma de decisiones no parece ir más allá de las palabras vacías, ya que su aplicación real es más bien escasa, desde la «exclusión hasta la inclusión puramente nominal».[27] La discusión sobre el género y el cambio climático se ha centrado especialmente en las vulnerabilidades y la adaptación en el ámbito local, con una atención muy limitada a los problemas de género referentes a las tecnologías a gran escala, a las iniciativas basadas en el mercado y a la financiación para el clima.[28] Se han llevado a cabo algunas iniciativas pioneras para desarrollar un índice sobre medioambiente y género, como los indicadores sobre la presencia de mujeres en las delegaciones y los cargos con poder de decisión de las Conferencias sobre Cambio Climático (COP) y la inclusión de las cuestiones de género en los informes de la CMNUCC, la UNCCD y la CBD. El resultado de estos indicadores arroja como media que un 36% de los participantes en negociaciones intergubernamentales sobre cambio climático, biodiversidad y desertificación son mujeres.[29] La Conferencia sobre Cambio Climático de la ONU de 2012

---

26 Conferencia de las Naciones Unidas sobre el Desarrollo Sostenible (2012). *Documento final de la Conferencia: El futuro que queremos*. Resolución adoptada por la Asamblea General, A/CONF.216/L.1. Recuperado de: https://rio20.un.org/sites/rio20.un.org/files/a-conf.216-l-1_spanish.pdf.pdf

27 Cela, B.; Dankelman, I. y Stern, J. (eds.) (2012). *Powerful Synergies: Gender Equality, Economic Development and Environmental Sustainability*, Nueva York: Programa de las Naciones Unidas para el Desarrollo, p. 40.

28 Schalatek, L. (2013). *The Post-2015 Framework: Merging care and green economy approaches to finance gender-equitable sustainable development*. Washington D. C.: Heinrich Böll Stiftung; World Bank (2011). *Gender and climate change: 3 things you should know*, Washington D. C.: World Bank.

29 Unión Internacional para la Conservación de la Naturaleza, *op. cit.*

aprobó una resolución para promover el equilibrio de género entre el personal y las delegaciones de la CMNUCC y para incluir la cuestión del género y el cambio climático como un tema permanente en su agenda. De todas formas, estas negociaciones son sólo un espacio entre muchos, y disponemos de pocos datos sobre el poder real de adopción de decisiones de las mujeres en los procesos de producción y de consumo que afectan al medioambiente, especialmente en los dominados por corporaciones multinacionales.

Lo que sí sabemos es que la participación de las mujeres en la gestión ambiental puede marcar la diferencia: por ejemplo, su participación efectiva en los cuerpos de gestión comunitaria forestal ha dado resultados positivos tanto sobre la sostenibilidad forestal como sobre equidad de género.[30] Y, sin embargo, un informe reciente de ONU-Mujeres argumentaba lo siguiente:

> Las relaciones entre las mujeres y el medioambiente —especialmente en actividades reproductivas y de subsistencia, como la recolección de leña, acarrear agua o cultivar alimentos— son presentadas a menudo como si fueran naturales y universales y no como el producto de determinadas normas y expectativas sociales y culturales. Muy a menudo, los proyectos y políticas llevados a cabo movilizaron e instrumentalizaron el trabajo, las habilidades y los conocimientos de las mujeres, y se superpusieron a su trabajo no remunerado sin abordar si ellas disponían de los derechos, la voz y el poder para controlar los beneficios del proyecto.[31]

Es fundamental reconocer que algunas medidas dispuestas para apoyar la sostenibilidad medioambiental pueden tener

30 Agarwal, B. (2010). *Gender and Green Governance: The political economy of women's presence within and beyond community forestry.* Nueva Delhi: Oxford University Press.
31 ONU-Mujeres (2014). *World Survey on the Role of Women in Development.* Nueva York: ONU-Mujeres, p. 40.

efectos adversos sobre la vida de algunas mujeres. Por ejemplo, la producción de biocombustibles podría ir en contra de la capacidad de las pequeñas agricultoras para alimentar a sus familias. Los mayores precios de la energía para los consumidores tal vez consigan que éstos «economicen» el uso de energía y no la malgasten, pero en un contexto de pobreza y desigualdad pueden colocar a las mujeres con bajos ingresos ante el terrible dilema de decidir si quieren dar de comer a sus familias o evitar que pasen frío.

Lo importante, así pues, no es simplemente la presencia o ausencia de las mujeres en las delegaciones sobre el cambio climático o en los comités para gestionar los recursos medioambientales. Lo que importa es cómo el empoderamiento de las mujeres y el desarrollo sostenible se conectan y se relacionan, cómo se comprenden los factores determinantes de la desigualdad de género y de los perjuicios del cambio climático y la degradación medioambiental y qué tipo de medidas se introducen para reducir las dos cosas. ¿Los medios establecidos para la ejecución de los proyectos buscan la obtención de beneficios? ¿O se basan en la regulación e inversión social colectiva y reconocen la importancia de los recursos y las actividades que quedan fuera del mercado?

Qué entendemos por empoderamiento y sostenibilidad

Estos dos términos pueden entenderse de maneras muy restrictivas, desconectadas de los derechos y la justicia. Por ejemplo, el empoderamiento de las mujeres puede entenderse como una mayor presencia en la esfera pública, participando en la economía de mercado o formando parte de los parlamentos y otros organismos públicos. Pero esto no tiene en cuenta la calidad de esta participación. ¿Gozan las mujeres en sus trabajos de los derechos establecidos en los tratados de derechos humanos y en los convenios de la OIT (Organización Internacional del Trabajo)? ¿Ganan un salario digno? ¿Son seguros sus puestos de trabajo? ¿Pueden compaginar su empleo con el cuidado de otras personas sin ser penalizadas con salarios más bajos, peores perspectivas de promoción, falta de seguridad o entornos de trabajo dañinos? ¿Las mujeres que trabajan en los parlamentos o en otros organismos públicos son meras comparsas, sujetas a prácticas sexistas, y están privadas de una participación real en la toma de decisiones del poder? La Convención sobre la Eliminación de la Discriminación Contra la Mujer (CEDAW, por sus siglas en inglés) de las Naciones Unidas nos ofrece una perspectiva mucho más amplia del asunto, y sugiere que el empoderamiento de las mujeres se produce cuando disponen «de un entorno que les permita conseguir la igualdad de resultados» respecto al disfrute de todos los derechos humanos,[32] algo que debe aplicarse tanto a la esfera privada —el hogar y la comunidad— como a la esfera pública del mercado y el Estado. Esto requiere una transformación de las sociedades y los sistemas económicos actuales, y no una mera integración de las mujeres en la esfera pública, tal y como establecen los artículos 3 y 5 de la CEDAW. La CEDAW ha señalado que los gobiernos deben adoptar medidas para «transformar realmente las oportunidades, las instituciones y los sistemas de modo que dejen de basarse en pautas de vida y paradigmas de poder masculinos determinados históricamente».[33]

La desproporcionada carga de responsabilidad del trabajo no remunerado que soportan las mujeres supone una importante limitación a su capacidad para ejercer sus derechos, como ha destacado un reciente informe de la relatora especial sobre

32 Comité para la Eliminación de la Discriminación Contra la Mujer (2004). *Recomendación general No. 25, sobre el párrafo 1 del artículo 4 de la Convención sobre la eliminación de todas las formas de discriminación contra la mujer, referente a medidas especiales de carácter temporal.* Recuperado de: http://www.un.org/womenwatch/daw/cedaw/recommendations/General%20recommendation%2025%20(Spanish).pdf
33 *Ibidem.*

la extrema pobreza y los derechos humanos de la ONU.[34] Por lo tanto, el reconocimiento, la reducción y la redistribución del trabajo doméstico y de cuidados en la familia y la comunidad es una transformación esencial; debe conseguirse que el trabajo no remunerado más duro (como recoger agua y combustible) se reduzca, y que el resto de trabajos domésticos (como cuidar de los niños) se reparta, de modo que los hombres lleven a cabo una parte de estas tareas en el hogar y en las comunidades, y que otra parte quede en manos de trabajadores remunerados de los sectores público y privado. Tanto las mujeres como los hombres necesitan tiempo para cuidar de sus familias y sus comunidades, y también tiempo libre para otras actividades (lo que en Europa suele conocerse como conseguir un equilibrio entre trabajo y vida personal).

La sostenibilidad medioambiental puede entenderse como aquello que podemos hacer sin traspasar los límites que permiten que la Tierra siga siendo un espacio operativo seguro para la humanidad.[35] Pero esta interpretación no tiene en cuenta las desigualdades entre personas, ni la distribución de los costes y beneficios de las acciones con las que intentamos evitar que se traspasen esos umbrales críticos, ni la importancia fundamental del respeto de los derechos humanos.[36] Es importante tener en cuenta las cuestiones intergeneracionales para que podamos «satisfacer las necesidades del presente sin poner en peligro la capacidad de las generaciones futuras para satisfacer sus propias necesidades».[37] Pero al hacerlo no debemos pasar por alto el hecho de que mucha gente está muriendo ahora, hoy en día, por culpa de necesidades no satisfechas; por ejemplo, la morta-

34 Sepúlveda Carmona, M. (2013). *Report of UN Special Rapporteur on Extreme Poverty and Human Rights to UN General Assembly*, A/68/293.
35 Rockström, J. W. *et al.* (2009). «Planetary boundaries: exploring the safe operating space for humanity». *Ecology and Society*, vol. 14, núm. 2, p. 32.
36 Raworth, K. (2012). «A safe and just space for humanity: can we live within the doughnut?». *Oxfam Discussion Paper*. Oxford: Oxfam.
37 World Commission on Environment and Development (1987). *Our Common Future: Report of the WCED (Brundtland Report)*. Oxford: Oxford University Press.

lidad materna entre las mujeres de bajos ingresos en los países en desarrollo sigue siendo altísima a pesar de los Objetivos de Desarrollo del Milenio, y se siguen produciendo muchísimas muertes que se podrían evitar. No sólo necesitamos ser «Amigos de la Tierra», sino también amigos de los pobres y de todos aquellos que son objeto de discriminación. Estas consideraciones tal vez se hayan abordado en el discurso post-Río+20 sobre las tres dimensiones de la sostenibilidad: social, económica y medioambiental. Pero es posible que se hayan tratado simplemente para encubrir el deseo de que se mantengan los patrones desiguales de crecimiento económico basado en el lucro mientras se evitan perturbaciones sociales, crisis económicas y desastres medioambientales mediante una adaptación gradual y la aplicación de medidas meramente paliativas, en vez de mediante una verdadera transformación de nuestras economías y sociedades.

Tanto el «empoderamiento» como la «sostenibilidad» se usan en muchos documentos de las Naciones Unidas como conceptos ambiguos cuyo significado sólo se revela en el contexto de prácticas concretas. Si las prácticas de crecimiento económico orientado al lucro se vuelven dominantes, los tipos de «empoderamiento» y «sostenibilidad» posibles quedarán severamente restringidos y sólo serán posibles aquellos que permitan la obtención de beneficios, lo que puede conllevar que no se produzcan las transformaciones necesarias para que las mujeres se empoderen completamente y para que el uso de los recursos naturales sea verdaderamente sostenible.

Hay claros indicios de que las causas y las consecuencias subyacentes a la insostenibilidad ambiental y a la desigualdad de género están fuertemente relacionadas con los procesos económicos orientados al lucro, y arraigadas en ellos.[38] Esto incluye las prácticas de liberalización de mercados, las actividades pro-

---

38 Fukuda-Parr, S.; Heintz, J. y Seguino, S. (2013). «Critical perspectives on financial and economic crises: heterodox macroeconomics meets feminist economics». *Feminist Economics*, vol. 19, núm. 3, pp. 4-31.

ductivas y financieras que persiguen beneficios a corto plazo, el consumo material descontrolado, un militarismo sin precedentes, la privatización de bienes y servicios públicos y la reducción de la capacidad de los gobiernos para regular y redistribuir. Estos procesos, además de provocar degradación medioambiental y contribuir al cambio climático, han causado crisis de asistencia en muchos lugares que han provocado que numerosas personas, familias, comunidades y sociedades no pudieran mantenerse y cuidarse a sí mismas ni a las futuras generaciones, socavando sus derechos y su dignidad.[39]

¿Es equitativa la economía verde en las cuestiones de género y sostenible medioambientalmente?

La idea de promover una economía verde o ecológica ha ganado mucha popularidad en las agencias de las Naciones Unidas como una manera de afrontar la sostenibilidad medioambiental y de crear empleos «verdes».[40] Hay muchas variantes de «economía verde», aunque la mayoría mantienen como objetivo el crecimiento económico, y la única diferencia entre ellas se centra en el papel de la inversión pública y privada. Las variantes más extendidas de economía verde aspiran a mantener (e incluso incrementar) el crecimiento económico orientado a los beneficios mediante inversiones e innovaciones ecológicas que aumenten la eficiencia energética y del uso de recursos y prevengan la pérdida de los servicios ecosistémicos. Propugnan una valoración financiera del «capital natural», pagos por los servicios ecosistémicos y planes para establecer un sistema de comercio de derechos de emisión de carbono, créditos de biodiversidad y créditos de compensación, basándose en la creencia de que los mercados no valoran el uso de los activos naturales

39 ONU-Mujeres (2014). «Gender equality and the global economic crisis». *Research paper.* Nueva York: ONU-Mujeres.
40 Véase, por ejemplo, OIT (2012). *Working towards Sustainable Development: Opportunities for decent work and social inclusion in a green economy.* Génova: Organización Internacional del Trabajo.

y los servicios ecosistémicos y que eso provoca un uso excesivo del «capital natural». Los gobiernos, según este modelo, deben establecer derechos de propiedad privados sobre los recursos naturales y crear un mercado en el que comerciar con ellos.[41] Sin embargo, el Programa de las Naciones Unidas para el Ambiente (PNUMA) tiene una visión más amplia de la economía verde, según la cual ésta debe tener como objetivos terminar con la pobreza extrema, mejorar el bienestar humano y la equidad social, reducir la dependencia del carbono y la degradación ambiental y conseguir un crecimiento sostenible e inclusivo.[42]

El caso de las inversiones públicas «verdes» ha sido largamente discutido y promocionado como parte de las (breves) políticas macroeconómicas anticíclicas adoptadas, tanto en los países desarrollados como en aquellos en desarrollo, a raíz de la recesión mundial de 2008 y enmarcadas en lo que se denominó Nuevo Acuerdo Verde Global (GGND, Global Green New Deal), en el que el gasto de los gobiernos se iba a centrar en la tecnología y la generación de empleo orientadas a mejorar la protección medioambiental y a aumentar la eficiencia, por ejemplo mediante la modernización de edificios o infraestructuras.[43] La versión del Nuevo Acuerdo Verde Global del PNUMA hace énfasis en el principio de responsabilidades comunes pero diferenciadas entre los países desarrollados, las economías emergentes, los países con economías en transición y los países menos desarrollados. Un «Nuevo Acuerdo Verde Global justo y equitativo debe considerar la inclusión de una ayuda adicional por parte de los países desarrollados dirigida a otros países, especialmente los menos desarrollados, en las áreas de finanzas,

41 Banco Mundial (2012). *World Development Report 2012: Gender equality and development*. Washington D. C.: Banco Mundial.
42 Programa de las Naciones Unidas para el Medio Ambiente (2009). *Nuevo acuerdo verde global. Informe de política*. Nairobi: UNEP. Recuperado de: https://www.uncclearn.org/sites/default/files/inventory/unep90_spn_0.pdf
43 *Ibidem*.

comercio, tecnología y fortalecimiento de la capacidad, con fines tanto de efectividad como de justicia».[44]

La igualdad de género ha sido una preocupación marginal en la mayoría de las propuestas de la economía verde. Dada la magnitud de la brecha de género en lo que respecta al empleo, existe el peligro de que los esfuerzos para potenciar las industrias ecológicas no sólo pasen por alto a las mujeres, sino que, de hecho, las marginen. En los sectores seleccionados para la expansión de los empleos ecológicos, como la energía, la construcción y la industria básica, predominan los hombres. En los empleos ecológicos que ya existen, las mujeres suelen tener una representación baja u ocupar los puestos de menor valor añadido. Por ejemplo, en los países de la OCDE más de la mitad de los titulados universitarios son mujeres, pero, en cambio, sólo lo son un 30% en las áreas relacionadas con la ciencia y la tecnología (que son sectores clave para los empleos ecológicos).[45] En las economías en desarrollo, las mujeres suelen ocupar los puestos de trabajo ecológico de menor valor añadido, por ejemplo, como trabajadoras informales en la recolección y reciclaje de residuos. A pesar de todo, se han realizado algunos esfuerzos en todo el mundo para que los recolectores de desechos se asocien en organizaciones, y las mujeres son más propensas a participar en ellas, tal vez porque suelen concentrarse en las actividades de recogida peor pagadas y también porque suelen tener peores salarios que los hombres por el mismo trabajo.[46] Los recolectores de residuos que se asocian están mejor preparados para sortear a los intermediarios y negociar precios justos para sus materiales directamente con los compradores. Asimismo, se ha intentado incorporar en mayor medida a los recolectores de desechos en las actividades de reciclaje y la gestión de residuos,

44 *Ibidem.*
45 Strietska-Ilina, O. *et al.* (2011). *Skills for green jobs: a global view. Synthesis report based on twenty-one country studies.* Génova: OIT, p. 126.
46 OIT (2012), *op. cit.*

contrarrestando el impulso hacia las tecnologías de los vertederos y la incineración y favoreciendo en cambio las estrategias de cero desechos que maximizan el reciclaje y proporcionan un empleo decente para los pobres.[47]

ONU-Mujeres[48] ha exhortado a centrarse en programas de desarrollo y educación de habilidades específicas para mujeres, así como en medidas para eliminar los estereotipos de género, y al mismo tiempo ha destacado numerosos ejemplos de nuevos trabajos ecológicos que sí han incluido a las mujeres. Por ejemplo, el proyecto Working for Water en Sudáfrica —en el que se forma a los participantes para eliminar plantas invasoras exóticas y para mejorar la seguridad del abastecimiento de agua potable— incluyó a personas jóvenes y con discapacidades. En Bangladesh, como parte de un proyecto más grande para llevar electricidad a las zonas rurales mediante la instalación de sistemas solares, las mujeres fueron formadas para instalar y reparar placas solares y tomas de corriente, trabajando como una especie de «electricistas rurales». En Estados Unidos, el programa Women Apprenticeship in Non-traditional Occupations (WANTO) otorga becas a organizaciones comunitarias que proporcionan oportunidades a las mujeres en trabajos no tradicionales, como programas previos al aprendizaje; en las últimas ediciones, se ha hecho hincapié en los empleos ecológicos.

Pero hay otros aspectos importantes de la economía verde además de la equidad de género en la creación de empleos ecológicos. Una cuestión clave es qué tipo de medios de subsistencia son compatibles con los bienes y servicios producidos.[49] ¿Fomentan un estilo de vida competitivo, «privatizado», construido alrededor del consumo individualista, basado en un consumismo en el que lo deseable es poseer más bienes materiales

47 *Ibidem.*
48 ONU-Mujeres (2014), *op. cit.*
49 Elson, D. (2011). «Economics for a post-crisis world: putting social justice first», en Jain, D. y Elson, D. (eds.), *Harvesting Feminist Knowledge for Public Policy.* Nueva Delhi: Sage.

que tus vecinos? No importa lo eficientes que sean los centros comerciales, no importa cuántos trabajos —para hombres y mujeres— se hayan creado en su construcción, si se convierten en el emblema de la vida a la que debemos aspirar, y si entrar en ellos se convierte en el anhelo de los que ahora están excluidos. Es difícil creer que esto puede ser sostenible social y medioambientalmente y que vaya a empoderar verdaderamente a las mujeres.

Una alternativa sería apoyar un modelo de producción medioambientalmente sostenible y una forma de vida cooperativa, en la que la producción de bienes públicos usados por todos sea fundamental: sanidad pública, educación, transporte, agua y saneamiento, energía, calles, parques, etcétera. Algunos de estos servicios serían prestados de forma gratuita, como la sanidad pública. En otros, como el agua, podrían aplicarse tarifas no uniformes, con un precio mayor por unidad para los consumidores más pudientes y más económico para los que poseen menos recursos. Esta alternativa podría incorporar una sustancial cantidad de producción colaborativa realizada por instituciones sin ánimo de lucro, como cooperativas o empresas comunitarias; y los servicios prestados por los estados nacionales o las entidades administrativas locales podrían organizarse en colaboración con los usuarios. La producción orientada al beneficio estaría subordinada al interés general, y no a los accionistas.

Conclusiones

Un sistema que apueste por una forma de vida cooperativa estará mejor preparado para tomar en consideración bienes y servicios que no tienen precio ni pueden ser pagados con dinero, es decir, que están fuera del mercado, como el reino natural y el cuidado familiar. En definitiva, aspectos como la capacidad para tener en cuenta recursos que están fuera del mercado y que no se producen por lucro —como el trabajo no remunerado de cuidados a la familia o a los amigos, o la atmósfera terrestre, o los océanos—, o no dar estos recursos por sentados, como si fueran pozos sin fondo capaces de absorber cualquier volumen de demanda, o reconocer su importancia y el valor distintivo de no someterlos a un cálculo comercial..., todos estos aspectos son fundamentales para alcanzar tanto el empoderamiento de las mujeres como la sostenibilidad medioambiental. Muchos activistas ecológicos saben mucho sobre cómo tomar en consideración los recursos naturales sin someterlos a cálculos de ganancias y pérdidas económicas. Muchas activistas a favor del empoderamiento de las mujeres saben mucho sobre cómo tomar en consideración el trabajo doméstico y de cuidados no remunerado sin someterlo a cálculos de ganancias y pérdidas económicas. Estos dos movimientos pueden fortalecerse mutuamente, tanto en el contexto de los acuerdos de las Naciones Unidas como en el ámbito nacional y local, si trabajan juntos.

Los beneficios del pensamiento integral para las personas y el planeta

Lola Young
Cámara de los Lores, Londres

Baroness Lola Young es una activista y defensora de la justicia so-cial, que trabaja sobre todo en los sectores cultural y creativo, así como en la Cámara de los Lores del Reino Unido. Como miembro del jurado del premio Man Booker Prize 2016-2017, su veredicto sobre la lista de prefinalistas fue que los trece libros compartían «un mismo espíritu: aunque sus temas pueden considerarse tur-bulentos, su potencia y su alcance eran alentadores y vitales: un bálsamo en estos tiempos». También se puede decir de Lola, crítica cultural, seguidora del Arsenal y amante de la moda, que es un bálsamo en estos tiempos gracias a su trabajo sobre transparencia en las cadenas de suministro (en la sección 54 de la Modern Sla-very Act 2015, la legislación británica para eliminar el trabajo forzoso). En esta conversación, Lola nos habla de las formas en las que coinciden la justicia social y la medioambiental.

¿Qué hizo que empezaras a relacionar tus ideas sobre la justicia social y el cambio climático?

Cuando empecé a trabajar con el Centro para la Moda Sos-tenible de Londres (Centre for Sustainable Fashion), empecé a ser más consciente de lo que estaba sucediendo en la indus-tria de la moda en cuanto a la degradación medioambiental y a las condiciones de trabajo abusivas. Antes sólo conocía estos problemas por haber leído sobre ellos o haberlos visto en algún programa de televisión. Cuando organizamos las comisiones informales con representantes de todos los partidos del All-Party Parliamentary Group sobre ética y sostenibilidad en la industria de la moda, en 2011, aprendí muchísimas cosas sobre el sector, como que el 90% de los uniformes corporativos tienen una corta vida y terminan en el vertedero, o el significado del concepto «transparencia en las cadenas de suministro», que entonces era desconocido para mí. Supongo que ése fue el momento en el que empecé a relacionar la justicia social y los problemas medioambientales.

¿Puedes decirnos en qué punto se encuentra la Modern Slavery Act sobre las cadenas de suministro?

Bueno, ya es la actual legislación sobre este asunto. La parte de la Modern Slavery Act de 2015 que me preocupa más es la sección 54, sobre la transparencia en las cadenas de suministro. La premisa subyacente es que las empresas con una facturación por encima de cierta cantidad (treinta y seis millones de libras) tienen que presentar una declaración en la que expongan qué acciones están tomando para erradicar formas de trabajo abusivas y coercitivas en sus cadenas de suministro. Se puede hacer mucho más para que esta parte de la legislación sea más efectiva. Por ejemplo, un punto débil de la actual ley es que no establece un organismo oficial para que controle cómo se implantan esas acciones.

¿Qué es lo que te motiva?

Un punto de inflexión, para mí como para tantos otros, sobre cómo nuestra pasión consumista por la moda puede arruinar las vidas de algunas personas, fue la tragedia del Rana Plaza en 2013 en Bangladesh, en la que murieron más de mil cien personas, la mayoría de ellas mujeres, como consecuencia de las pésimas instalaciones y condiciones de trabajo de la fábrica. Todo el mundo es cómplice de lo que ocurrió, de una forma u otra: los consumidores queremos ropa barata, las empresas quieren beneficios, las fábricas quieren obtener contratos y tienen que cumplir con el volumen de producción de las empresas de moda rápida, a cualquier coste. Así que no importa que haya grietas en un edificio que puedan indicar que existen serios riesgos de seguridad; no importa que algunos trabajadores puedan quedarse encerrados porque no hay una salida de emergencia en caso de incendio; no importa que haya niños trabajando bajo esas condiciones para producir la ropa; mientras todos consigan lo que creen que quieren, no pasa nada. Pero sí que pasa.

Para mí, es perfectamente legítimo —y, de hecho, necesario— poder analizar una tragedia concreta como ésta y plantearse: «De acuerdo, si podemos crear una legislación que ponga fin a las prácticas que llevaron a este desastre, deberíamos empezar a hacerlo».

Todos los partidos compartieron el deseo de desarrollar la Modern Slavery Act, pero en lo referente a la sección 54, sobre la transparencia en las cadenas de suministro, también hubo un fuerte grupo de presión, que incluía a muchas empresas. Para los negocios que tienen una buena reputación, es lo normal: los consumidores confían en ti y quieres mantener esa confianza. Una de las formas de afrontarlo es diciendo: «Bien, no somos perfectos, pero estamos haciendo lo que podemos para asegurarnos de que estas prácticas abusivas no sucedan en nuestras cadenas de suministro».

Y aquí el asunto se mezcla con el medioambiente. Las personas que huyen de los terribles efectos del cambio climático a menudo se convierten en los refugiados más vulnerables, y están más expuestos —debido a su vulnerabilidad— a ser objeto de trata o a terminar realizando trabajos forzados o en condiciones de servidumbre. Y, una vez más, las mujeres y los niños y niñas son las personas en situación más vulnerable.

No tenemos datos muy fiables sobre cuántos refugiados climáticos hay, porque la cifra depende de a quién escuches o qué leas y de cómo se defina el concepto de refugiado. Pero si vives en una zona rural en la que, debido a las sequías de los últimos años, tu familia dice: «Vale, aquí está mi hija o mi hijo adolescente y aquí hay un hombre que dice que puede conseguirle trabajo en Italia en la industria de la moda, o como futbolista en la Premier League. Y si le doy a este hombre el poco dinero que tengo, él se encargará de que me envíe dinero desde allí», y luego esos adolescentes se van, y a lo mejor es la última vez que se sabe de ellos...; en esta situación, ¿podemos hablar de refugiados climáticos?

El desplazamiento humano y la explotación de las personas más pobres es muy frecuente en el subcontinente indio y en partes del África subsahariana, y también se dan algunas variantes de estas prácticas en Europa. Lo cierto es que casi ninguna de ellas se limita a un solo continente, y muchos se sorprenden al descubrir lo extendidas que están aquí en el Reino Unido.

La otra conexión con el medioambiente es que tanto la moda como los grandes eventos deportivos tienen un impacto ecológico considerable. Grandes cantidades de ropa terminan en los vertederos, y los plásticos de las prendas son vertidos en el mar, por no hablar de los colorantes que se usan en su fabricación y los productos químicos tóxicos de la limpieza en seco. Además, y aquí volvemos al tema de las prácticas laborales abusivas y del trabajo forzoso, hay que tener en cuenta el impacto de esos cócteles cancerígenos de toxinas en las personas que trabajan con estas sustancias sin medidas efectivas de protección de su salud y su seguridad.

Estuve hace poco en un seminario sobre esclavitud moderna organizado en Uganda por la Asociación Parlamentaria de la Commonwealth para la región africana. Había representantes de los miembros clave del África subsahariana de la Commonwealth. Y, una vez más, escuchamos historias sobre gente desesperadamente pobre. Las razones de su pobreza son muy complejas. Creo que no se anima a las personas a que piensen de manera integral. Tenemos las piezas delante, pero no sabemos unirlas. No pensamos: «Vale, esto que está pasando allí puede que sea una consecuencia directa de algo que hemos hecho aquí», o viceversa. Creo que necesitamos saber más sobre cuántas personas han tenido que abandonar sus hogares y han sido desplazadas debido a factores relacionados con el cambio climático y cuántas de ellas terminan en redes de trabajos forzados o en condiciones de servidumbre.

¿Cómo encaja el fútbol en todo esto?

Si conseguimos cosechar una parte de la energía y el entusiasmo que rodean al fútbol, sobre todo en el contexto de la Premier League, podemos encontrar ahí un gran potencial. Todos los clubs de primer nivel tienen que presentar declaraciones sobre sus estrategias para luchar contra las formas de trabajo abusivas y coercitivas, ya que superan la facturación que establece la sección 54 de la que hablé antes. Sé que también hay algunas organizaciones medioambientales que trabajan con varios equipos para reducir su huella de carbono.

Hay algunas iniciativas que podrían servir de modelo para que los clubs y sus seguidores participen en la lucha contra la esclavitud contemporánea y el cambio climático, como la campaña contra el racismo «Let's Kick Racism Out of Football», que luego pasó a llamarse «Kick It Out», los Rainbow Laces —la campaña de cordones arcoíris para promover la igualdad y la inclusión de la comunidad LGBT— y numerosas actividades comunitarias realizadas en solidaridad con las personas con discapacidad, los jóvenes y otros grupos.

Creo que estamos en el momento adecuado para impulsar una iniciativa así. En mi caso, la acción de algunas mujeres que lideraban sus campos ha sido crucial para hacerme comprender estos problemas, y muchas de ellas están en el primer plano de los debates y las estrategias prácticas para combatir las consecuencias negativas de nuestra escasa preocupación por las personas y el planeta.

También las empresas, creo, están acercándose a la idea de que la relación entre los derechos humanos y los negocios no es simplemente «algo que colocar bajo el epígrafe de responsabilidad social», sino un aspecto integral en la forma de hacer negocios. Tienes que respetar los derechos humanos; es más, tienes que defender los derechos humanos, y no adoptar prácticas que los vulneren. Es alentador comprobar que muchas mujeres jóvenes quieren trabajar en esta área: creo que son muy conscientes de la conexión entre una sociedad más igualitaria en el ámbito local y una comunidad global más equitativa. Los problemas que surgen cuando no tienes esto en cuenta ya deberían ser evidentes para todo el mundo hoy en día.

¿Tienes algún consejo sobre de qué manera se puede acelerar esto?

Es muy importante hablar con confianza. ¿Cómo ganas la confianza suficiente para hablar de forma que seas escuchada? En primer lugar, tienes que saber de qué estás hablando: disponer de los hechos y evidencias en las que basas tu argumentación o tu discurso.

He trabajado con algunas mujeres jóvenes muy brillantes, pero a veces hablaban en voz muy baja o de forma muy dubitativa: «¿Tal vez podríamos hacer esto?», o «¿deberíamos hacer esto?». No quiero decir que tengamos que intentar hablar siguiendo el estereotipo masculino, y, de hecho, una de las personas más efectivas con las que he trabajado en una comisión era un gran oyente. No hablaba salvo que tuviera algo nuevo que añadir y, cuando lo hacía, tenía autoridad, porque estaba muy claro que había tomado nota de lo que se había dicho y escrito y lo había sintetizado y analizado. Diría que es bueno fijarse en las personas que te parecen eficaces en las reuniones e intentar encontrar un estilo que vaya contigo. Y no tener miedo de simplemente observar, ni de preguntar si puedes asistir a reuniones o eventos de alto nivel, para ver cómo funcionan estas cosas.

También es importante reconocer quiénes son tus auténticos amigos; esto no significa que no debas tener amigos críticos contigo, porque es genial si consigues tener una relación de confianza honesta y abierta con alguien. Pero esas personas que están siempre diciendo: «No, no puedes hacer esto», «No, mira que eres cabezota», «No, no puedes ir allí», «¿Por qué querrías hacer eso?», «¿Por qué te habrán pedido que hagas esto?»... Esas personas no son el tipo de amigos que necesitas si quieres estar en una posición de liderazgo.

Finalmente, la idea de liderazgo se ha estado definiendo de una forma muy restringida. «Como un líder» se entiende como alguien que dirige una organización o está al frente de un proyecto, pero yo prefiero pensar que se puede ser un líder en cualquier tipo de posición en la que estés. Si sabes que hay algo que tiene o tendría que hacerse, crees que puedes contribuir a hacerlo posible y lo haces y consigues que otras personas te apoyen, estás ejerciendo un liderazgo. Puede tratarse, por ejemplo, de organizar un grupo de voluntarios para dar clases de conversación en inglés a los refugiados, o algo tan simple como llevar a la práctica pequeñas cosas, como cuando piensas: «Estoy harto de ver toda esta basura en las calles de mi barrio: organizaré una recogida de basura mensual», o «Vamos a decidir que en vez de caminar mirando al suelo entre la gente, sonreiremos». Las pequeñas cosas pueden mejorar la calidad de vida de las personas, y esto puede conseguirse fomentando una especie de liderazgo distribuido.

La sensibilidad al género de los planes nacionales de acción para la adaptación

Nathalie Holvoet y Liesbeth Inberg[50]
Universidad de Antwerp

Introducción

Que las políticas para enfrentarse al cambio climático no sólo dependen del desarrollo tecnológico, sino también de factores institucionales locales y de las normas que rigen el comportamiento humano, es una aseveración cada vez más aceptada en la actualidad.[51] El constructo sociocultural «género» es un conjunto tal de normas que influye sobre cómo el cambio climático afecta a los hombres y a las mujeres y sobre cómo responden frente a él unos y otras. Junto con otros factores como los ingresos, la clase y la casta, las relaciones de género determinan el grado de acceso y de control que las personas tienen sobre diferentes tipos de recursos, la división del trabajo en las actividades productivas, reproductivas y comunitarias, así como el nivel de participación en la toma de decisiones doméstica, comunitaria y en el ámbito nacional e internacional. Esta posición diferente en la sociedad influye sobre la vulnerabilidad de las personas ante los efectos del cambio climático, su capacidad para adaptarse a ellos y sus necesidades y potenciales contribuciones respecto a la adapta-

50 Conclusiones del examen preliminar de treinta y un países del África subsahariana. Este capítulo está basado en nuestro artículo de 2014 en Climate and Development, vol. 6, núm. 3, pp. 266-276.
51 Programa de las Naciones Unidas para el Desarrollo (2011). *Human Development Report.* Nueva York: UNDP; Banco Mundial (2008). «Local institutions and climate change adaptation». *Social Dimensions of Climate Change*, 113. Washington D. C.: Banco Mundial.

ción y mitigación medioambiental. La percepción cada vez más clara de que ignorar la influencia mediadora de las relaciones de género puede poner en perspectiva la efectividad de las políticas de adaptación y mitigación ha llevado progresivamente a la inclusión de estas cuestiones en las agendas de los foros nacionales e internacionales.

Los acuerdos de Cancún de 2010, adoptados durante la XVI Conferencia de la CMNUCC, así como la más reciente Conferencia de Doha de 2012 son una prueba de ello. Mientras que en la CMNUCC celebrada en 1992 las cuestiones de género fueron completamente ignoradas y no se tuvo en cuenta uno de los principios de la Declaración de Río sobre el Medio Ambiente y el Desarrollo,[52] los acuerdos de Cancún en 2010 incluyeron por primera vez una referencia a la importancia del género,[53] y reconocieron que «la igualdad de género y la participación efectiva de las mujeres y de los pueblos indígenas son importantes para frenar el cambio climático».[54] En la misma línea, la Declaración de la reciente Conferencia de Doha remarcó explícitamente que las mujeres siguen estando infrarrepresentadas y reconoce que una representación equilibrada de mujeres —tanto de los países desarrollados como de los países en desarrollo— en el proceso de la CMNUCC sería importante para crear políticas climáticas que respondan a las diferentes necesidades de los hombres y las mujeres en los contextos nacional y local.[55]

52 La CMNUCC se acordó durante la Conferencia de las Naciones Unidas sobre Ambiente y Desarrollo de 1992, pero no tuvo en cuenta los principios acordados en Río sobre que «las mujeres tienen un papel fundamental en el manejo y el desarrollo del medioambiente» y que «su plena participación es por lo tanto esencial para lograr el desarrollo sostenible». *Rio Declaration on Environment and Development*, A/CONF.151/26. Recuperado de: www.un-documents.net/rio-dec.htm
53 IUCN (2011). *Draft Guidelines to Mainstreaming Gender in the Development of National Adaptation Plans (NAPs)*. Bonn: CMNUCC.
54 CMNUCC (2010). *Report of the Conference of the Parties on its 16th session, held in Cancún from 29 November to 10 December 2010. Addendum. Part Two: Action taken by the Conference of the Parties at its sixteenth session*. Cancún: CMNUCC, pp. 3-4.
55 CMNUCC (2012). *Draft decision –CP.18. Promoting gender balance and improving the participation of women in CMNUCC negotiations and in the representation of Parties in bodies established pursuant to the Convention or the Kyoto Protocol*. Catar: CMNUCC.

Antes de los acuerdos de Cancún, la importancia de integrar la dimensión de género en los programas de adaptación ya había sido reconocida en 2002, en la lista de principios que guiaban la preparación de los Planes Nacionales de Acción para la Adaptación (NAPA). Estos planes son documentos normativos para cada país en los que los países más vulnerables al cambio climático efectúan un diagnóstico sobre los (probables) efectos de éste e identifican los proyectos prioritarios de adaptación para enfrentarse a sus necesidades más urgentes.[56] Una de las numerosas disposiciones de las directrices de los NAPA,[57] desarrolladas por el Grupo de Expertos para los Países Menos Adelantados (GEPMA), establece que los equipos NAPA tienen que incluir a expertos en cuestiones de género y que los procesos deben ser participativos y tienen que involucrar a hombres y mujeres arraigados en las zonas afectadas, ya que ellos tienen conocimientos de las actuales prácticas de adaptación y forman parte de los grupos más afectados por el cambio climático.[58]

Pero, al comprobar si este discurso se lleva a la práctica, se puede constatar que los conocimientos de los hombres y mujeres arraigados en las zonas rurales no se tienen en cuenta al diseñar las políticas nacionales de adaptación,[59] y, además, las cuestiones de género tampoco se han tomado en consideración durante la elaboración de los NAPA.[60] Una revisión interna de

---

56 Fondo de Población de las Naciones Unidas y Mujeres para el Medio Ambiente y el Desarrollo (2009). *Climate Change Connections*. Nueva York: Fondo de Población de las Naciones Unidas y Mujeres para el Medio Ambiente y el Desarrollo.

57 Las directrices prescriben la siguiente estructura: 1) Introducción y ajustes; 2) Marco para el programa de adaptación; 3) Identificación de las necesidades clave de adaptación; 4) Criterios de selección de las actividades prioritarias; 5) Lista de actividades prioritarias; y 6) Proceso de preparación del NAPA. Grupo de Expertos para los Países Menos Adelantados (2002). *Annotated guideless for the preparation of national adaptation programmes of action*. Bonn: CMNUCC.

58 *Ibidem.*

59 Skinner, E. (2011). *Gender and Climate Change Overview Report*. Brighton: Institute of Development Studies.

60 IUCN (2011), *op. cit.*

2009 sobre treinta y nueve NAPA, llevada a cabo por el Equipo de Asesoramiento en Cuestiones de Género de la Oficina de Naciones Unidas para la Coordinación de Asuntos Humanitarios, señala que, aunque muchos NAPA mencionan la igualdad de género y el empoderamiento de las mujeres entre sus principios, muy pocos muestran un claro compromiso con estos principios y dan verdadera importancia a las cuestiones de género a lo largo del documento. Aproximadamente la mitad de los NAPA diferencian según el género los impactos del cambio climático, pero no traducen esta observación en la selección o diseño de los proyectos.[61]

Nuestro estudio se relaciona con esta investigación y complementa los análisis internos con un análisis de género más amplio de los treinta y un NAPA[62] que se elaboraron entre 2004 y 2011 en los países del África subsahariana. En primer lugar, examina y compara la integración de una dimensión de género en las diferentes fases del ciclo de elaboración de los NAPA. A continuación, evalúa si los sectores relacionados de forma más directa con el cambio climático —como el agrícola, el energético, el forestal, el sanitario, el de abastecimiento de agua y el de saneamiento— tienen diferentes grados de sensibilidad de género. Además de estas evaluaciones cuantitativas, también analizamos en detalle la forma en la que las mujeres y las cuestiones de género se conceptualizan en los NAPA, así como la sensibilidad de género de los procesos subyacentes.

Nuestro estudio de la sensibilidad de género en los contenidos y procesos de los NAPA del África subsahariana pretende aportar información útil a la Oficina Global de Género de

61 Fondo de Población de las Naciones Unidas y Mujeres para el Medio Ambiente y el Desarrollo (2009), *op. cit.*
62 Los países del África subsahariana que han elaborado un NAPA en el período 2004–2011 son (en orden alfabético): Angola, Benín, Burkina Faso, Burundi, Cabo Verde, Chad, Eritrea, Etiopía, Gambia, Guinea, Guinea-Bisáu, Liberia, Madagascar, Malaui, Mali, Mauritania, Mozambique, Níger, Reino de Lesoto, República Centroafricana, República Democrática del Congo, Ruanda, Senegal, Sierra Leona, Sudán, Tanzania, Togo, Uganda, Unión de las Comoras, Yibuti y Zambia.

la Unión Internacional para la Conservación de la Naturaleza (IUCN, por sus siglas en inglés)[63] para que los futuros NAPA y Planes Nacionales de Adaptación (NAP)[64] sean más sensibles al género. Con esto pretendemos evitar que se den más casos de *gender retrofitting* —es decir, de tener que introducir las cuestiones de género *a posteriori*—, algo particularmente relevante en el contexto de los presupuestos cada vez mayores que se canalizan en la actualidad a través de los fondos para la lucha contra el cambio climático.

Antes de presentar y discutir los hallazgos de nuestro análisis de género, comentaremos brevemente las diferentes aproximaciones y enfoques existentes sobre género y cambio climático.

Género y cambio climático: diversos discursos y enfoques
El fundamento para la integración de una dimensión de género en las políticas y actividades de adaptación y mitigación al cambio climático se sustenta generalmente sobre la base del bienestar, la igualdad, la pobreza y la eficiencia. Si exploramos en detalle la relativamente reciente pero cada vez más abundante bibliografía sobre género y cambio climático, destaca el hecho de que los diferentes discursos casan bien con los acercamientos al género (femenino) y el desarrollo que se han diseñado e implementado posteriormente, a partir de la década de 1950.

Las dos razones más frecuentemente citadas para fomentar la integración de una dimensión de género en las políticas

63 La IUCN está asociada con las tres convenciones de Río y con el Fondo para el Medio Ambiente Mundial (FMAM) para introducir las cuestiones de género en la implementación de las tres convenciones. IUCN Gender Office. *Harmonizing Gender in the Three Rio Conventions and the GEF*, IUCN, n. d.
64 Los Planes Nacionales de Adaptación se acordaron en el contexto del Marco de Adaptación de Cancún de 2010 y, en contraste con los NAPA, se centran en el medio y largo plazo. Kreft, S.; Kaloga, A. O. y Harmeling, S. (2011). «National Adaptation Plans towards effective guidelines and modalities». *Discussion paper*, Germanwatch and WWF International. En 2011, la Oficina Global de Género de la Unión Internacional para la Conservación de la Naturaleza elaboró unas directrices de género para estos Planes Nacionales de Adaptación. *IUCN Draft Guidelines to Mainstreaming Gender in the Development of National Adaptation Plans (NAPs)*.

de adaptación y mitigación[65] hablan de la «vulnerabilidad» y la «virtud» de las mujeres respecto al cambio climático. En primer lugar, se considera que las mujeres, y particularmente las mujeres pobres de entornos rurales en el Sur, son particularmente vulnerables al cambio climático porque tienen un menor acceso y un menor control sobre las tierras, el dinero, el crédito y la información, además de que también tienen menos movilidad personal que los hombres; todos estos factores afectan a su capacidad para adaptarse al cambio climático. Las mujeres suelen verse mucho más afectadas que los hombres por la escasez de agua y combustible y por la degradación de las tierras debido a que ellas son quienes suelen encargarse de tareas domésticas como la recogida de agua, combustible y otros recursos de biomasa, así como de la preparación de las comidas y el cuidado de la familia.[66] En segundo lugar, debido a su mayor dependencia de los recursos naturales, también se considera que las mujeres están más concienciadas sobre el medioambiente y que sus contribuciones son vitales para una gestión más efectiva y eficiente de los recursos naturales de propiedad común.[67]

Esta conceptualización de las mujeres como «víctimas vulnerables» por un lado y «heroínas responsables» por el otro encaja perfectamente con los enfoques asistenciales anteriores al MED (Mujeres en el Desarrollo) y con los enfoques MED sobre la eficiencia y la lucha contra la pobreza. Aunque hay diferencias importantes entre el MED y los enfoques asistenciales anteriores a él, lo cierto es que ambos son muy parecidos en el sentido de que se centran en gran medida en las mujeres consideradas de forma aislada, sin tener en cuenta la impor-

65 Este tema se trata en detalle en Arora-Jonsson, S. (2011). «Virtue and vulnerability: discourse on women, gender and climate change». *Global Environmental Change*, núm. 21, pp. 744-751.
66 Véase Demetriades, J. y Esplen, E. (2008). «The gender dimension of poverty and climate change adaptation». *IDS Bulletin*, vol. 39, núm. 4, pp. 24-31.
67 Véase Djoudi, H. y Brockhaus, M. (2011). «Is adaptation to climate change gender neutral? Lessons from communities dependent on livestock and forests in northern Mali». *International Forestry Review*, vol. 13, núm. 2, pp. 123-135.

tancia de las relaciones subyacentes de género para explicar las desigualdades observadas entre hombres y mujeres. El enfoque GED (Género en el Desarrollo) sí que hace énfasis en la importancia del constructo sociocultural «género», y parte de la idea de que las intervenciones en todas las áreas y en todos los niveles (global, macro, meso y micro) están influenciadas por las características estructurales existentes en las sociedades, que establecen diferencias entre los distintos individuos. Y, a la inversa, se asume que de igual modo todas las intervenciones pueden influir, potencialmente, en las relaciones de género y en otras. No tener en cuenta esta relación de influencia mutua puede conducir al fracaso de las políticas y a un agravamiento del sesgo masculino ya existente en la asignación de recursos y en el poder de toma de decisiones.[68] Esto también es válido para las intervenciones en los sectores agrícola, energético, forestal, sanitario, de abastecimiento de agua y de saneamiento, que son los que están más relacionados con el cambio climático y en los que se ha encontrado mayor evidencia que demuestra que no tomar en cuenta las cuestiones de género conduce a más degradación medioambiental, lo que a su vez puede intensificar las desigualdades de género ya existentes.[69]

Desde el punto de vista de esta relación entre «género» y «desarrollo» como factores mutuamente influyentes, existe la necesidad de integrar una dimensión de género en las diferentes etapas (diagnóstico, planificación, implementación, presupuesto, supervisión y evaluación) de todos los tipos de

68 Véase, por ejemplo, Elson, D. (1991). «Male bias in macroeconomics: the case of structural adjustment», en Elson, D. (ed.), *Male Bias in the Development Process*. Machester: Manchester University Press.
69 Véase Hemmati, M. y Röhr, U. (2009). «Engendering the climate-change negotiations: experiences, challenges, and steps forward». *Gender and Development*, vol. 17, núm. 1, pp. 19-32; Terry, G. (2009). *Climate Change and Gender Justice*. Warwickshire: Practical Action Publishing en colaboración con Oxfam GB; Fondo de Población de las Naciones Unidas y Mujeres para el Medio Ambiente y el Desarrollo (2009), *op. cit.*; Programa de las Naciones Unidas para el Desarrollo, *Powerful Synergies. Gender Equality, Economic Development and Environmental Sustainability*. Nueva York: UNDP.

intervención, y en cualquier nivel de éstas; es decir, hay que incorporar la perspectiva de género de forma transversal. Además de un enfoque descendiente en la gestión de proyectos, también son necesarias más intervenciones con un enfoque ascendente que intenten modificar las limitaciones de las estructuras de género subyacentes, algo que es particularmente importante en áreas que están fuertemente reguladas por las normas de género. Aunque nunca es fácil lograr cambios institucionales,[70] la bibliografía y la historia nos muestran que es más probable que se produzcan cuando los individuos actúan como un grupo a través de la acción colectiva. Los casos de acción colectiva que llevan a cambios institucionales marginales también pueden darse en el contexto de intervenciones en los sectores típicamente relacionados con el cambio climático. Algunos ejemplos bien conocidos los encontramos en los casos de proyectos relacionados con el agua y el saneamiento o con la conservación de los recursos forestales que empezaron como iniciativas asistenciales o relacionadas con la eficiencia, orientadas a resolver ciertas necesidades prácticas de género, y que gradualmente evolucionaron hacia casos de acción colectiva en los que los grupos de mujeres ganaron poder de decisión —tanto en el ámbito doméstico como fuera de él— respecto a la gestión del agua, la tierra y los bosques.[71] Esto sugiere que intervenciones diseñadas originalmente desde una perspectiva asistencial o de lucha contra la pobreza pueden evolucionar y aspirar a afrontar normas de género mucho más enraizadas o, al menos, servir como puerta de entrada para preparar intervenciones que lo hagan.[72] De todos modos, cuando usamos un

70 Véase North, C. D. (1990). *Institutions, Institutional Change and Economic Performance*. Cambridge: Cambridge University Press.
71 Véase, por ejemplo, Agarwal, B. (1994). *A Field of One's Own: Gender and Land Rights in South Asia*. Cambridge: Cambridge University Press.
72 Lessa, L. y Rocha, C. (2012). «Food security and gender mainstreaming: possibilities for social transformation in Brazil». *International Social Work*, vol. 55, núm. 3, pp. 337-352.

marco instrumentalista para incorporar las cuestiones de género en los programas, también debemos estar atentos a la «creación de mito» y el «esencialismo».[73]

Presentación de los hallazgos y sugerencias de actuación
A pesar del creciente reconocimiento de la importancia de integrar una dimensión de género en las intervenciones relacionadas con el cambio climático y de las referencias al género en las directrices NAPA, los hallazgos de nuestra evaluación de todos los NAPA de los países africanos subsaharianos entre 2004 y 2011 confirman los resultados obtenidos en investigaciones anteriores[74] y señalan un bajo grado de sensibilidad al género en el contenido de los NAPA, hasta el punto de que diez de los treinta y un planes analizados ignoran completamente las cuestiones de género. Cuando sí se incluye una dimensión de género, sucede sobre todo en las secciones relacionadas con la identificación de los proyectos, y no suele traducirse ni en los presupuestos ni en los indicadores ni en los objetivos. Esta dilución es indicativa del fenómeno de la «evaporación de las políticas», particularmente frecuente en el área de la aplicación de las políticas de género. Cuando comparamos la sensibilidad de género en diferentes sectores, no encontramos diferencias sustanciales. Aunque el sector agrícola muestra un grado mayor de sensibilidad al género que los otros en la etapa de selección de intervenciones, este patrón no se traslada al resto de fases.

El hecho de que ninguno de los NAPA incorpore un análisis en profundidad de las cuestiones de género en la sección de diagnóstico ya nos da pistas sobre la ausencia de un enfoque GED en los NAPA de nuestra investigación. Un enfoque GED se basa en la idea de que hay una relación de mutua influencia

73 Véase también Cornwall, A.; Harrison, E. y Whitehead, A. (2007). «Gender myths and feminist fables. The struggle for interpretive power in gender and development». *Development and Change*, vol. 38, núm. 1, pp. 1-20.
74 Fondo de Población de las Naciones Unidas y Mujeres para el Medio Ambiente y el Desarrollo (2009), *op. cit.*

entre el cambio climático y las relaciones de género, por lo que sería de esperar que un plan que siguiera este enfoque empezara con al menos un componente de análisis de género y que éste luego influyera en la selección de intervenciones. La ausencia de un enfoque GED no es ninguna sorpresa, y está en consonancia con los hallazgos de Terry,[75] que destacó que el enfoque GED todavía no es común en las discusiones y trabajos sobre el cambio climático. En los NAPA estudiados hay una fuerte tendencia, en particular, a presentar a las mujeres como víctimas, una conclusión a la que también llegó Rodenberg[76] en su estudio sobre los procesos y discusiones sobre el cambio climático. Las mujeres son casi siempre agrupadas junto con los niños y las personas mayores bajo el epígrafe de «vulnerables» y muchos NAPA se refieren específicamente de ese modo a los hogares en los que las mujeres son cabezas de familia. Curiosamente, el otro mito, el de la «virtud» ecológica de las mujeres que hace que sean mucho más responsables con el medioambiente, está mucho menos presente en los NAPA estudiados. El único caso destacable es el NAPA de Mauritania, que destaca explícitamente que «las mujeres son, frecuentemente, las guardianas de los importantes conocimientos locales y tradicionales».[77] Aunque, en esta temprana etapa del trabajo sobre género y cambio climático, los NAPA se están elaborando a partir de concepciones asistenciales en lo respectivo a las cuestiones de género y relacionadas con la mujer, es muy probable que el enfoque MED basado en la eficiencia —que pone un mayor énfasis en las aportaciones positivas de las mujeres— sea más frecuente en el futuro. Lo que tienen en común ambos mitos, el de la

---

75 Terry, G. (2009), *op. cit.*

76 Rodenberg, B. (2009). *Climate Change Adaptation from a Gender Perspective. A cross-cutting analysis of development-policy instruments.* Bonn: German Development Institute.

77 República Islámica de Mauritania, Ministerio de Desarrollo Rural y Medioambiente, Departamento de coordinación de proyectos medioambientales (2004). *NAPA-RIM.* Nouackchott: RIM, p. 7.

«vulnerabilidad» y el de la «virtud», es el hecho de que dejan de lado la importancia de las estructuras de género subyacentes que influyen en los obstáculos, oportunidades e incentivos de los hombres y las mujeres en lo relativo a la adaptación al cambio climático. La omisión de la relación entre género y adaptación influye en el tipo de intervenciones que se diseñan en los NAPA, así como en la efectividad y el impacto de éstas, tanto sobre los resultados referentes a la adaptación como a la igualdad de género.

La información sobre los procesos de diagnóstico y de toma de decisiones sólo estaba disponible para una submuestra limitada de NAPA, lo que puede afectar a la validez de los resultados. En la submuestra específica que pudo estudiarse, el proceso era más sensible al género que el contenido y no se encontró relación alguna entre la sensibilidad al género del contenido y del proceso. Esto puede deberse, en parte, a la relativa escasez de antecedentes que combinen experiencia y conocimientos sobre la relación entre género y cambio climático, algo que también se hace evidente en la ausencia de instrumentos operacionales para la integración de una perspectiva de género y en el hecho de que numerosos enfoques estén muy enmarcados en la terminología del «cambio climático». El encaje de las cuestiones de género en los marcos de otras áreas o ministerios es muy importante para explicar que la implementación de la perspectiva de género se termine asignando a personas que no son expertas en esta área.[78] Como Cornwall *et al.*[79] afirman, «cuando los agentes del desarrollo utilizan ideas feministas, quieren hacerlo de forma que sean útiles a sus propios marcos, análisis y objetivos políticos generales».[80]

---

78 Véase Theobald, S.; Tolhurst, R.; Elsey, H. y Standing, H. (mayo de 2005). «Engendering the bureaucracy? Challenges and opportunities for mainstreaming gender in Ministries of Health under sector-wide approaches». *Health Policy and Planning*, vol. 20, núm. 3, pp. 141–149.
79 Cornwall, A.; Harrison, E. y Whitehead, A. (2007), *op. cit.*
80 *Ibidem*, p. 16.

Algunas de las áreas en las que los fondos para la lucha contra el cambio climático podrían invertir parte de sus recursos serían la intermediación en las relaciones entre los actores de género de ámbito local y de ámbito central —que tienen distintas ventajas comparativas a la hora de influir en los procesos de cambio climático— y la construcción de puentes de comunicación entre expertos en género y expertos en cambio climático. Este tipo de enriquecimiento mutuo y de creación de redes con actores que poseen conocimientos y áreas de experiencia diferentes es lo que puede desencadenar procesos más sensibles al género, con resultados a largo plazo en lo relativo al contenido de los futuros NAPA y NAP. Otra área que requeriría futura inversión, investigación y experimentación es la presupuestación con perspectiva de género, que se refiere al análisis del impacto diferencial de los presupuestos gubernamentales sobre hombres y mujeres, así como a la integración sistemática de una perspectiva de género a lo largo del ciclo presupuestario. La presupuestación con perspectiva de género es particularmente relevante y oportuna cuando se analiza en el contexto de la gran cantidad de recursos que se canalizan actualmente a través de los fondos para la lucha contra el cambio climático.

Por último, las observaciones de este estudio preliminar se beneficiarían si se pudiera llevar a cabo una investigación de campo complementaria que se centrara en un pequeño número de casos seleccionados, como el de los NAPA de Burkina Faso y de Malaui, los más sensibles al género en relación con el resto los que hemos estudiado. Esta investigación de campo en profundidad sería interesante para poder contrastar con hechos los hallazgos del estudio preliminar, pero también permitiría una mejor comprensión de los factores subyacentes que han contribuido al mayor nivel de integración de la perspectiva de género en estos planes concretos.

Por qué la educación de las niñas es esencial para un futuro sostenible

Atti Worku
Fundadora y directora general de Seeds of Africa, una
organización sin ánimo de lucro que está cambiando el
rostro de la educación en Adama, Etiopía.

La idea es sencilla: la igualdad de género es clave para un futuro sostenible. Y la educación de nuestras niñas es clave para la igualdad de género. Así que educar a nuestras niñas es una inversión para conseguir un futuro sostenible para todos. El primer paso hacia este futuro es invertir en la educación de nuestras niñas. He aquí por qué: imagina una pequeña niña que crece en un poblado sin agua corriente ni electricidad, que no tiene la oportunidad de ir a la escuela y que a los quince años es obligada a casarse en un matrimonio concertado. Hoy, debido a la falta de educación, apoyo y oportunidades, es una agricultora de subsistencia en el Cuerno de África, una región que padece una de las peores hambrunas en décadas, empeorada por los efectos del cambio climático. Ahora imagina esa misma niña, pero que crece con unos padres que invierten en su educación y se aseguran de que pueda ir a la escuela, que no la casan a los quince años y que la animan a cumplir sus sueños. Esa niña soy yo. Mi abuelo era un agricultor de subsistencia; vivía en un pequeño pueblo en los alrededores de mi ciudad natal, Adama, en Etiopía. Mi madre y mi padre fueron la primera generación de sus respectivas familias que fue a la escuela y a la universidad. A menudo pienso en lo diferente que habría sido mi vida si mi padre no hubiera dejado su pueblo para ir a la escuela o si mi madre hubiera sido analfabeta.

Creo que educar a las niñas es esencial para un futuro sostenible porque he visto con mis propios ojos lo importante que es la educación. Si yo no hubiera recibido una educación adecuada, mi realidad habría sido similar a la de millones de mujeres en todo el mundo, especialmente aquéllas que viven en comunidades pobres y marginadas, que son más vulnerables a los efectos del cambio climático. Unicef es muy clara cuando afirma que la educación de las niñas es, al mismo tiempo, un derecho intrínseco y una herramienta fundamental para alcanzar otros objetivos en materia de desarrollo.[81] Proporcionar a las niñas una educación ayuda a romper el círculo vicioso de la pobreza, ya que las mujeres escolarizadas tienen menos posibilidades de contraer matrimonios tempranos y en contra de su voluntad y de morir al dar a luz, y también tienen más posibilidades de tener hijos sanos y de mandarlos a la escuela. Cuando todos los niños tengan acceso a una educación de calidad basada en los derechos humanos y la igualdad de género, se creará un efecto dominó de oportunidades que afectará a las siguientes generaciones para que éstas puedan crear un futuro sostenible.

¿Cómo afecta a las mujeres el cambio climático?

Según el Grupo Intergubernamental de Expertos sobre el Cambio Climático, el aumento de los gases de efecto invernadero en la atmósfera aumenta las temperaturas sobre la mayor parte del planeta. Algunos de los efectos de un aumento global de temperaturas son el mayor riesgo de desastres naturales, como sequías y grandes tormentas. Factores como el género, el estatus socioeconómico y el acceso a los recursos determinan el grado en el que las personas se ven afectadas por el cambio climático.

Hay muchas áreas que ilustran la vulnerabilidad en función del género a los efectos adversos del cambio climático,

---

81 Véase www.unicef.org/education/; Declaración Universal de los Derechos Humanos, proclamada por la Asamblea General de las Naciones Unidas en París, el 10 de diciembre de 1948, www.un.org/en/universal-declaration-human-rights/

especialmente en las comunidades pobres y marginadas. Las mujeres suelen verse muy afectadas por estos efectos debido a que dependen de medios de vida relacionados con el medioambiente, como la agricultura, y también porque suelen ser quienes se encargan de conseguir agua, comida y combustible para sus familias. Estos recursos se vuelven más escasos durante los desastres naturales causados por el cambio climático, y la escasez coloca en mayor situación de riesgo a las mujeres y niñas. La falta de recursos disminuye su capacidad de adaptación, las coloca en una situación de mayor vulnerabilidad y las obliga a seguir dependiendo de prácticas poco sostenibles para mantener a sus familias. Informes publicados por la División de Estadística de las Naciones Unidas sugieren que dos terceras partes de los 781 millones de adultos analfabetos son mujeres,[82] lo que tiene un efecto importante sobre sus ingresos potenciales, su independencia económica y su acceso a la información y a los recursos, factores todos ellos fundamentales para evitar o escapar de los peligros relacionados con el cambio climático.

¿Por qué las mujeres?

Los efectos de estos desastres afectan de forma mucho más marcada a las mujeres que a los hombres. Esto se debe a diversas razones, como por ejemplo que las mujeres son, a menudo, las últimas en huir, porque son quienes se aseguran de que todo el mundo esté a salvo; a menudo se quedan hasta el final para ayudar a los niños y ancianos, y eso hace que el número de víctimas mujeres sea superior. Para empeorar las cosas, también es frecuente que las mujeres no reciban información vital sobre los desastres naturales. E incluso cuando sobreviven es más probable que pierdan sus bienes y sus medios de subsistencia

82 «Chapter 3: Education», en Departamento de Asuntos Económicos y Sociales de las Naciones Unidas (2015). *The World's Women 2015: Trends and Statistics, United Nations*. Nueva York: Departamento de Asuntos Económicos y Sociales de las Naciones Unidas. Recuperado de: https://unstats.un.org/unsd/gender/downloads/WorldsWomen2015_chapter3_t.pdf.

mientras las comunidades intentan recuperarse del desastre, dado que las mujeres tienen menos poder político y económico que los hombres en estas regiones. En resumen, las mujeres disponen de menos oportunidades para lidiar con los efectos adversos del cambio climático.

Por si todo esto no fuera suficiente, las mujeres no están adecuadamente representadas en las posiciones de liderazgo que les permitirían influir en las estrategias de mitigación y adaptación. Según el informe de la consultora McKinsey de 2016 «Women Matter Africa», sólo el 5% de los directores generales de empresas y menos del 30% de los miembros de gobierno y los parlamentarios son mujeres en África.[83] Estos números vergonzosamente bajos demuestran que cuanto más alto miramos en las posiciones de liderazgo, menos mujeres encontramos. Las mujeres, en la actualidad, representan el 37% de los licenciados CTIM en Estados Unidos, pero su número varía mucho entre las diferentes disciplinas. Así, aunque representan más del 40% de licenciaturas en Matemáticas, en Informática sólo alcanzan un 18%. Los investigadores han analizado más de mil doscientas investigaciones sobre las causas de la infrarrepresentación de las mujeres en las materias CTIM, y se han identificado diez factores que influyen sobre las diferencias de género en el interés y la participación de los estudiantes en este tipo de materias. Finalmente, han reducido la lista a los tres factores que explican con mayor probabilidad los patrones de género detectados en las seis materias CTIM: falta de experiencia previa a la universidad, brechas de género en la confianza en las propias habilidades, y una cultura masculina en estos campos que desalienta a las mujeres a participar en ellos.

Luchar contra el cambio climático mediante estrategias de mitigación y adaptación requiere considerables inversiones económicas y políticas. Dado que las mujeres se ven más afecta-

83 Moodley, L.; Holt, T.; Leke, A. y Desvaux, G. (2016). *Women Matter Africa.* Nueva York: McKinsey & Company.

das por los efectos del cambio climático, necesitamos que haya más mujeres en posiciones de liderazgo, para que puedan participar en las estrategias —y la implementación de éstas— de las que depende su propia supervivencia. ¿Y cómo podemos conseguir que haya más mujeres en puestos de liderazgo? Tenemos que empezar ofreciendo una educación a nuestras niñas.

¿Qué necesitamos para construir un futuro sostenible?
Un futuro sostenible es aquél en el que entendemos que las cuestiones económicas, sociales y medioambientales están relacionadas entre sí; en el que reconocemos que las zonas rurales, las ciudades, los países y los continentes tienen que encontrar una forma de desarrollarse sin agotar recursos naturales como la tierra que cultivamos, el agua que bebemos y el aire que respiramos; en el que producimos nuestra comida —ya sea cultivando o mediante la ganadería y la pesca— de forma que no agote nuestros recursos; en el que sigamos construyendo comunidades resilientes y menos dependientes de los combustibles fósiles; en el que reduzcamos de forma significativa nuestras emisiones de gases de efecto invernadero y nuestra huella de carbono.

La creación de un futuro sostenible requiere importantes avances tecnológicos para las estrategias de mitigación y adaptación y un cambio en nuestros modos de vida. Dado que las mujeres tienen influencia directa sobre más del 80% de las decisiones de consumo en todo el mundo, cuanto mejor educación hayan recibido, mejores elecciones efectuarán, elecciones que serán más beneficiosas para nuestro medioambiente. Invertir en la educación de las niñas, así pues, es fundamental para influir sobre las formas de vida medioambientalmente sostenibles y sobre futuras elecciones de consumo de aspectos como los alimentos, el agua y las fuentes de energía. Esto hace de las mujeres poderosos agentes en la transición hacia un futuro más sostenible y para la construcción de comunidades más resilientes.

La inversión en la educación de las niñas requiere un compromiso importante por parte de diversos actores: tanto personas individuales como empresas, gobiernos y la sociedad civil.

El impacto positivo sobre el desarrollo sostenible

Para construir un futuro sostenible necesitamos científicas, lideresas empresariales, mujeres en los gobiernos, mujeres en posiciones de liderazgo y mujeres en la toma de decisiones financieras. Las ventajas de tener más mujeres en posiciones de liderazgo son claras. En los negocios, las empresas con liderazgos con mayor diversidad de género obtienen resultados mucho mejores que las que carecen de esa diversidad. Dado que las mujeres influyen en más del 80% del consumo global, tener más mujeres en posiciones relacionadas con la toma de decisiones hace que las empresas se relacionen de forma más satisfactoria con los clientes, lo que se refleja en un mayor éxito financiero.

En política, cada vez existen más evidencias de que cuando las mujeres están involucradas, los procesos políticos mejoran. Esto se debe a que las mujeres:

· están más interesadas en trabajar más allá de las fronteras entre los partidos;

· abogan por las cuestiones de igualdad de género, desde trabajar para eliminar la violencia de género hasta la lucha por la igualdad salarial;

· diseñan políticas que tienen efectos en sus comunidades durante generaciones, como hacer que las escuelas y los centros de trabajo sean más adecuados para niñas y mujeres.

Estas mujeres serán más adelante quienes puedan convertirse en mentoras de las jóvenes que empiecen sus carreras, o de niñas que estudian en la escuela. Y si las niñas reciben una educación, crecen con las herramientas y recursos que necesitan para adaptar sus formas de vida a las nuevas realidades del cambio climático. Sus conocimientos pueden ser útiles para elaborar estrategias de mitigación y adaptación, y pueden convertirse en agentes fundamentales de cambio.

Cuando las mujeres ostentan posiciones de liderazgo, las comunidades se enfrentan de forma más eficiente a los desastres naturales, desde la previsión y preparación de medidas previas hasta la reconstrucción posterior a ellos. Las mujeres ya se encargan de muchas de estas tareas en la actualidad, con recursos muy limitados, al asegurarse de que sus comunidades estén preparadas ante posibles peligros, de que tengan agua y comida suficiente para sobrevivir durante un desastre natural y de cuidar a los niños y ancianos.

La mayor participación de las mujeres mejora la efectividad de las políticas y la sostenibilidad de las soluciones, ya que las mujeres piensan más a largo plazo y en sus familias y comunidades. Las mujeres tienen un desempeño mucho mejor en lo relacionado con la gestión y reducción de los riesgos en la preparación para desastres naturales. Y, más importante aún, cuando las mujeres ostentan el liderazgo, a menudo se centran en construir comunidades resilientes que se alejen de las formas de vida más dependientes del clima e invierten en estrategias de mitigación y adaptación.

Cuando las niñas reciben una educación, al crecer se convierten en mujeres con más ingresos y mejores oportunidades y, en consecuencia, mejoran la calidad de vida de sus familias: por ejemplo, dejando de usar energías contaminantes y usando en su lugar energías limpias, lo que evita a su familia sufrir los efectos de la contaminación del monóxido de carbono y reduce la huella de carbono de su familia sobre el planeta. Cuando tienen que tomar decisiones, votan por las iniciativas de energía limpia que son importantes para ellas —y para el mundo— tanto desde un punto de vista medioambiental como económico.

¿Cuál es la situación actual de la educación de las niñas ?
No hemos hecho suficiente para proporcionar una educación adecuada a las niñas, especialmente a las que viven en comunidades marginadas que no ofrecen un acceso igualitario a la educación de calidad.

Según un informe de la División de Estadística de las Naciones Unidas, casi dos terceras partes de los 781 millones de adultos analfabetos en el mundo son mujeres.[84] Las niñas también representan más de la mitad de los niños no escolarizados. Además, las niñas siguen partiendo de una situación de desventaja. En el África subsahariana, las tasas de escolarización caen considerablemente cuando las niñas pasan de educación primaria (75% de niñas[85]) a secundaria (38%[86]) y terciaria (6% de mujeres[87]).

La pobreza, la exclusión social, la distancia a las instalaciones escolares y la educación de baja calidad crean desventajas todavía mayores cuando van acompañadas de la desigualdad entre géneros.

Conclusión

Si queremos salvar nuestro planeta, necesitamos invertir en educación infantil y hacer que la educación de calidad esté disponible y sea accesible para las niñas en todos los ámbitos, especialmente entre los sectores marginados y desfavorecidos. Necesitamos fomentar el rendimiento educativo de las niñas, y centrarnos no sólo en el acceso a la educación, sino también en su calidad. Tenemos que animar a las niñas a estudiar materias CTIM, economía y política, campos dominados tradicionalmente por hombres, porque cuando las mujeres se involucran en estas áreas aportan diversidad al liderazgo, lo que es importante

---

84 Departamento de Asuntos Económicos y Sociales de las Naciones Unidas (2015), *op. cit.*
85 *Ibidem*, p. 63.
86 *Ibidem*, p. 69.
87 *Ibidem*, p. 74.

para tomar mejores decisiones para la sociedad. Si adoptamos estas medidas, nuestras mujeres y niñas se convertirán en las científicas que nos aconsejarán sobre qué podemos hacer para mitigar el cambio climático, en las lideresas políticas que tomarán las decisiones sobre política energética y medioambiental, y en las personas que dirigirán empresas eficientes energéticamente y con bajas huellas de carbono. Ellas crearán empleo en empresas sostenibles.

Pero para hacer realidad esta visión tenemos que proporcionar la protección legal adecuada para evitar que algunas prácticas culturales dañinas —como los matrimonios a edades tempranas— se conviertan en barreras que impidan escolarizar a las niñas o que desarrollen su carrera más adelante.

Por último, nuestra inversión en educación tiene que ir acompañada de ciertos progresos en el mercado laboral para que las mujeres puedan disponer de oportunidades laborales y económicas.

Recomendaciones para la acción

1. Integrar perspectivas de género en los programas de lucha contra el cambio climático, para abordar de forma efectiva las necesidades y prioridades tanto de los hombres como de las mujeres.

2. Asegurar la participación plena y significativa de las mujeres y conseguir resultados equitativos en función del género.

3. Integrar consideraciones de género y cuestiones relacionadas con las mujeres en el ciclo de planificación e implementación de las políticas y proyectos de lucha contra el cambio climático.

4. Asegurarse de que los esfuerzos de adaptación y mitigación también abordan la vulnerabilidad en función del género, la desigualdad de género y la pobreza.

5. Asegurarse de que las políticas y los programas reconocen que, debido a su papel fundamental en el desarrollo medioambiental, social y económico, el empoderamiento de las mujeres y la igualdad de género son beneficiosos para el bienestar y las condiciones de vida de las familias y las comunidades y son factores clave en la promoción de la resiliencia de las economías y las comunidades.

6. La perspectiva de género tiene que integrarse en las políticas y programas de financiación para garantizar que éstos sean eficientes, efectivos e inclusivos. Tienen que desarrollarse estructuras, pautas, proyectos y herramientas sensibles al género en todos los niveles de los mecanismos de financiación para la lucha contra el cambio climático que apoyan acciones de adaptación y mitigación.

7. Finalmente, para ayudar a abordar las limitaciones históricas, políticas y socioeconómicas a las que se han enfrentado muchas mujeres, así como otros objetivos de desarrollo sostenible, tienen que desarrollarse criterios basados en el género para la asignación de fondos, incluyendo la identificación del proyecto, el diseño y los objetivos de rendimiento.

Mujeres, conflicto y medioambiente en la sociedad somalí

Shukri Haji Ismail Bandare y Fatima Jibrell
Dirigentes de ONG

Las mujeres somalíes han estado a la vanguardia del activismo medioambiental desde principios de la década de 1990. Dos de estas inspiradoras lideresas son Shukri Ismail Bandare y Fatima Jibrell. Ambas fundaron organizaciones no gubernamentales (ONG) para ayudar a sus comunidades locales a proteger el medioambiente y a usar sus recursos naturales de forma más sostenible. El papel fundamental de las mujeres y la igualdad de género en la protección medioambiental ha estado en el centro de su trabajo. Los logros de estas mujeres y sus colegas, en un contexto en el que han tenido que enfrentarse a la guerra civil y a un frágil entorno medioambiental árido y semiárido, pueden considerarse extraordinarios. En sendas entrevistas a finales de 2014 y principios de 2015 para Amigos de la Tierra, ambas compartieron sus experiencias e ideas sobre la igualdad de género y la sostenibilidad medioambiental.

Shukri Haji Ismail Bandare ha sido ministra de medioambiente de Somalilandia[88] desde 2013. Previamente a su nombramiento político, fue una activista medioambiental y fundó una ONG local, Candlelight for Health, Education and Environment. Esta organización sigue proporcionando programas de formación, educación y salud en comunidades de Somalilandia. Shukri trabajó durante seis años en la primera Comisión

---

88 Como consecuencia de la guerra civil, en 1991 el noroeste de Somalia se separó del resto del país y declaró la independencia. Su secesión no ha sido reconocida internacionalmente. Oficialmente, se la define como una región autónoma de Somalia.

Electoral de Somalilandia, en la que fue la única mujer, y participó en tres exitosos procesos electorales cuando Somalilandia estaba cambiando de un sistema de clanes a un sistema político de partidos. Así explica cuáles son las motivaciones que la han llevado a su trabajo:

> La ONG nació en 1995, nos pareció que se trataba de algo verdaderamente necesario. El pueblo de Somalilandia se encontraba en plena guerra; había padecido las masacres de las fuerzas del presidente somalí Mohamed Siad Barre y se encontraba ahora en un período de gran inestabilidad debido a las guerras entre clanes. No había escuelas para los hijos de los desplazados internos, y estos niños estaban creciendo con miedo y entre hostilidades. Nosotros no queríamos perder otra generación debido a la guerra, así que creamos una escuela.
>
> Con la educación, enseguida nos dimos cuenta de que había una necesidad extrema de campañas de concienciación de la salud y llevamos a cabo algunas para intentar, entre otras cosas, advertir sobre los peligros asociados a la mutilación genital femenina (MGF). Las condiciones rurales nos hicieron ver también la importancia del saneamiento —y del medioambiente en general—, y así empezó nuestro trabajo sobre riesgos medioambientales. He recibido muchísima ayuda de diversas personas, esta ONG no ha sido en absoluto algo de lo que me encargara únicamente yo. La ONG es, en la actualidad, una de las más importantes de Somalilandia, y su trabajo sigue centrándose en el medioambiente.

Fatima Jibrell es la fundadora de la ONG internacional Adeso: African Development Solutions (antes llamada Horn Relief), cuya misión consiste en ayudar a las comunidades a desarrollar relaciones con el medioambiente en las que los africanos puedan prosperar. En 2014, Fatima recibió el premio Campeones de la Tierra del Programa de las Naciones Unidas para el

Medio-ambiente por su extraordinaria contribución a la conservación. Así habla Fatima de su experiencia como niña en Somalia y de cuando regresó como adulta:

> Nací en una familia de pastores nómadas en Somalia en 1947, y hasta los siete años viví en una zona que era similar a una sabana, con leones, leopardos, todo tipo de fauna silvestre. Regresé a Somalia por primera vez treinta años más tarde, y la tierra que recordaba como una exuberante sabana verde era ahora un desierto, con grandes tormentas de arena. Me empecé a interesar sobre si era posible devolver a la vida aquel entorno natural. Tras la guerra civil, parecía un buen momento para ayudar a la gente. Se estaba produciendo la llegada a mi área de muchas personas procedentes de grandes ciudades como Mogadiscio. Quería ver si podía ayudar de alguna manera a toda aquella gente a comprender su entorno natural para que no se siguiera deteriorando. Ésa fue la razón por la que regresé.

Árboles para las personas y el medioambiente
Una de las principales razones de la degradación medioambiental en Somalia ha sido la deforestación y la desertificación, sobre todo debido a las personas que se han dedicado a talar árboles para hacer carbón vegetal, que se usa como combustible para cocinar. Shukri Haji Ismail Bandare explica:

> El medioambiente es el elemento más importante de nuestras vidas, ya que dependemos de él al cien por cien. Sin un medioambiente sano, adecuado, no podemos existir como seres humanos. Los efectos [de la deforestación] en una tierra como la nuestra, que se puede describir como árida o semiárida, son muy graves. La escasez de bosques y superficies forestales significa que cualquier pérdida de árboles puede causar importantes déficits medioambientales.

Los árboles que tenemos en las áreas montañosas son nuestro equivalente a los bosques, y estas zonas se están erosionando rápidamente. En gran parte esto se debe a la falta de educación y conciencia que nuestra propia gente tiene sobre los efectos de la tala de árboles, y en parte también a que la tala de árboles para hacer carbón vegetales la única forma de ganarse la vida para muchas personas. Además, la gente sigue siendo reacia a utilizar medios de energía alternativos al carbón vegetal, debido a muchos motivos, y esto hace que se mantenga la demanda de este producto.

Y a mucha gente le parece bien cortar un árbol, pero no plantar otro para reemplazarlo. Los árboles siguen siendo necesarios, pero esta necesidad no se va a satisfacer si nos seguimos comportando como hasta ahora.

La población rural somalí ha sido tradicionalmente un pueblo de pastores nómadas, que se movía con su ganado en busca de tierras de pastoreo. La supervivencia de estas comunidades en un clima cálido y seco, con precipitaciones irregulares, dependía de un entorno natural en buen estado. Fatima Jibrell recuerda el respeto tradicional por los árboles:

Había todo tipo de leyes entre los somalíes, e incluso los que no han sido pastores las conocen. En aquella época nadie se atrevía a cortar más de dos o tres ramas de un árbol; lo podaban, cortaban una rama y se iban a otro árbol a hacer lo mismo, y así hasta que reunían la madera necesaria para construir una cerca temporal con la que proteger su ganado de los leones y las hienas durante la noche. También usaban la madera para fabricar cuerdas y otros materiales —normalmente eran las mujeres quienes se encargaban de esto— con los que construían sus casas, que eran desmontadas y transportadas en camellos cuando se trasladaban. Las casas estaban hechas de madera, pero los somalíes cogían solamente una parte de la corteza de los árboles, no el árbol entero como se hace ahora, cuando ya no se preocupan de ellos.

Recuerdo que, cuando era niña, mi madre me enseñaba, y me decía: «Si quieres tomar corteza de un árbol para hacer una cuerda, coge sólo un poquito, lo justo para hacer lo que necesitas sin matar el árbol». En aquel momento era consciente de que necesitábamos a los árboles porque nos daban la fruta con la que nos alimentábamos, nos daban sombra para echarnos bajo ellos cuando el sol estaba en lo alto... ¡Estaba muy claro! Mi madre esperaba que yo fuera pastora, como ella, y me enseñó a cuidar nuestro entorno natural.

Conflicto y medioambiente

Uno de los logros más notables de Fatima es el establecimiento de una prohibición para la exportación de carbón vegetal en el noreste de Somalia —desde 1998, una región autónoma del país conocida como Puntlandia—, que estaba provocando la deforestación de la zona. Consiguió unir a grupos y personas y trabajó sin descanso para terminar con el comercio de carbón vegetal, elaborado a partir de los árboles de acacia de la región y destinado a Oriente Medio. Gracias a su apoyo y coordinación, el Gobierno de Puntlandia prohibió en 2012 la exportación de carbón vegetal por el puerto de Bosaso. Fátima reconoció que era necesario encontrar una alternativa al uso de este combustible para que los hogares pudieran cocinar, así que cofundó Sun Fire Cooking para promover el uso de «cocinas mariposa», un tipo de cocinas solares parabólicas transportables.

En la actualidad, sigue exportándose carbón vegetal de Somalia de forma ilegal, y el Consejo de Seguridad de las Naciones Unidas considera que estas exportaciones constituyen una importante fuente de financiación para el grupo terrorista Al-Shabab. El trabajo de Fatima y otras personas ha situado este asunto en la agenda internacional y ha destacado las consecuencias humanitarias, de seguridad, medioambientales y económicas que se derivan de él. A este respecto, Fatima afirma:

> Por ejemplo, la juventud urbana está siendo atraída a las zonas
> rurales debido a la posibilidad de obtener ingresos con la ela-
> boración de carbón vegetal, pero los esfuerzos de la comunidad
> internacional no están priorizando el medioambiente ni la reha-
> bilitación de los jóvenes.

Los vínculos entre el medioambiente y los conflictos en Somalia
y Somalilandia son muy profundos, puesto que la subsistencia,
la identidad cultural y la seguridad de las personas dependen
mucho de los recursos medioambientales. Shukri Haji Ismail
Bandare subraya este punto:

> Las cuestiones medioambientales juegan un papel fundamen-
> tal en los conflictos en Somalilandia; yo diría que incluso en el
> día a día de las situaciones de conflicto en todo el país. Muchas
> veces los enfrentamientos se producen debido a disputas sobre
> las tierras de pastoreo, los abrevaderos y las tierras de cultivo
> que han sido cerradas por particulares para su uso privado. To-
> dos estos problemas demuestran el papel fundamental que des-
> empeña la tierra en las vidas de los somalíes, así como el hecho
> de que su existencia sigue ligada a la naturaleza como la de sus
> antepasados nómadas.

Los desafíos de la gobernanza medioambiental
Shukri Haji Ismail Bandare reflexiona sobre su experiencia
como ministra:

> Nuestro Ministerio de Medioambiente y Desarrollo Rural es
> un ministerio creado desde cero; muchos de nuestros esfuerzos
> se han centrado en la formación y mejora de la capacidad de
> nuestro equipo para facilitar un entorno de trabajo adecuado.
> Aunque el ministerio se creó en 1997, no ha recibido el mismo

nivel de atención ni de recursos que otros ministerios como el de Educación o el de Salud, y puede decirse que se ha descuidado bastante. Los desafíos a los que nos enfrentamos en nuestra actividad son abrumadores; estamos sometidos a mucha presión debido a las restricciones presupuestarias y porque sabemos que el tiempo es un factor clave cuando se producen emergencias medioambientales. Además, tenemos que enfrentarnos a demasiadas emergencias medioambientales, como sequías continuas, crecidas repentinas en los cauces de los ríos secos y un número cada vez mayor de fábricas que requieren medidas preventivas para asegurarnos de que sus desechos se gestionan adecuadamente. Nos enfrentamos a todos los desafíos asociados a una sociedad que acaba de salir de un conflicto, pero sigo diciéndome a mí misma que Roma no se construyó en un día. Así que hacemos lo que podemos.

Fatima Jibrell señala los desafíos y oportunidades para una mejor gobernanza medioambiental:

Antes de la guerra y del colapso del Estado somalí, había un departamento de medioambiente que se encargaba de la protección de los árboles. Los turistas no podían circular libremente por todo el parque. No podíamos consumir lo que quisiéramos. En la actualidad, esto sigue siendo un reto. El 60% de los trabajos en Somalia proceden del sector pastoral. Pero no se ofrece ninguna oportunidad a los somalíes, en especial a los jóvenes de familias de pastores, para que se involucren en la conservación medioambiental o marina. Tenemos la costa más larga de África, y eso podría dar trabajo a todo el mundo.

Las mujeres y el medioambiente

Los medios de subsistencia de las mujeres están íntimamente ligados al medioambiente, tal como explica Shukri Haji Ismail Bandare:

Como sociedad tradicional de pastores nómadas, son las mujeres quienes arrean el ganado y son, en consecuencia, las primeras en comprobar los cambios en nuestro entorno natural. Incluso en el entorno urbano de Hargeisa, la capital de Somalilandia, hay mujeres (muchas de las cuales son el sostén de sus familias) vendiendo leche de las cabras y camellos de su ganado. Somos un pueblo dependiente de nuestro entorno medioambiental, especialmente del agua, ya que no hay vida sin agua. Si no actuamos contra la degradación medioambiental, las mujeres serán las primeras víctimas de los desastres medioambientales que se producen como consecuencia de nuestra inacción y la de la comunidad internacional en general.

Las mujeres se ven directamente afectadas por los cambios en los patrones climáticos y las precipitaciones; tienen que calcular cuánto tardarán en caminar para conseguir agua, o qué distancia tendrán que recorrer para llevar a pastar y abrevar sus rebaños. Los que estamos en el Gobierno somos conscientes de los desafíos a los que se enfrentan estas mujeres. Nos mantenemos constantemente informados de las áreas en las que se producen sequías para dar todo el apoyo que podamos.

Creo que la igualdad no tiene que tomarse necesariamente al pie de la letra. Como mujer, soy consciente de mis limitaciones físicas en comparación con un hombre, y al mismo tiempo estoy segura de que un hombre no puede igualar mi resiliencia como mujer. La igualdad ha tomado una connotación contundente, confrontacional, y a mí me gustaría apartarme de ella y defender, en cambio, la idea de la complementariedad entre los sexos. En cuanto al planeta, no creo que podamos salvar el planeta sin crear primero una sociedad armoniosa y justa para la humanidad.

Fatima Jibrell ve la lucha por la igualdad de género como un elemento central en la protección medioambiental:

Hay una conexión muy fuerte entre la marginación de las mujeres y los jóvenes y la degradación medioambiental en Somalia. La degradación hace que la pobreza sea aún peor para mucha gente; la política y las desigualdades de género están detrás de todo esto.

No es posible alcanzar la sostenibilidad medioambiental sin igualdad de género, porque las mujeres trabajan en el entorno natural, traen la comida al hogar, y el agua. Las mujeres que hacen estas cosas y cuidan de los niños no tienen ninguna oportunidad de hacer nada más, no pueden involucrarse en política. Ya están cargando el peso de toda la sociedad sobre sus espaldas.

El género en la sociedad y en la política

Las mujeres en la sociedad somalí son vistas tradicionalmente como potenciales forjadoras de la paz y mediadoras, capaces de facilitar la comunicación entre grupos enfrentados. Las mujeres han estado a la vanguardia de la construcción de la paz tanto en el ámbito local como nacional en todas las regiones somalíes desde la guerra civil. Sin embargo, una y otra vez han sido excluidas de las conversaciones de paz, o se les ha permitido el acceso sólo como observadoras al margen en vez de como participantes iguales a los hombres. A diferencia de las mujeres, los hombres jóvenes no tienen ningún rol tradicional en la resolución de conflictos, pero también han sido marginados durante las conversaciones de paz.

Las constituciones de los Gobiernos de Somalilandia y de Puntlandia y el Gobierno Federal de Somalia establecen la igualdad entre hombres y mujeres en lo que respecta a la participación política. Pero, en realidad, los tres Gobiernos están formados casi exclusivamente por hombres, y las promesas de cuotas para mujeres son rechazadas e incumplidas.[89] Todo esto, a pesar de que las convenciones internacionales, como la resolución 1325

89 Véase Musse, F. y Gardner, J. (2014). *A Gender Profile for Somalia*. Somalia: EC Somalia Unit.

del Consejo de Seguridad de las Naciones Unidas (UNSCR 1325), exigen la participación de las mujeres en las negociaciones de paz y en la reconstrucción posterior a los conflictos.

Entre 2012 y 2015 Adeso llevó a cabo un proyecto para promover la igualdad de género, el empoderamiento de las mujeres y la participación política en Somalia y fomentar así el desarrollo de una sociedad inclusiva, transparente y responsable. Este proyecto, Promoting Women's Political Participation in Somalia, proporcionó formación en representación política, comprensión y promoción de la igualdad de género y sobre el papel de las mujeres en la construcción de la paz a más de trescientas mujeres representantes de la sociedad civil y concejalas. También ofreció apoyo técnico y capacitación al Ministerio de Desarrollo de la Mujer y Asuntos de la Familia (MOWDAFA, por sus siglas en inglés).

El proyecto facilitó asimismo la construcción de centros comunitarios para mujeres en los cuatro distritos seleccionados: Badhan, Boocame, Carmo y Xarfo. Estos centros siguen siendo un recurso para las mujeres locales en Puntlandia, y les proporcionan un lugar para consultar, presentar y compartir sus opiniones y experiencias. Las mujeres seleccionadas en los cuatro distritos —miembros de la sociedad civil, concejalas, profesoras o lideresas comunitarias— aprendieron habilidades para afrontar y cambiar actitudes sociales y factores culturales que limitan sus vidas y para promover los intereses de sus comunidades. Fatima cree que éste es el futuro:

> Salvo que los hombres empiecen a hablar con las mujeres y los jóvenes, el Gobierno no mejorará y las mujeres no podrán avanzar. Espero que Estados Unidos y el resto de los países que apoyan al Gobierno [Federal] de Somalia hablen con las mujeres, porque cuando nos visitan, cada nación habla sólo con políticos hombres. Necesitamos que cuando los países vienen a

Somalia hablen por separado y de forma igualitaria con las mujeres; así es como empieza la igualdad.

Shukri Bandare señala cómo el empoderamiento político y social están intrínsecamente vinculados:

Hace quince o dieciséis años, cuando la cuestión de género no estaba en la agenda, gran parte de la sociedad nos miraba [a las mujeres en política] como si hubiéramos cometido un terrible tabú. Pero creo que hemos recorrido un largo camino desde entonces. Vivimos en una sociedad rígidamente patriarcal y plagada de contradicciones. Por una parte, cada vez vemos más chicas en las escuelas y en las universidades, pero al final se sigue esperando de esas chicas que se adecúen al rol de madres y amas de casa. Muchos padres pueden considerar la idea de que sus hijas consigan un trabajo de oficina, pero por lo que respecta a entrar en política, y especialmente a conseguir una posición en la que se tenga poder de decisión, puedes estar seguro de que tendrás que enfrentarte a todos los obstáculos que pondrán en tu camino.

Ha habido algunos intentos de establecer cuotas para mujeres en la Cámara de Representantes, pero por desgracia esos proyectos de ley no han sido aprobados. A pesar de todo, hay algunas asociaciones de mujeres importantes, como la Nagaad Network, una red que coordina numerosas asociaciones de mujeres de base en Somalilandia. Como miembro fundador de esta red, mi ministerio sigue manteniendo una relación estrecha con ella para promover el empoderamiento de las mujeres en la sociedad y en la política.

Necesitamos encontrar una plataforma que fomente la discusión y un diálogo abierto sobre las cuestiones medioambientales a las que nos enfrentamos, y quiero formar parte de eso, de ese inicio de la conversación.

Los estrechos lazos entre la justicia social y la medioambiental

Karin Nansen
Presidenta de Amigos de la Tierra Internacional, Uruguay

Karin Nansen es una activista de la justicia medioambiental y es cofundadora de la asociación uruguaya REDES (Red de Ecología Social). Como presidenta de Amigos de la Tierra Internacional, viaja constantemente para asistir a reuniones políticas. Esta conversación tuvo lugar en el metro de Londres; Karin había tenido reuniones en Togo y luego en Ámsterdam, y ahora estaba de camino a Derbyshire, donde se iba a celebrar la asamblea general anual de la sección británica de Amigos de la Tierra, antes de asistir a un encuentro de las Naciones Unidas en Europa.

¿Cómo es tu ciudad?

Yo vivo en Montevideo, en Uruguay. Montevideo es una ciudad preciosa, pero, como en otras partes del mundo, la capital de un país es un reflejo de las desigualdades socioeconómicas que caracterizan nuestra sociedad actual. La fragmentación territorial cada vez mayor —asociada con la concentración de la riqueza—, las divisiones de clase y las dinámicas de mercado, amenazan con dominar la reorganización de las ciudades, al priorizar en sus decisiones los beneficios del sector privado y al no seguir principios de sostenibilidad ni responder a las necesidades de la gente ni reforzar el tejido social.

El punto positivo es que durante más de veinte años ha habido gobiernos progresistas en Montevideo, que han intentado introducir algunas limitaciones a las fuerzas del mercado y a la

lógica de la acumulación de capital, con políticas públicas dirigidas a recuperar el espacio público para la gente, a fomentar las
actividades colectivas y culturales y a garantizar los derechos
fundamentales. Pero todavía necesitamos un buen sistema público de transporte, y carriles bici, para ofrecer una alternativa
real al tráfico cada vez más intenso.

¿Qué pueden hacer las mujeres para salvar el planeta?
En Amigos de la Tierra Internacional y en nuestras estructuras
regionales y nacionales, queremos un cambio sistémico que se
centre en analizar y cuestionar el poder y los privilegios que son
parte inherente al sistema capitalista, que es patriarcal, clasista y
racista. Este sistema, dominado por las élites globales, pone en
riesgo la vida en el planeta tal y como la conocemos, a través de
la explotación del medioambiente y de nuestra fuerza de trabajo.

Queremos que se reconozca a las mujeres como agentes
políticos de cambio, y no porque las mujeres estemos más
«cercanas a la Madre Tierra» o porque seamos intrínsecamente más cuidadosas y conscientes en nuestras relaciones con el
medioambiente.

Históricamente, y como resultado de esa construcción social
que es la división del trabajo según el género, las mujeres se han
hecho responsables de la mayor parte del trabajo de cuidados.
No quiero negar la importancia del trabajo de cuidados, pero
esa responsabilidad tendría que ser compartida entre los hombres, las mujeres y el Estado. Creo firmemente en la necesidad
de transformar esta división del trabajo según el género, que
hace que las mujeres tengan que cargar con el trabajo doméstico
y de cuidados y no reconoce estas tareas como fundamentales
para la economía.

La división del trabajo según el género también trasciende
y agrava las diferencias de clase. Las mujeres con más dinero
pueden contratar a otras mujeres pobres que llevan a cabo ese
tipo de trabajos en su lugar: cocinar, limpiar, cuidar de los niños

y de las personas enfermas y vulnerables y los ancianos... Ésta no es la sociedad por la que estamos trabajando. Queremos más equidad y que la responsabilidad de los trabajos domésticos y de cuidados se comparta entre hombres, mujeres y el Estado.

Te has involucrado durante años en las luchas de las mujeres rurales. ¿Puedes explicarnos las ideas que hay detrás de Vía Campesina?

La lucha de Vía Campesina aboga por el derecho de los campesinos a producir alimentos saludables, por el derecho a la tierra, las semillas y el agua, y las mujeres juegan un papel central en esta lucha. Las luchas históricas de Vía Campesina condujeron al principio de soberanía alimentaria: el derecho de cada pueblo de producir alimentos de acuerdo con las formas culturalmente apropiadas para él, en el campo y en la ciudad, y el derecho a disponer de suficientes alimentos saludables y diversos para su población.

Es un concepto diferente del de seguridad alimentaria. Amigos de la Tierra Internacional se unió a Vía Campesina para promover e incorporar el principio de soberanía alimentaria en nuestras actividades de divulgación y nuestro trabajo normativo con las comunidades locales y en los ámbitos nacional e internacional. La comida no debe tratarse como una mercancía, y el sistema alimentario debe estar bajo el control de la gente, no de las corporaciones transnacionales. Las cuestiones fundamentales sobre qué producimos, cómo producimos, para quién producimos y cómo lo distribuimos deben ser respondidas mediante sistemas alimentarios democráticos y ecológicos y basados en la justicia en todas sus dimensiones. Y tenemos que reconocer el papel fundamental de las mujeres en la producción y la toma de decisiones.

¿Cómo puede reproducirse el éxito de Vía Campesina en las ciudades?

Vía Campesina permite a las mujeres ser protagonistas. Respecto a la agricultura, ellas están cultivando huertos familiares, produciendo comida para mercados locales, guardando semillas y preservando el conocimiento. De igual forma, las mujeres son importantes en el ámbito urbano, intentan que nuestros barrios sean sostenibles y protegen los medios de subsistencia de la población.

Necesitamos establecer relaciones más estrechas entre el campo, los agricultores y campesinos y los habitantes de las ciudades. Podemos desarrollar estos vínculos a través de diferentes relaciones entre consumidores y productores, centradas sobre todo en la reciprocidad, la equidad y la justicia. Por ejemplo, los consumidores podrían obtener un precio honrado y justo por la comida que compran. Pero también es importante para los agricultores obtener un precio honrado y justo por la comida que producen, y esto significa reducir la distancia entre productores y consumidores. Esto es fundamental en las ciudades.

La experiencia de Vía Campesina puede reproducirse en las ciudades y pueblos. En Amigos de la Tierra Internacional creemos en la necesidad de construir un nuevo sistema alimentario que garantice los derechos de las personas —el derecho a la tierra, al agua y a las semillas— y que corrija las numerosas crisis que afrontamos, entre ellas la crisis alimentaria, la crisis climática y la erosión de la biodiversidad. Así que este cambio radical en el sistema alimentario afecta tanto a las áreas rurales como a las ciudades.

Vía Campesina ha conseguido importantes logros en la defensa de la producción agroecológica de los campesinos, en la construcción de nuevas relaciones con los consumidores de las ciudades y en intentar que los alimentos saludables no queden sólo en manos de las élites; los grupos menos favorecidos también tienen el derecho a alimentarse de forma saludable, y lograr eso es uno de sus objetivos. Esto requiere políticas públicas que garanticen que los campesinos obtengan precios justos y que todo el mundo en las ciudades tenga acceso a estos alimentos frescos y saludables.

Tenemos muchos ejemplos de éxito: nuevos tipos de mercados en los que los consumidores compran cestas o cajas de comida, recogen alimentos de las granjas u organizan cocinas comunales. Queremos que los estados favorezcan y compren comida para las escuelas y hospitales a las pequeñas explotaciones y/o a los productores ecológicos. La compra directa a los agricultores ha funcionado bien en Brasil. Ahora en Uruguay está empezando a funcionar también, gracias a la nueva política por la que la contratación pública se efectúa a los agricultores que usan métodos ecológicos. Esto soluciona dos problemas: conseguimos que los niños no coman alimentos de baja calidad en las escuelas (al contrario, los estudiantes consumen comidas saludables elaboradas con alimentos de temporada comprados directamente a los agricultores locales) y garantiza un mercado para los campesinos y pequeños agricultores.

Los cambios que proponemos para reconstruir el sistema alimentario también contribuirán a reducir las emisiones de carbono. Además, también permitirán que las áreas locales se vuelvan más resilientes si los agricultores consiguen más autonomía y diversifican su producción de formas apropiadas para la ecología y la cultura de cada territorio y cada ciudad.

Construir alianzas entre las mujeres urbanas y rurales tiene un poder transformador. Puede reforzar las agendas políticas en ambas esferas.

Como presidenta de Amigos de la Tierra Internacional, ¿qué has visto en las ciudades de todo el mundo que te haya resultado inspirador?

Estamos asistiendo a una reducción de los espacios públicos en las ciudades. Vemos la privatización y el control corporativo de nuestros sistemas públicos, con el encarecimiento de servicios que deberían ser derechos humanos, como la sanidad, la educación y el transporte, entre otros. Pero también se están haciendo cosas buenas y están apareciendo alternativas inspiradoras en las ciudades. Recientemente, en Togo, vi a las mujeres cultivando diferentes alimentos, como yuca y maíz, en los márgenes de la carretera. Es muy inspirador ver a estas mujeres —y hombres también—, que no disponen de una parcela de tierra propia, encontrar maneras de producir alimentos en áreas urbanas.

También me pareció muy inspirador ver a mujeres que defendían el derecho de sus comunidades al agua, o que cocinaban juntas en cocinas comunitarias que tal vez se pusieron en marcha en épocas de crisis, o en los barrios más pobres, para poder alimentar a sus hijos. Es muy impresionante comprobar que las mujeres suelen encontrar formas de romper la separación entre lo doméstico y lo público habitualmente impuesta en nuestra sociedad.

En Ámsterdam he visto muchos huertos comunitarios, atendidos por personas de todas las edades, y he escuchado que el Ayuntamiento ofrece espacios en los que los vecinos pueden cultivar sus propios alimentos. En una gran ciudad eres hasta cierto punto anónimo, y mediante este tipo de trabajo y de experiencias colectivas se mejora tu bienestar y puedes involucrarte en el tejido social de las comunidades. Esto también es importante para el medioambiente. Hay muchos ejemplos en los que la justicia social y la medioambiental van de la mano.

¿Pueden las mujeres y los activistas por la justicia medioambiental aprender unos de otros?

No podemos llegar al cambio sistémico que deseamos —una sociedad justa desde la perspectiva social y ecológica— sin cambios radicales en la sociedad que se basen en nuestra lucha contra el patriarcado y contra las opresiones e injusticias basadas en la etnia, la sexualidad, la edad, las discapacidades, etcétera. Las mujeres se ven más afectadas por los problemas medioambientales, pero también suelen tener el conocimiento sobre cómo cambiar las cosas y ya están construyendo alternativas. No sólo somos víctimas, también somos agentes de cambio y necesitamos apoyo para desempeñar esta función.

Las mujeres tenemos mucho que ofrecer, así que cambiamos ideas unas con otras y aprendemos cuáles son las principales cuestiones estructurales de cada lucha. Luego unimos estas luchas en movimientos como Vía Campesina o la Marcha Mundial de las Mujeres, porque no puedes ganar tu lucha particular sin vencer en las otras luchas. Por eso Amigos de la Tierra Internacional forma parte de los mismos movimientos y redes, en términos de justicia climática y soberanía alimentaria: juntas fortalecemos nuestro trabajo y nuestras organizaciones.

Uno de los aspectos que conlleva esta estrecha relación es la lucha contra la mercantilización de todos los ámbitos de nuestras vidas. Las mujeres y los movimientos feministas hemos luchado contra la mercantilización de nuestros cuerpos, contra la mercantilización de los servicios públicos, etcétera, y en Amigos de la Tierra Internacional también luchamos contra la mercantilización y la privatización de la naturaleza. Es una lucha común que nos une.

¿Cómo podemos mejorar las ciudades?

Uno de los problemas principales en la mayor parte de países es que el transporte público no es lo suficientemente bueno y mucha gente tarda horas en ir y volver del trabajo. Se anima a las personas que pueden permitírselo a que compren coches, pero esto conlleva atascos, que muy frecuentemente paralizan las ciudades.

La injusticia medioambiental se hace muy evidente en las ciudades. Las personas con escasos recursos viven en los barrios con más contaminación, mientras que las personas con recursos viven en zonas más sanas desde un punto de vista medioambiental, y con más espacios verdes.

Por este motivo, Amigos de la Tierra Brasil está trabajando con personas sintecho y promoviendo políticas públicas que defiendan el derecho a la vivienda de los ciudadanos y que luchen contra la tendencia a la privatización del suelo y las calles en las ciudades.

Las ciudades deben organizarse de manera que puedan proporcionar formas de vida sostenibles y que satisfagan los derechos de las personas. Esto implica la autoorganización popular, pero también el derecho a desarrollar colectivamente políticas públicas, a cambiar nuestro sistema de transporte y la forma en la que se usa el suelo, para asegurar derechos como la vivienda, el acceso al agua, al tiempo libre y a la cultura. Todo se resume en cómo reorganizamos las ciudades para asegurar los derechos de las personas y para conseguir formas de vida sostenibles.

Debido a la experiencia acumulada en trabajos domésticos y de cuidados, a la preocupación y la atención a las vidas de los demás, las mujeres poseemos un gran conocimiento y comprensión de la esfera doméstica. Además, también hemos trabajado siempre —sobre todo las mujeres de clase trabajadora y las afrodescendientes— por la supervivencia de nuestras familias y comunidades, así que poseemos un gran conocimiento de la esfera pública. No sólo es importante cuidar de tu casa; también lo es cuidar de tu barrio y de tu ciudad, y hay mucho que aprender de la experiencia de las mujeres y de nuestra forma de ver las cosas. Necesitamos poner en valor este conocimiento. Y por eso no debemos desarrollar ningún tipo de política pública sin la participación de las mujeres.

La planificación urbana debe tener en cuenta las perspectivas y necesidades de las mujeres, especialmente en lo que respecta a nuestro uso del transporte público, el sistema educativo, etcétera. Con procesos y espacios democráticos y participativos podemos aprender y construir juntos. Podemos cometer errores juntos, y aprender de ellos.

Aumentar la sensibilidad de género en las políticas climáticas urbanas

Gotelind Alber
GenderCC: Women for Climate Justice, Berlín

¿Qué son las políticas climáticas sensibles al género? En el proceso de la Convención Marco de Naciones Unidas sobre el Cambio Climático esta cuestión ha quedado sin respuesta. A pesar de que cada vez más disposiciones apelan a la sensibilidad al género en la adaptación y mitigación de los efectos del cambio climático, hay una gran variedad de interpretaciones sobre qué significa esto, y no existe una definición oficial del concepto «sensible al género». Hay quien piensa que se trata de equilibrio de género, otros de formación y capacitación para las mujeres, o incluso de cocinas no contaminantes.

Para GenderCC, las ciudades son un lugar perfecto para establecer qué son las políticas climáticas sensibles al género y para llevarlas a la práctica. Es una red global de organizaciones de mujeres, expertos en género y activistas, que se creó en el contexto de las negociaciones de la CMNUCC con el objetivo de integrar las cuestiones de género en las políticas medioambientales. Ha sido la primera organización que ha examinado las relaciones entre género y políticas climáticas[90] e intenta en-

---

90 Alber, G. (2010). *Gender, Cities and Climate Change: Thematic Report Prepared for Cities and Climate Change Global Report on Human Settlements 2011.* Nairobi: UN-Habitat. Recuperado de https://unhabitat.org/wp-content/uploads/2012/06/GRHS2011ThematicStudyGender.pdf; Alber, G. (2015). *Gender and Urban Climate Policy: Gender-sensitive Policies Make a Difference.* Bonn: UN-Habitat and GenderCC. Recuperado de: http://gendercc.net/fileadmin/inhalte/dokumente/8_Resources/Publications/Guidebook_Gender_and_Urban_Climate_Policy_June_2015.pdf; Alber, G. y Cahoon, K. (2015). Ching-Yee Seto, K.; Solecki, W. y Griffith, C. (eds.), *The Routledge Handbook of Urbanization and Global Environmental Change.* Nueva York: Routledge, pp. 310-324.

contrar soluciones y enfoques viables para ellas. Las ciudades tienen que responder de forma efectiva al cambio climático para reducir las emisiones de gases de efecto invernadero y mejorar su resiliencia. Al mismo tiempo, las desigualdades y las injusticias se hacen especialmente evidentes en las zonas urbanas, y tienden a agravarse debido a los efectos del cambio climático y, en ocasiones, también por los efectos de las políticas para luchar contra él. Las ciudades pueden y deben desempeñar un papel pionero en el desarrollo de respuestas sensibles al género contra el cambio climático, aplicando enfoques e intervenciones experimentales y partiendo de las experiencias urbanas ya conocidas, como el desarrollo urbano sensible al género o la presupuestación con perspectiva de género.

Durante la colaboración de GenderCC con sus socios en todo el mundo —por ejemplo, con asociaciones de mujeres en Bombay (India), Macasar (Indonesia) y Johannesburgo (Sudáfrica)[91]— se ha desarrollado un enfoque para evaluar la relación entre el género y el clima en los procesos e instituciones urbanas, así como en las políticas de mitigación y adaptación. Las evaluaciones de las repercusiones en materia de género se han desarrollado en varios contextos para examinar en detalle el diseño y la implementación de las intervenciones políticas.

El análisis de las carteras de políticas y medidas desde una perspectiva de género es un enfoque completamente novedoso. Hasta ahora, los análisis de carteras sobre cambio climático se han aplicado sobre todo a las consideraciones de rentabilidad de las opciones tecnológicas, es decir, a la curva de costes de la reducción de emisiones de gases de efecto invernadero. En cambio, nosotros hemos analizamos las políticas y sus beneficios

---

91 Véase http://gendercc.net/our-work/current-projects/gender-into-urban-climate-change-initiative.html

más allá de las respuestas al cambio climático.[92] Hemos elaborado un amplio catálogo de políticas de adaptación y mitigación y de medidas en diversos sectores: vivienda, asentamientos y planificación urbana, oferta y demanda de transporte, energía y agua, gestión de residuos, reducción de riesgos de desastres, etcétera. Para cada política hemos identificado los beneficios medioambientales y socioeconómicos asociados, como una atmósfera más limpia, el ahorro de costes, la creación de empleo y los potenciales beneficios sobre la igualdad de genero —por ejemplo, al facilitar el trabajo doméstico y de cuidados, conseguir una distribución más justa de empleos de nueva creación y aliviar la pobreza energética, factores que afectan sobre todo a las mujeres—. La evaluación, elaborada a partir de los resultados de la investigación, de nuestra propia experiencia y en base a consideraciones plausibles, se basó en los criterios de género derivados de los motivos subyacentes a la desigualdad de género:

1. **Representación y participación en la toma de decisiones.** En las áreas políticas relacionadas con el cambio climático, como la energía o el transporte, la proporción de mujeres es todavía pequeña, lo que tiene como consecuencia un sesgo de género en la planificación y la implementación de las políticas. Además, hay dudas sobre hasta qué punto las mujeres tienen la misma capacidad de participación en la toma de decisiones en los ámbitos doméstico y comunitario.

2. **La necesidad y el acceso a los recursos, como los alimentos, la vivienda, el tiempo, el espacio, la educación y la formación, los servicios, las infraestructuras y las tecnologías.** Las políticas tendrían que contribuir a mejorar el acceso a todos estos servicios, así como tener en cuenta las necesidades específicas de género, los patrones de consumo y las posibilidades de acción.

---

92 A estos beneficios colaterales a menudo se los llama cobeneficios. Sin embargo, esto asume que las políticas climáticas tienen algún tipo de primacía sobre las otras preocupaciones, mientras que nosotros creemos que las cuestiones sociales tienen que ser tratadas en igualdad de condiciones.

3. La economía del cuidado juega un papel fundamental. Incluso en países con un alto nivel de igualdad de género, las mujeres dedican bastante más tiempo a las tareas domésticas y de cuidados. Las políticas urbanas deberían tener en cuenta los trabajos de cuidado, y proporcionar infraestructuras y servicios que faciliten estas tareas y contribuyan a una distribución más justa de las mismas.

4. La economía «productiva» convencional y el sesgo de género en los ingresos. Es necesario preguntarse si las políticas perjudican económicamente a las personas con bajos ingresos —grupo en el que hay más mujeres que hombres— y a quién benefician las inversiones y subsidios públicos.

5. Cuerpo, salud y seguridad, incluyendo las vulnerabilidades específicas de género, la seguridad en los espacios públicos y el acceso a los servicios de salud.

6. Derechos y acceso a la justicia. En algunos países, por ejemplo, las mujeres no tienen derecho a ser propietarias de terrenos, y la cuestión que hay que formularse es si las políticas ponen remedio a estos problemas y ayudan a las personas a conocer y defender sus derechos.

7. Cuestiones estructurales de género. Estas cuestiones tienen que considerarse al abordar las normas masculinas predominantes. En muchas sociedades, las mujeres —y lo que hacen— son consideradas inferiores a los hombres —y lo que hacen—. Para contribuir a la igualdad de género, las políticas deberían enfrentarse a estas normas y privilegios.

Aplicando esta óptica, hemos identificado políticas y enfoques estratégicos prioritarios que usamos como parámetros en la evaluación de programas de acciones de adaptación y mitigación para identificar las brechas y debilidades de éstos desde una perspectiva de género. A continuación, explicamos brevemente las áreas prioritarias de acción que hemos identificado, válidas tanto para países industrializados como en desarrollo.

Planificación y diseño urbanos

Estas áreas crean diseños y estructuras que se mantendrán en pie durante mucho tiempo, por lo que influyen sobre la huella de carbono y la resiliencia de la población actual y también de la futura. En el diseño y las estructuras de muchas áreas urbanas puede encontrarse un fuerte sesgo de connotaciones masculinas hacia un modelo de trabajo «productivo» al que se accede con vehículos privados, mientras que las actividades atribuidas a las mujeres como el cuidado familiar y asegurar la disponibilidad de medios de subsistencia —incluyendo formas de transporte respetuosas con el medioambiente— son desatendidas y marginadas. Por lo tanto, evitar la expansión urbana y priorizar las ciudades densas y con un desarrollo de uso mixto, que reduce las distancias de transporte y las emisiones, puede tener efectos positivos desde una perspectiva de género, puesto que facilita las actividades cotidianas, el acceso a los servicios y a los puestos de trabajo, así como el trabajo doméstico y de cuidados y su combinación con un trabajo remunerado. Crear este tipo de diseños y estructuras urbanas es una estrategia muy importante, aunque sea a largo plazo. En la práctica, significa explorar nuevas formas de desarrollo urbano, abandonando los criterios de zonificación y redistribuyendo el espacio existente para favorecer el transporte no motorizado y los elementos que beneficien la vida cotidiana de todos los ciudadanos, como mercados y servicios públicos, parques infantiles y espacios verdes. Viena es un buen ejemplo de cómo las consideraciones de género pueden incluirse en la planificación urbana y, de hecho, el Ayuntamiento incluso ha publicado una guía sobre cómo incorporar la perspectiva de género en el urbanismo.[93]

En los países de bajos y medios ingresos, las principales prioridades deben ser la mejora de los asentamientos informa-

---

93 City of Vienna (2013). *Manual: Gender Mainstreaming in Urban Planning and Urban Development.* Viena: Urban Development Vienna. Recuperado de: www.wien.gv.at/stadtentwicklung/studien/pdf/b008358.pdf

les en colaboración con sus habitantes, ya que éstos suelen ser las personas más vulnerables a los efectos del cambio climático, y las mujeres constituyen la mayor parte de habitantes de estas áreas en muchas ciudades. Estas mejoras deben incluir la provisión de infraestructuras básicas de agua y saneamiento y la adopción de medidas de defensa contra el cambio climático. ONU-Habitat ha publicado una guía sobre cuestiones de género en vivienda y mejora de los barrios marginales.[94]

Resiliencia, salud y medios de vida

Aumentar la resiliencia es especialmente importante para afrontar la mayor vulnerabilidad de las mujeres a los riesgos climáticos —vulnerabilidad que ha sido claramente demostrada—. Esto incluye proporcionar medios de vida adecuados para los ciudadanos, seguridad alimentaria, vivienda, acceso a infraestructuras básicas de agua, energía y saneamiento, eliminar limitaciones en la movilidad, en la información y en la educación, y aumentar la cohesión de la comunidad. A pesar de todo, suele ser complicado establecer una distinción clara entre las acciones dirigidas a aumentar la resiliencia y las orientadas al desarrollo en general, lo que impide que estas iniciativas consigan acceso a las fuentes de financiación.

Kampala, por ejemplo, ha desarrollado un enfoque sensible al género para enfrentarse a la vulnerabilidad usando marchas exploratorias y grupos de discusión con una perspectiva de género inclusiva.

Movilidad y transporte

La dimensión de género de la movilidad es particularmente sorprendente. Los diferenciales de género incluyen distancia, objetivo del viaje y forma de transporte. Las mujeres tienden

---

94 ONU-Habitat (2012). *Gender Issue Guide: Housing and Slum Upgrading*. Nairobi: UN-Habitat. Recuperado de: https://unhabitat.org/books/housing-and-slum-upgrading-gender-issue-guide/

a trabajar más cerca de casa —o en casa— y a hacer viajes más frecuentes relacionados con asuntos domésticos o de cuidados —como ir a la compra, o acompañar a los niños o a los ancianos—, lo que produce patrones de viaje más complejos. Las mujeres tienen un menor acceso a los medios de transporte motorizados y, en consecuencia, caminan más frecuentemente y mayores distancias y son más dependientes de los medios de transporte público que los hombres, quienes en cambio suelen preferir el transporte motorizado privado y además también optan por vehículos más grandes y de mayor consumo. Por otra parte, la falta de seguridad en las zonas públicas y en el transporte supone una importante restricción a la movilidad de las mujeres y contribuye a su exclusión social. Estas observaciones son válidas para todo tipo de países, ya sean de ingresos bajos, medios o altos. El acceso a servicios de transporte no contaminantes, económicos, accesibles y seguros para todo el mundo es de suma importancia.

La ciudad de Bogotá (Colombia) es famosa por su innovador sistema de transporte público. En cierta medida, también tomó en cuenta las cuestiones de género, con algunas acciones y campañas para mejorar la seguridad de las mujeres y con sus esfuerzos para conseguir una distribución igualitaria de los trabajos de nueva creación.

Desastres y emergencias

Las mujeres que están al cuidado del hogar y que suelen carecer de empleo formal se encuentran entre los grupos más afectados por las catástrofes. Además, el acoso sexual y la violencia de género suelen incrementarse durante y después de los desastres. Por lo tanto, la reducción del riesgo de desastres y los preparativos para emergencias deben tener en cuenta las necesidades de las mujeres, incluyendo comunicación sensible al género y formación en la reducción del riesgo de catástrofes. Por ejemplo, hay que asegurarse de que los sistemas de alerta temprana llegan a las mujeres, y de que los refugios de emergencia pueden acoger a mujeres y niños.

Demanda de energía

En muchos países de bajos ingresos, las mujeres carecen de servicios energéticos modernos y dependen de combustibles tradicionales de biomasa y del trabajo manual para el cuidado de la familia. Sin embargo, la pobreza energética es un fenómeno que también se da en los países de altos ingresos, debido a la brecha salarial de género que afecta sobre todo a las mujeres, especialmente a las mayores o a las madres solteras. Las políticas energéticas urbanas deben abordar tanto la pobreza energética como el consumo excesivo de los más pudientes mediante el desarrollo de estrategias que proporcionen acceso a energía limpia, por un lado, y reduciendo la demanda energética de los que tienen mayores niveles de consumo, por otro. Los enfoques y la comunicación sensibles al género son fundamentales en los programas de mejora energética, incluyendo las campañas de información e incentivos para la sustitución por dispositivos más eficientes, ya que las mujeres suelen encargarse de la toma de decisiones en el ámbito doméstico.

Otros campos de acción

Las ciudades de los países de bajos y medios ingresos también necesitan mejorar su planteamiento de las cuestiones de género en otros campos. Uno de ellos es la gestión del agua, el suministro de ésta y del saneamiento, ya que tanto los cuidados de la familia como la higiene personal requieren un suministro adecuado de agua. Otro es la gestión de residuos, puesto que los desechos contribuyen de forma muy importante a las emisiones de gases de efecto invernadero en estos países. Muy frecuentemente, las mujeres están involucradas en la gestión y el reciclaje de residuos, y perderían sus empleos si estos servicios se profesionalizaran sin tenerlas en cuenta. Además, la gestión de residuos en el ámbito doméstico recae casi siempre en las mujeres, y medidas como la recogida selectiva de residuos pueden suponer una carga de trabajo adicional para ellas. Por último, la agricultura urbana es otro campo de acción que se ha convertido en algo prioritario para muchas mujeres pobres. Las ciudades deben proporcionarles acceso a espacios para huertos urbanos y de este modo mejorar la seguridad alimentaria.

Pasos que seguir

Una de nuestras recomendaciones es que las ciudades se basen en un enfoque multidimensional que integre el medioambiente y la lucha contra el cambio climático con las cuestiones sociales y de género. Esto requiere el compromiso de trabajar hacia un modelo de ciudad de bajas emisiones de carbono, resiliente al clima, equitativa, justa desde la perspectiva de género, inclusiva y empática. El primer paso tiene que ser mejorar el equilibrio de género en la planificación y la toma de decisiones. Hay que incrementar los procesos participativos para dar a los ciudadanos, y en particular a las mujeres, una voz que pueda ser escuchada. Hay que recoger datos relevantes —por ejemplo, sobre pobreza, movilidad y consumo energético— a través de encuestas, grupos de discusión o colaboraciones con organizaciones comunitarias, para elaborar los inventarios de emisiones de referencia o para las evaluaciones de vulnerabilidad, y en estos procesos tienen que aplicarse métodos sensibles al género como las identificaciones comunitarias de riesgos. Durante la formulación de las políticas, todas estas prioridades deben estar presentes. Algunos grupos pueden requerir políticas específicas, como los habitantes de los barrios marginales o los hogares con mujeres como cabeza de familia. Durante el diseño de las medidas, éstas deben evaluarse desde una perspectiva social y de género para mejorar su diseño si fuera necesario. Durante la implementación, hay que involucrar a los ciudadanos y a las organizaciones comunitarias. Finalmente, una evaluación tiene que examinar los efectos diferenciados por género y usar métodos establecidos como la presupuestación con perspectiva de género.

Hay muchos motivos por los que las políticas climáticas urbanas tienen que seguir un enfoque sensible al género.

Tanto los hombres como las mujeres tienen derecho a participar de manera significativa en la planificación de las políticas climáticas y en la toma de decisiones, ya sea en el ámbito local o en los barrios. La participación igualitaria de hombres y mujeres mejora la legitimidad de las políticas climáticas urbanas y desarrolla un sentido de pertenencia. No hay que desaprovechar las oportunidades de trabajar por unas ciudades más saludables, habitables, sostenibles, equitativas e inclusivas.

Las políticas climáticas no sólo tienen que ver con la tecnología; también con los ciudadanos. Los ciudadanos y las comunidades sufren las consecuencias del cambio climático, y su consumo y movilidad son las causas subyacentes a las emisiones de gases de efecto invernadero. Por lo tanto, la política climática sólo será efectiva si los ciudadanos, sus roles de género y su participación en la sociedad se tienen en cuenta. Esto hace que las políticas y medidas climáticas urbanas sean mejor aceptadas y más viables y eficientes.

Las políticas climáticas urbanas tienen que respetar las necesidades y capacidades de todos los ciudadanos y combatir la pobreza y la marginación, así como la riqueza excesiva. De lo contrario, corremos el riesgo de desaprovechar numerosos recursos humanos, potencial innovador y conocimientos tradicionales y prácticos que pueden contribuir, entre otras cosas, a la reducción de los gases de efecto invernadero.

Además, acuerdos internacionales como el Acuerdo de París de 2015 y la Nueva Agenda Urbana de 2006 apoyan los enfoques sensibles al género. El Fondo Verde del Clima se ha desarrollado sobre unas bases que integran disposiciones relativas al género. Por lo tanto, se recomienda a las ciudades que lleven a cabo acciones sensibles al género si quieren acceder a la financiación para la lucha contra el cambio climático.

La buena noticia es que la situación está empezando a mejorar, incluso en los países industrializados en los que la relación entre género y lucha medioambiental no se ha tomado en serio. Por ejemplo, la ciudad de Potsdam, en Alemania, ha incorporado a expertos en género en la elaboración de su ambicioso programa de mitigación que pretende hacer de Potsdam una ciudad neutra en carbono en 2050.

¿Por qué la igualdad de género y la sostenibilidad van de la mano?

Lyla Mehta y Melissa Leach[95]
Instituto de Estudios del Desarrollo,
Universidad de Sussex

Desigualdad de género y patrones de insostenibilidad

Los patrones dominantes de desarrollo no han funcionado. En un mundo cada vez más globalizado e interconectado, la pobreza y la desigualdad están creciendo, no disminuyendo. Crisis ecológicas como inundaciones, sequías, tierras y océanos contaminados, destrucción de paisajes y de medios de subsistencia... Todo ello se está convirtiendo en una seria amenaza para el bienestar y la supervivencia de las futuras generaciones. Estos cambios ecológicos afectan de forma particular a una tercera parte de la población mundial, que depende de los recursos naturales para su subsistencia.[96] Además, miles de niños mueren cada día debido a enfermedades transmitidas por el agua, más de mil millones de personas pasan hambre, más de mil mueren durante el embarazo o en el parto, y muchísimas personas carecen de los trabajos decentes que necesitan para proporcionar una vida digna a sus familias y a ellos mismos. El 20% más pobre de la población mundial controla únicamente el 2% de los recursos económicos.[97] Las abundantes crisis climáticas, alimentarias, financieras y de recursos que se han producido

---

95 Este capítulo se basa en: Leach, M. *et al.* (2016). *Gender equality and sustainable development: a pathways approach.* Nueva York: ONU-Mujeres.
96 Unmüßig, S.; Sachs, W. y Fatheuer, T. (2012). *Critique of the Green Ecology -Toward Social and Environmental Equity. Ecology Series no. 22.* Berlín: Heinrich Böll Stiftung.
97 *Ibidem.*

recientemente nos indican también que la economía de mercado neoliberal ha fracasado por completo. Tiene que producirse
un replanteamiento de los problemas derivados del crecimiento
sin restricciones y de los patrones insostenibles de producción y
consumo por parte de las clases medias y altas en todo el mundo,
así como de los impactos negativos de las industrias extractivas
y manufactureras altamente contaminantes.[98] Estos problemas
económicos, sociales y medioambientales, profundamente relacionados entre sí, apuntan a una crisis de insostenibilidad.
También indican que los conceptos de insostenibilidad y su
contrario, la sostenibilidad, tienen que ser reformulados y revi-
talizados como términos políticos que nos ayuden a reconocer
y afrontar las claves que han conducido a la situación actual, así
como a impulsar un debate enérgico y estimulante y acciones
hacia un futuro más próspero y justo para todos.

Desde 1992, la Conferencia de las Naciones Unidas sobre
el Medio Ambiente y el Desarrollo ha reconocido abiertamen-
te que el desarrollo sostenible no es posible sin la igualdad
de género. A pesar de las diferencias en los diversos debates
conceptuales sobre género y medioambiente (por ejemplo,
el ecofeminismo, la perspectiva MMAD —Mujeres, Medio
Ambiente y Desarrollo—, la perspectiva GMAD —Género,
Medio Ambiente y Desarrollo— y la ecología política feminista —EPF—), existe en la actualidad un amplio consenso
sobre que el medioambiente y el desarrollo sostenible no son
neutrales en términos de género. Ambos están influidos por
las relaciones de género y al mismo tiempo influyen en éstas,
que determinan a su vez los resultados medioambientales. Las
feministas y las analistas de género también han exigido un
replanteamiento radical de las formas de producción y consumo capitalistas, así como de la justicia social y la equidad en
relación con el uso de los recursos. En definitiva, sin justicia

---

98 Véase *ibidem*; Harcourt, W. (ed.) (1994). *Feminist Perspectives on Sustainable Development*. Londres: Zed Books.

de género no puede haber justicia medioambiental ni sostenibilidad.[99] Así, es sorprendente que en los actuales debates de
alto nivel sobre economía verde, límites planetarios y el Antropoceno las cuestiones de género hayan sido completamente ignoradas y no hayan supuesto una transformación radical de los
planteamientos, a pesar de los progresos durante la década de
1990 para hacer del género un tema relevante en las cuestiones
sobre desarrollo sostenible.[100] Este capítulo subraya algunas de
las fallas del pensamiento global en la actualidad, en particular
desde una perspectiva de género y de justicia social, así como
vías alternativas hacia la sostenibilidad que promueven tanto la
justicia social como la de género.

El Antropoceno y quién establece los límites

Hoy se encuentran en auge las argumentaciones y discusiones centradas en los conceptos de Antropoceno y «límites planetarios». Estos conceptos se basan en un nuevo conjunto de
perspectivas en las investigaciones científicas sobre el sistema
terrestre que sugieren que hemos entrado en una nueva etapa
geológica, el Antropoceno, en la que las actividades humanas
se han convertido en la fuerza impulsora predominante de la
mayoría de procesos del sistema terrestre, incluyendo los ciclos
climáticos y geoquímicos, los ecosistemas y la biodiversidad.
El alcance de la influencia humana, impulsada por la intensificación del consumo y la producción, ha crecido rápidamente
desde la Revolución Industrial y se ha acelerado de forma dra-
mática desde la década de 1950 (véase el siguiente apartado).
Se han identificado una serie de nueve límites planetarios que
se refieren a los procesos biofísicos de los sistemas de la Tierra

---

99 Véase Wichterich, C. (2012). *The Future We Want. A feminist perspective*, *Ecology Series no. 21*. Berlín: Heinrich Böll Stiftung.
100 Véase *ibidem*; ONU-Mujeres (2014). *World Survey on the Role of Women in
Development 2014: Gender Equality and Sustainable Development*. Nueva York:
ONU-Mujeres.

de los que depende la vida humana.[101] Este conjunto mantiene al planeta en condiciones similares a las del Holoceno y define un espacio operativo seguro para la humanidad. Se prevé que en breve corremos el peligro de traspasar ciertos umbrales potencialmente catastróficos que pondrían en riesgo el desarrollo tanto en el ámbito global como en el local. Es urgente, por tanto, que las vías de desarrollo reconecten con la capacidad de la biosfera para hacerlas sostenibles.[102]

Mientras la ciencia sigue su curso, el concepto de límites planetarios ha sido rápidamente incorporado a los debates políticos, incluyendo los que han tenido lugar a partir de Río+20. Sin embargo, muchos actores, incluyendo los gobiernos de países en desarrollo, han mostrado su oposición a este concepto, ya que consideran que va en contra del crecimiento y del desarrollo. Algunos sugieren que los límites planetarios representan un retorno a la idea de «límites al crecimiento» y que dan prioridad al medioambiente global sobre los problemas locales, justificando intervenciones de las instancias internacionales sobre las nacionales, regionales y locales para proteger el medioambiente a costa de las personas y sus medios de subsistencia. Vale la pena preguntarse: ¿quién define estos límites y sobre quién se aplican? Los límites en los ámbitos local y regional tienen que ser diferentes de los límites en el ámbito global; de igual modo, los hombres y las mujeres y los ricos y los pobres tienen que tener límites diferentes. Kate Raworth[103] ha propuesto que los límites planetarios no pongan en riesgo un desarrollo inclusivo que respete los derechos humanos; ilustra su concepto con una representación en forma de rosquilla, en la que incorpora un hueco central que representa los «fundamentos sociales» al círculo con el que tradicionalmente se representan los límites

101 Rockström, J. *et al.* (2009). «A safe operating space for humanity». *Nature*, núm. 461, pp. 472-475.
102 Folke, C. *et al.* (2011). «Reconnecting to the biosphere». *Ambio*, núm. 40.
103 Raworth, K. (2012). «A safe and just space for humanity: can we live within the doughnut?». *Oxfam Discussion Paper*. Oxford: Oxfam.

planetarios. Entre esos dos componentes se encuentra el «espacio operativo seguro y justo» para la humanidad en el que tiene que producirse el desarrollo. Pero incluso esta concepción no consigue abordar las posibles divergencias y compensaciones entre la noción de una buena vida y las perspectivas de futuro de las personas, por un lado, y los límites medioambientales definidos científicamente, por otro. Mientras tanto, han aparecido nuevas corrientes neomalthusianas, cuyas interpretaciones sobre cómo los límites planetarios parecen implicar inminentes catástrofes y escasez de recursos justifican un regreso a políticas draconianas y respuestas políticas injustas que limitan las libertades y los derechos de las personas. Hasta la fecha, con la única excepción de Raworth,[104] que introduce la igualdad de género como una dimensión de los fundamentos sociales del espacio justo y seguro de la humanidad, los debates y discusiones sobre los límites planetarios han ignorado por completo las cuestiones de género.

Economía verde: ¿todo sigue igual?

La idea de una «economía verde» o «economía ecológica» ha llamado la atención de gobiernos, empresas y ONG. Según el Programa de las Naciones Unidas para el Ambiente que lanzó en 2008 su Iniciativa de Economía Verde, la economía verde «debe mejorar el bienestar del ser humano y la equidad social, a la vez que reducir significativamente los riesgos ambientales y las escaseces ecológicas. En su forma más básica, una economía verde sería aquella que tiene bajas emisiones de carbono, utiliza los recursos de forma eficiente y es socialmente incluyente».[105] Aunque esto parece exigir una integración del desarrollo medioambiental, económico y social no muy diferente de otras conceptualizaciones del desarrollo sostenible, en su plasmación en las políticas y la práctica la idea de economía

---

104 Unmüßig, S.; Sachs, W. y Fatheuer, T., *op. cit.*
105 PNUMA (2013). *What is the Green Economy Initiative?*

verde ha conllevado una serie muy concreta de métodos, centrados en acciones del sector empresarial y privado —aunque motivadas y reguladas por el sector público— en inversiones, tecnologías e innovaciones destinadas a mejorar la eficiencia energética y de recursos y a prevenir la pérdida de servicios ecosistémicos. Según la economía verde, existen oportunidades para conseguir beneficios, creación de empleo y sostenibilidad medioambiental al mismo tiempo con un «crecimiento verde», siempre y cuando las inversiones sean las adecuadas. De hecho, se argumenta que la emergente tecnología de la economía verde tendrá un valor de 4,2 billones de dólares al año en 2020.[106]

Mientras estos enfoques asumen que el crecimiento económico continuo puede ser reformulado bajo un prisma ecológico, otros argumentan que las restricciones medioambientales requerirán tasas de crecimiento mucho más reducidas que las actuales —o incluso nulas—, así como otras formas de crecimiento. Jackson, por ejemplo,[107] afirma que es necesario un cambio de rumbo en las estrategias y el pensamiento económicos para enfatizar que el objetivo no tiene que ser el crecimiento, sino la prosperidad y el bienestar. Las inversiones en servicios y cuidados, así como acciones ecológicas en áreas como la producción sostenible de comida, el *marketing* y la energía limpia, serían elementos clave de este nuevo rumbo. Estos argumentos enlazan con el creciente debate sobre economías alternativas y economía solidaria,[108] que se valen sobre todo de las experiencias de formas de organización de ámbito local y de movimientos activistas sociales en todo el mundo. La corriente de la economía verde también defiende centrarse en mantener y mejorar el capital natural, apoyándose en medidas de evaluación y

---

106 Clancy, J. (2009). *Economy or Environment? It's a false choice.* Canada: National Union of Public and General Employees. Recuperado de: https://nupge.ca/content/economy-or-environment-its-false-choice

107 Jackson, T. (2009). *Prosperity without Growth: Economics for a Finite Planet.* Londres: Earthscan/Routledge.

108 Wichterich, C. (2012), *op. cit.*; Unmüßig, S.; Sachs, W. y Fatheuer, T., *op. cit.*

responsabilidad que se basan —y los amplían— en los trabajos de la economía medioambiental de la década de 1990[109] y en enfoques basados en el mercado para la protección medioambiental. Estos últimos incluyen una amplia gama de variables para evaluar diversos aspectos de los ecosistemas y redefinirlos como mercancías con las que se pueda comerciar, tal como sucede con los derechos de emisión de gases de efecto invernadero y las compensaciones voluntarias de emisiones que se asocian con las energías limpias y los programas forestales y agrícolas en el acuerdo del Mecanismo de Desarrollo Limpio (MDL) del Protocolo de Kioto, en el programa ONU-REDD («Programa de colaboración de las Naciones Unidas para la reducción de emisiones de la deforestación y la degradación de los bosques en los países en desarrollo») y en algunos sistemas voluntarios. Se supone que los medios de vida de las poblaciones locales se benefician de todo ello, pero lo cierto es que en la práctica los resultados son muy variables. Los críticos apuntan a la creciente evidencia de que esta financiarización y mercantilización de los ecosistemas va asociada a formas de apropiación y expropiación de tierras y recursos hídricos con fines upuestamente ecológicos.[110] No sorprende, en consecuencia, que numerosas organizaciones de mujeres en todo el mundo se hayan opuesto por completo a este concepto.

Aunque las inversiones y las tecnologías verdes son áreas importantes, en ellas a menudo se omiten cuestiones sobre justicia y valores sociales en el debate. El uso de una forma tan

---

109 Por ejemplo, Natural Capital Committee (2013). *The State of Natural Capital: Towards a framework for measurement and valuation*. Londres: Defra. Recuperado de: www.defra.gov.uk/naturalcapitalcommittee

110 Véase Fairhead, J. y Leach, M. (1996). *Misreading the African Landscape: Society and ecology in a forest-savanna mosaic*. Cambridge: Cambridge University Press; Mehta, L.; Veldwisch, G. J. y Franco, J. (2012). «Introduction to the Special Issue: Water grabbing? Focus on the (re)appropriation of finite water resources». *Water Alternatives*, vol. 5, núm. 2; Borras Jr, S. M.; Hall, R.; Scoones, I.; White, B. y Wolford, W. (2011). «Towards a better understanding of global land grabbing: an editorial introduction». *Journal of Peasant Studies*, vol. 38, núm. 2.

restringida de valorar financieramente ecosistemas y recursos pasa por alto los valores sociales y culturales, incluyendo aquéllos que han surgido de la larga coexistencia entre los seres humanos y los ecosistemas. Además, los enfoques de la economía verde y de la economía desacoplada de los efectos sobre el medioambiente y el uso de los recursos —e incluso a veces también en la economía del cuidado basada en la prosperidad— tampoco suelen prestar ninguna atención a los efectos diferenciados sociales y de género. No toman en consideración quién sale ganando y quién perdiendo con las intervenciones y políticas resultantes, ni a las prioridades de qué sectores se da importancia. Además, aunque hay alguna mención sobre la igualdad de género en el Fondo ODM3, el «Informe sobre la Economía Verde» no hace ninguna referencia a los efectos diferenciados de la economía verde sobre los hombres y las mujeres, ni sobre qué significará exactamente la transición al nuevo modelo económico para los diferentes grupos de unos y otras.[111]

Los críticos ven el concepto de economía verde como algo que no cambia la forma de hacer negocios del modelo económico global que ha sido el causante de la destrucción medioambiental mundial, la explotación social y la desigualdad.[112] También se ha criticado que se trate de un enfoque basado en el mercado, que justifica la mercantilización y restricción de los recursos naturales. Programas de mercado de carbono como el REDD socavan los medios de subsistencia de los habitantes locales, justifican la apropiación de tierras y desplazan a la población local, especialmente a las agricultoras de subsistencia, que son las principales productoras de alimentos en los países

111 Véase Naret Guerrero, M. y Stock, A. (2012). «Green economy from a gender perspective». Recuperado de: www.academia.edu/1604568/Green_economy_ from_a_Gender_perspective
112 Véase Schalatek, L. (2013). *The Post-2015 Framework: Merging Care and Green Economy Approaches to Finance Gender-Equitable Sustainable Development.* Berlín: Heinrich Böll Foundation.

en desarrollo.[113] En todos los enfoques que acabamos de señalar encontramos una perspectiva demasiado tecnocéntrica y economicista, un estilo de desarrollo guiado desde las élites y no desde las bases, o, en cualquier caso, guiado por un mercado puramente neoliberal. Al mismo tiempo, se están desarrollando nuevas y problemáticas narrativas que hablan de crisis y catástrofes medioambientales mientras se subestiman las cuestiones sobre el poder, los valores sociales, la distribución y la justicia —incluyendo la de género—, tanto al hablar de las causas de los problemas de sostenibilidad como al hacerlo sobre cómo se responde a ellos.

Por el contrario, un marco de análisis sobre desarrollo sostenible y equitativo por lo que respecta al género podría combinar los enfoques de la economía de cuidados y de la economía verde para afrontar la explotación de los trabajos de cuidados —casi siempre no remunerados— de las mujeres, y también la cuestión del uso de los recursos naturales y el medioambiente como una fuente inagotable de insumos productivos. También ha habido nuevos trabajos de economistas y analistas feministas que han revitalizado las críticas tempranas de la separación entre la producción y la reproducción social y las relaciones de poder sobre las que se basa.[114] También se ha reivindicado la sustitución de la eficiencia por la suficiencia,[115] que tendría como principios rectores el uso compartido, la redistribución y la «comunalización». En la llamada economía de los cuidados, las feministas están abogando por una redistribución del trabajo y de la creación de valor que vaya más allá del mercado, la eficiencia

113 Unmüßig, S.; Sachs, W. y Fatheuer, T., *op. cit.*
114 Por ejemplo, Vaughan, G. (ed.) (2007). *Women and the Gift Economy: A Radically Difference Worldview Is Possible*. Toronto: Inanna Publications & Education Incorporated; Mellor, M. (2009). «Ecofeminist political economy and the politics of money», en Salleh, A. (ed.) (2009). *Eco-Sufficiency and Global Justice: Women write political ecology*. Londres: Pluto Press.
115 Mehta, L. (2010). *The Limits to Scarcity. Contesting the Politics of Allocation.* Londres: Earthscan; Salleh, A. (ed.) (2009). *op. cit.*

y la remuneración,[116] así como por una nueva concepción de qué consideramos «bueno». Todas estas tendencias reclaman nuevas políticas transformadoras que conduzcan a diferentes caminos en diferentes ámbitos, como los que defienden los especialistas en «economía verde» y límites planetarios.

Vías hacia la igualdad de género y la sostenibilidad

Si algo ha quedado claro de este pequeño comentario sobre los diferentes enfoques de pensamiento, políticas y prácticas, es que la sostenibilidad y el desarrollo sostenible son cuestiones políticas. Los elementos que tienen que ver con el establecimiento de las prioridades y de las acciones que se llevan —o no— a cabo están sujetos a diferentes intereses y perspectivas, y por tanto es normal que sean cuestionados. A veces este cuestionamiento se desarrolla en el ámbito espacial, como cuando entran en conflicto las prioridades locales y las globales; a veces, en el ámbito temporal, como cuando los gobiernos luchan para compatibilizar las agendas políticas medioambientales a largo plazo con los intereses domésticos y los ciclos políticos a corto plazo; y a veces se desarrolla entre grupos sociales con distintas posiciones y valores. Las políticas y programas de desarrollo sostenible, incluso los mejor concebidos, se ven menoscabados por la oposición de los actores que los cuestionan, aunque éstos no hagan explícita su oposición al principio. Esto significa que las políticas de desarrollo sostenible y su implementación no pueden considerarse meros ejercicios técnicos y de gestión, sino que tienen que adoptar un enfoque normativo y politizado.

También hay problemas relacionados con el género que tienen que evitarse en los distintos enfoques sobre la relación entre el desarrollo sostenible y el género. En nombre de la protección medioambiental muchas veces se expropian tierras, bosques y recursos hídricos a las mujeres y los hombres que viven allí; se

116 Wichterich, C. (2012), *op. cit.*

han establecido también algunos vínculos problemáticos entre las mujeres y la naturaleza, que han conducido a la «esencialización» del papel de las mujeres como «cuidadoras» de la naturaleza, haciéndolas responsables de tareas ambientales basadas en su trabajo voluntario. Estos errores y trampas que se han cometido en el pasado deben ser evitados en lo sucesivo.

Relacionar la igualdad de género y el desarrollo sostenible es algo vital por muchas razones. En primer lugar, se trata de un imperativo ético y moral: construir relaciones de género más equitativas, que apoyen los derechos humanos, la dignidad y las capacidades de las mujeres, más allá de las diferencias de clase, etnia, sexualidad, edad, habilidad y circunstancias, es un requisito central para alcanzar un orden ético en el mundo. En segundo lugar, para evitar que las mujeres se conviertan en víctimas hay que corregir ese patrón demasiado común por el que ellas se ven más afectadas por las crisis y las tensiones medioambientales, climáticas y económicas, socavando su papel fundamental en el sostenimiento de sus familias y comunidades. Y tercero, y más importante, es vital para consolidar la participación de las mujeres. La atención al género nos ofrece vías para mejorar la productividad y la eficiencia de los recursos, mejorar la conservación de los ecosistemas y su uso sostenible, y para construir sistemas energéticos, de agua y de salud más sostenibles y con bajas huellas de carbono. Las mujeres no son sólo víctimas; han sido y pueden ser actores centrales en el camino hacia la sostenibilidad y la transformación ecológica. Sin embargo, esto no debe significar añadir «medioambiente» a la lista de tareas de cuidado de las mujeres, o instrumentalizarlas como las nuevas «salvadoras de la sostenibilidad». Lo que debe significar es reconocer y respetar sus conocimientos, derechos y capacidades, así como la integridad de sus cuerpos, y asegurarse de que el papel que desempeñan encaja con los derechos y el control sobre los recursos y con su poder de decisión. Podemos relacionar esto con el consenso, cada vez mayor, sobre que la igualdad de género y el desarrollo sostenible pueden reforzarse el uno al otro de una manera muy importante.[117] Además, prestar atención a las diferencias y relaciones de género proporciona una perspectiva vital para afrontar las oportunidades y los desafíos sociales y políticos —así como económicos y medioambientales— que tienen que ser centrales en la lucha por el desarrollo sostenible, y destaca las formas en las que las mujeres pueden ser importantes agentes de transformación ecológica. Por último, las analistas y los movimientos feministas y centrados en el género han ofrecido alternativas sólidas y radicales a los patrones de insostenibilidad que generan desigualdades de género y otras formas de injusticia. Consideran que hay que formular una idea de la sostenibilidad en la que la igualdad de género sea un elemento clave y proporcione potentes herramientas para hacer realidad esas transformaciones e imaginarios alternativos.

El concepto de «vía» ayuda a ilustrar esta idea. Las vías son las direcciones alternativas hacia las que los sistemas sociales, tecnológicos, económicos y medioambientales pueden evolucionar.[118] Se forman a partir de los valores, de diversos tipos de conocimiento y también del poder. Pueden abarcar políticas específicas, proyectos e intervenciones. Está claro que las vías dominantes de cambio —las autopistas, para seguir con la analogía, del desarrollo global— se mueven en direcciones que son completamente insostenibles y que no mejoran las cuestiones

117 Véase Agarwal, B. (2002). «Gender inequality, cooperation and environmental sustainability», *Workshop on «Inequality, collective action and environmental sustainability»* (Working Paper 02-10-058). Nuevo México: Santa Fe Institute; Buckingham-Hatfield, S. (2002). «Gender equality: a prerequisite for sustainable development», *Geography*, pp. 227-233; Programa de las Naciones Unidas para el Desarrollo (2012). «Powerful synergies: gender equality, economic development and environmental sustainability». Nueva York: UNDP. Recuperado de: www.undp.org/content/dam/undp/library/gender/Gender%20and%20Environment/Powerful-Synergies.pdf; Johnsson-Latham, G. (2007). «A study on gender equality as a prerequisite for sustainable development: Report to the Environment Advisory Council, Sweden 2007:2». Estocolmo: Ministerio de Medio Ambiente de Suecia.
118 Leach, M; Scoones, I. y Stirling, A. (2010). *Dynamic Sustainabilities: Technology, environment, social justice.* Londres: Earthscan.

de género ni la justicia social. Desafiar las actuales vías insostenibles e identificar y construir vías alternativas hacia la sostenibilidad que tengan en cuenta la igualdad de género es el desafío de nuestra época.

El enfoque de las «vías» nos ayuda a conceptualizar cómo las instituciones, el poder y el conocimiento pueden interactuar para crear y mantener vías insostenibles o para ofrecer vías de desarrollo sostenible. Así, podemos encontrar un ejemplo local en las interacciones entre agua y comida, las divisiones de trabajo y responsabilidades en función del género y los diferentes sistemas de gestión de agua (incluyendo la irrigación) que proporcionan agua a los usuarios productivos. En el ámbito nacional, podríamos hablar de las interacciones entre las políticas estatales y los mercados relacionados con los sistemas alimentarios. Y en el ámbito global, un ejemplo lo encontraríamos en las interacciones de los procesos dinámicos climáticos con la regulación internacional, los planes de mercado de carbono y la financiación para la reducción de las emisiones de gases de efecto invernadero y sus efectos. Sin embargo, la mayor parte de desafíos relacionados con la sostenibilidad implican interacciones en diferentes ámbitos; por ejemplo, los efectos de los procesos climáticos globales en los ecosistemas y usos locales de las tierras, o las formas en las que las instituciones estatales, el mercado y los hogares interactúan para conformar las dinámicas del acceso a la comida y al agua. Para que la igualdad de género florezca, las vías tienen que generar múltiples posibilidades y libertades que vayan más allá de las necesidades y derechos materiales básicos. También tienen que incluir oportunidades y ofrecer libertades de proceso, para permitir que la gente transforme los recursos en múltiples capacidades.[119] La esperanza es

---

119 Leach, M. *et al.* (2014). *Gender equality and sustainable development: a pathways approach* (background working paper for UN Women World Survey on the Role of Women in Development). Nueva York: ONU-Mujeres; ONU-Mujeres (2014). *World Survey on the Role of Women in Development*. Nueva York: ONU-Mujeres.

que luego se produzca una retroalimentación que mantenga la generación y la continuidad de esas vías que ya están en funcionamiento y que refuerzan el desarrollo sostenible y la justicia de género. No se tratará, casi nunca, de un proceso lineal; habrá situaciones inesperadas, oportunidades y contratiempos, a los que las personas, las instituciones y las ecologías tendrán que adaptarse y responder. Asimismo, los procesos, debido a su naturaleza dinámica, tienen consecuencias sociales, tecnológicas y medioambientales imprevistas que también tienen efectos en términos de (des)igualdad de género. Por lo tanto, es importante desarrollar procesos de aprendizaje y deliberación inclusivos y métodos para supervisar las exclusiones, las cesiones y las oportunidades inesperadas.

Afortunadamente, vivimos en una época llena de oportunidades. En distintas partes del hemisferio sur se están proponiendo conceptos alternativos como el «buen vivir» y la «economía de suficiencia». Hay muchas vías alternativas para alcanzar la sostenibilidad y la igualdad de género, pero no todas obtienen reconocimiento en la actualidad. Se dan en espacios urbanos y rurales en los que las mujeres y los hombres desarrollan y mantienen sus medios de subsistencia, en cooperativas y movimientos de mujeres, en los textos de académicas feministas y en los márgenes de las burocracias y las instituciones globales. Tenemos que buscar a estos héroes y heroínas y crear espacios conceptuales y políticos para sus ideas y prácticas, que pueden desafiar poderosamente la lógica del «Homo economicus» y los patrones dominantes de consumo y producción que están causando las desigualdades estructurales y la insostenibilidad. Estas alternativas tienen que combinar en última instancia el enfoque de la economía del cuidado y el de la economía dominante para crear una transformación ecológica que sea equitativa socialmente y en las cuestiones de género. Para hacerlo, será esencial desafiar las relaciones de poder tanto en el ámbito formal como en el informal y transformar las instituciones en el proceso, mediante una posición *insider-outsider* dinámica y una política de construcción de alianzas entre progresistas y feministas. No en vano las feministas han sido siempre quienes han elaborado las críticas más mordaces al pensamiento y a las formas de vida dominantes, normalmente desde los márgenes. Es la hora de reivindicar esos márgenes e impulsar nuevas formas de vida.

Los beneficios de usar una perspectiva de género

Naoko Ishii
Directora general y presidenta del Fondo para el Medio
Ambiente Mundial, Washington D. C.

Estamos en un momento decisivo para el futuro del planeta y del bienestar humano. Nuestro planeta está alcanzando los límites de lo que puede proporcionar a la humanidad de una manera sostenible. Los bienes comunes globales que permiten la vida en nuestro planeta —los océanos, la tierra y la atmósfera que compartimos y los ecosistemas que albergan— están bajo una grave amenaza debido a las actividades humanas.

La buena noticia es que todavía tenemos una ventana de oportunidad para cambiar el curso de los acontecimientos, pero no se mantendrá abierta durante mucho tiempo. Las decisiones que tomemos durante los próximos quince años determinarán el tipo de planeta en el que viviremos durante el resto del siglo.

Para encaminarnos hacia un futuro mejor y más seguro, todas las partes interesadas tenemos que trabajar juntas para conseguir soluciones comunes y sistémicas que nos permitan abordar las causas de la degradación medioambiental. Tenemos que cambiar los sistemas en los que se basa nuestra forma de vida, cómo comemos, cómo nos desplazamos y cómo producimos y consumimos. El papel de las mujeres en esta transformación es fundamental.

Si queremos asegurarnos de que las mujeres desempeñan una función catalizadora en la protección de nuestros bienes comunes globales, primero necesitamos mejorar nuestra comprensión del papel, las perspectivas y las necesidades de las mujeres.

Cada vez es más evidente que la participación y el liderazgo de las mujeres en la lucha por la defensa del medioambiente contribuye a conseguir resultados más duraderos y positivos. Sin embargo, a pesar de los esfuerzos que se han llevado a cabo para fomentar el empoderamiento de las mujeres, todavía hay mucho trabajo por hacer en este campo.

Algo que hemos aprendido a lo largo de los años en Fondo para el Medio Ambiente Mundial (FMAM) es que no hay que asumir que los proyectos medioambientales son neutrales en términos de género. Cuando empezamos a introducir análisis de género como parte de la planificación del proyecto, nos dimos cuenta de que muchos proyectos que percibíamos como neutrales en términos de género en realidad ignoraban por completo este tipo de cuestiones. No habían tenido en cuenta el diferente impacto que tenían sobre hombres y mujeres.

Hoy somos más conscientes de todo ello. Si no identificamos y corregimos de forma proactiva las cuestiones de género, los proyectos medioambientales podrían, potencialmente, perpetuar y ampliar la brecha entre hombres y mujeres. También sabemos que las mujeres y los hombres se ven afectados en diferentes grados por los cambios medioambientales, y que tienen diferentes necesidades y oportunidades tanto para beneficiarse de las inversiones e iniciativas de FMAM como para contribuir a ellas.

Por ejemplo, es el caso de la provisión de energía limpia, en el que a menudo se han pasado por alto los distintos papeles de los hombres y las mujeres en el diseño del proyecto. Nuestra experiencia ha demostrado que los proyectos energéticos pueden proporcionar resultados realmente transformadores cuando apoyan el uso productivo de las fuentes de energía renovable disponibles localmente y proporcionan formación y recursos a las mujeres emprendedoras. Estos proyectos no sólo garantizan una fuente de energía limpia fiable, sino que también mejoran los ingresos de las mujeres y fomentan su liderazgo.

El diseño de los proyectos mejora si se incorpora un análisis de género

Un análisis de género es el primer paso para mejorar el diseño de los proyectos. Si nos hacemos las preguntas adecuadas y colaboramos con los potenciales beneficiarios antes de empezar, podremos adaptar las actividades del proyecto para mejorar la participación de las mujeres de una forma eficaz. Por ejemplo, utilizando una perspectiva de género para abordar cuestiones sobre la seguridad en el transporte público, el uso de energía, la gestión de los servicios de los ecosistemas, las prácticas agrícolas, las vulnerabilidades climáticas, la dependencia del agua y la participación comunitaria, obtendremos un mejor conocimiento de las necesidades de los hombres y las mujeres.

Para conseguir una mayor comprensión de las conexiones entre análisis de género y diseño de proyectos, veamos algunos de los proyectos financiados por FMAM en los últimos años:

· Un proyecto en el estado de Uttarakhand, en India, abordaba la vital relación entre los servicios de los ecosistemas y los medios de subsistencia de las mujeres en cuencas hidrográficas frágiles. Como usuarias principales de los bosques y de otros recursos naturales como el agua potable, jugaron un importante papel durante la ejecución del proyecto. Su inclusión en los procesos de toma de decisiones se alcanzó mediante diferentes herramientas y mecanismos, como una iniciativa llamada «Mujeres motivando a mujeres» para concienciar a las participantes y mejorar su movilización social. Asimismo, el proyecto alentó la participación de las mujeres en varios comités e instituciones y puso un especial énfasis en las actividades encabezadas por mujeres que podían llevar a la generación de ingresos.

· En Gambia, donde sólo un 35% de la población tiene acceso a la electricidad y las mujeres están tradicionalmente aisladas de las actividades empresariales, FMAM financió un proyecto para fomentar el uso de minirredes basadas en energías renovables en áreas rurales. En esta iniciativa, las mujeres recibieron asistencia para desarrollar proyectos de energías renovables con los fondos medioambientales del Gobierno de Gambia. El proyecto contó con actividades de capacitación y de generación de ingresos para las mujeres, entre ellas cursos prácticos para que las mujeres se formaran como técnicas de energías renovables. La iniciativa se aseguró de que la mitad de los fondos se destinaran a proyectos liderados por mujeres, con ayudas adicionales para que las mujeres desarrollaran propuestas.

· En Burkina Faso, un proyecto colaboró con el sector tradicional de la elaboración de cerveza para instalar cocinas de bajo consumo e impulsar las tecnologías limpias, así como para conseguir trabajos seguros y decentes para las mujeres. La intervención desarrolló agrupaciones de mujeres que elaboraban cerveza para que pudieran aprovecharse de los beneficios de formar un colectivo y para facilitar su integración en la cadena de valor local. El proyecto incrementó la inclusión financiera de las mujeres y su liderazgo en la comunidad. Además, al proporcionar cocinas eficientes y reducir la cantidad de leña consumida entre un 40% y un 50%, el proyecto disminuyó la vulnerabilidad y el riesgo de ser víctimas de violencia física y sexual que corren las mujeres y las niñas al recolectar leña.

No más proyectos que ignoren las cuestiones de género
En FMAM, recién estamos empezando a ver los efectos de integrar los análisis de género en las etapas tempranas del diseño de proyectos. Al mismo tiempo, somos conscientes de que en el pasado hemos perdido muchas oportunidades: no sólo no hemos maximizado la contribución de las mujeres para salvaguardar nuestros bienes comunes globales, sino que, como el resto de la comunidad internacional, estamos fracasando en revertir el fuerte deterioro del medioambiente.

Hemos hecho algunos progresos, pero nuestro trabajo no ha acabado. Se han llevado a cabo algunas iniciativas destacables, pero a menudo de forma demasiado fragmentada y aislada, así que han resultado insuficientes para cambiar de rumbo y tomar la dirección correcta, y aún más para producir un cambio realmente transformador.

Aunque hemos dado un salto adelante y hemos pasado de proyectos que no tenían en cuenta las cuestiones de género a proyectos que sí son sensibles al género, tenemos que seguir trabajando para llevar a la práctica esta conciencia de género. Tenemos que impulsar el emprendimiento y el liderazgo de las mujeres; crear oportunidades para que puedan acceder a la financiación; conectarlas con la revolución digital; garantizar su igualdad de derechos en la propiedad de las tierras, y aumentar su participación en el sector en expansión de las energías renovables.

Para que estas ideas puedan avanzar, FMAM —junto con otras instituciones financieras internacionales— está trabajando para asegurarse de que todos nuestros futuros proyectos sean siempre sensibles al género. Esta iniciativa implica emprender acciones en varios frentes, como garantizar el mismo derecho a expresarse en la planificación y toma de decisiones entre los diferentes actores clave y el fortalecimiento de las habilidades que permitirán a las mujeres participar en las soluciones climáticas, energéticas, alimentarias y urbanas y beneficiarse de ellas.

Cada intervención que ofrece la oportunidad de mejorar las cosas en la situación medioambiental global ofrece al mismo tiempo una oportunidad para que las mujeres jueguen un papel más activo en las soluciones que diseñamos. Ampliar nuestra comprensión de los roles complementarios que pueden desempeñar en estos proyectos los hombres y las mujeres nos permitirá obtener mejores resultados a escala mundial. En la actualidad, los riesgos para el planeta son demasiado altos y no podemos permitirnos perder ninguna oportunidad para producir cambios transformadores. Sin un mayor liderazgo y empoderamiento de las mujeres, no podremos mantener a salvo nuestros bienes comunes globales.

¿Pueden las mujeres desempeñar una función concreta para contribuir a alcanzar la sostenibilidad medioambiental a través de la política?

Caroline Lucas
Diputada del Partido Verde de Inglaterra y Gales

No somos mansas ni débiles. Somos personas airadas —por nuestra propia causa, por nuestras hermanas y niños y niñas que sufren, y por el planeta entero— y estamos decididas a proteger la vida sobre la tierra.

Petra kelly (1947-1992)

Era una imagen potente. Una mujer en pantalones, con los brazos cargados de girasoles y una sonrisa radiante.

Para mí, fue un momento revelador. Su nombre era Petra Kelly, una de las fundadoras del partido alemán Los Verdes. La imagen capturaba el momento en el que entró en el Parlamento en su primer día como diputada verde. Sentí que representaba un nuevo tipo de política, como algo personal, algo que hacemos desde que nos levantamos, que está presente en todas las decisiones que tomamos, algo centrado en las personas.

Ciertamente, Petra fue la inspiración más importante en mi vida política, y se trataba de una persona que puede decirse que resume el movimiento ecologista. Ella encarnó el feminismo, la paz, el activismo y la inspiración; fue una política asombrosa. Era muy inteligente, hablaba apasionadamente del Partido Verde como el «partido antipartido»: un partido que iba más allá de la habitual política de partidos, que apelaba a la democracia directa y a la acción no violenta. Y allí estaba ella, una mujer, una ecologista; una diputada electa. Fue muy esperanzador para mí. Hizo que sintiera que podía atreverme a más, y que viera Westminster como algo más cercano.

Los pioneros del movimiento, como Petra, supusieron una gran inspiración para mí, al comprobar que, cuando tuvieron que enfrentarse con una dura oposición —que a veces incluso bordeaba el ridículo—, perseveraron y siguieron luchando por el cambio costara lo que costara. Cuando finalmente llegué a Westminster —una diputada del Partido Verde en el corazón del Parlamento británico—, la sabiduría de aquéllos que me habían inspirado quedó marcada en mí más que nunca.

Se ha dicho a menudo que no es fácil ser una mujer en política. Y seguramente es aún más difícil cuando tu trabajo se centra en la pasión por la gente y el planeta. Pero creo firmemente que las mujeres podemos desempeñar una función concreta para contribuir a alcanzar la sostenibilidad medioambiental. Y creo que podemos hacerlo a través de la política.

Pero las prioridades del Parlamento van en el sentido opuesto. Hemos usado quinientos mil millones de libras en el rescate a los bancos durante la crisis financiera, y cien mil millones en un nuevo sistema de disuasión nuclear. Pero cuando se trata de proteger nuestros activos más valiosos, de evitar un cambio climático de catastróficas consecuencias —de hablar de sostenibilidad, de renovables, de objetivos de reducción de emisiones y de eliminar la pobreza energética—, la voluntad y los recursos políticos disminuyen rápidamente. Sólo tenemos un planeta y, según los últimos informes del Grupo Intergubernamental de Expertos sobre el Cambio Climático, disponemos de poco tiempo para prevenir los efectos irreversibles del cambio climático sobre la Tierra. El mandato es claro y urgente, y los sucesivos gobiernos no han tenido ningún problema en presentarse como ecologistas. Pero cuando se trata de realizar cambios verdaderamente sustanciales, su ecologismo se desvanece.

Durante las inundaciones de invierno de 2013, el primer ministro David Cameron habló del cambio climático como «la mayor amenaza a la que se enfrenta Gran Bretaña y el mundo entero», pero las cuestiones medioambientales siguieron siendo inexcusablemente ignoradas y menospreciadas como cosas de los antisistema, los revolucionarios insensatos, los idealistas y… sí, las feministas.

Me acuerdo de la maravillosa bióloga marina Rachel Carson, cuyo innovador libro *Primavera silenciosa* se convirtió en una de las obras sobre medioambiente y ecología más influyentes jamás escritas. Lo que inevitablemente provocó la ira de las grandes corporaciones químicas a las que desafiaba. Carson fue ridiculizada públicamente, amenazada con acciones legales y se la calificó de «solterona» y de «histérica».

Pero la innegable calidad de su investigación —revisada por pares— resistió aquellas previsibles campañas impregnadas de machismo, y hoy en día es difícil exagerar la influencia de su libro.

En parte cuento de hadas y en parte estudio meticuloso, *Primavera silenciosa* insufla vida a la ciencia y consigue que un texto académico no sólo sea accesible al lector, sino que enganche como una novela. Su mensaje se hizo viral —o su equivalente en la década de 1960— y cambió de forma tangible la percepción pública —y más tarde la percepción política— de los asuntos medioambientales.

En el Reino Unido, encendió la chispa que terminó llevando a la creación del PEOPLE Party, que más tarde se convertiría en el Partido Ecologista y finalmente en el Partido Verde de Inglaterra y Gales. Ha influido mucho en mi propio trabajo, como activista, como diputada en Bruselas y como diputada en mi circunscripción de Brighton y en Westminster.

Petra Kelly y Rachel Carson consiguieron influir sobre algunos patrones de pensamiento muy arraigados, e incluso lograron cambiarlos, y lo hicieron en dos ámbitos —la política y la ciencia— dominados tradicionalmente por hombres. No es que «rompieran esquemas», es que los transformaron y mejoraron desde dentro del sistema.

Con sus escritos, Carson cambió para siempre nuestra comprensión de la frágil y fundamental conexión entre las personas y el planeta. Kelly, con su arrebatadora pasión, conectó a las personas y al planeta con la política. Sus ideas y su inflexible coraje y convicción desafiaron al *statu quo* y, al mismo tiempo, transformaron nuestra forma de pensar y de sentir en todo el mundo.

Fueron creativas, innovadoras, fuerzas dinámicas que debemos recordar. Pero también tuvieron que ser —su género las obligó a ello— mujeres en sus campos: tenían que trabajar más duro, y su trabajo tenía que ser impecable. Fueron humanas, humildes, apasionadas por la gente y por el planeta; cualidades que, creo, les ayudaron a captar la imaginación del público y a que sus teorías prosperaran y su legado perdurara; gracias a ellas, la sostenibilidad ambiental dio un importante y resuelto paso adelante.

Ambas fueron talentos únicos. Se podría argumentar que el género jugó un papel fundamental en su éxito, que sus propias experiencias como mujeres contribuyeron a formar su visión del mundo y, por lo tanto, influyeron en su trabajo. ¿Fueron simplemente mujeres brillantes, o su brillo se debió, en parte, al hecho de ser mujeres?

Si podemos aprovecharnos de las cartas que nos han tocado como mujeres —nuestras propias experiencias— para mejorar, ¿acaso la mejor manera de hacerlo no es participar en pie de igualdad —como políticas y activistas de las causas medioambientales— en los patriarcales salones del poder e impulsar nuestra lucha todo lo que podamos?

Mujeres y liderazgo

Las ideas de Kelly sobre las mujeres y el poder han tenido una gran influencia en la forma en la que me enfrento a mi trabajo en Westminster. Me encanta esta cita suya, en la que conecta feminismo, activismo y liderazgo:

> El feminismo busca redefinir nuestros modos de existencia y transformar de manera no violenta las estructuras de la dominación masculina. No estoy diciendo que las mujeres sean intrínsecamente mejores que los hombres. Derribar el patriarcado no significa reemplazar la dominación de los varones por la dominación de las mujeres. Eso sería únicamente mantener el modelo patriarcal de dominio. Necesitamos transformar el modelo mismo.
>
> La labor de las mujeres feministas y de los hombres profeministas es la de liberar a todos de un sistema que es opresor para las mujeres y restrictivo para los hombres, y restaurar el equilibrio y la armonía entre mujeres y hombres y entre los valores femeninos y masculinos en la sociedad y en cada uno de nosotros. Las feministas que trabajan en movimientos pacifistas y ecologistas son a veces consideradas como madres de la Tierra amables y nutridoras, pero eso resulta demasiado cómodo como estereotipo. No somos mansas ni débiles. Somos personas airadas —por nuestra propia causa, por nuestras hermanas y niños y niñas que sufren, y por el planeta entero— y estamos decididas a proteger la vida sobre la Tierra.
>
> Hay un dicho que afirma: donde está el poder, no están las mujeres. Las mujeres deben tener voluntad de acceder al poder. Puesto que llevamos las cicatrices de las formas en que los hombres han utilizado su poder sobre nosotras, con frecuencia las mujeres no queremos participar en el poder. [...] Pero tomar parte activa en la sociedad, en pie de igualdad con los hombres, no significa adoptar los viejos modelos de pensamiento y las estrategias del mundo patriarcal. Significa poner en práctica nuestras propias ideas de una sociedad emancipadora. Más que emular a Margaret Thatcher y otras mujeres que se adaptan fielmente a los valores jerárquicos masculinos, debe-

mos encontrar nuestras propias definiciones de poder que re-
flejen los valores de las mujeres y la experiencia de las mujeres.
[...] Éste no es un poder sobre los otros, sino un poder con los
otros, el tipo de poder compartido que ha de reemplazar al poder patriarcal.

Creo que puede aplicarse en todos los ámbitos, desde el Parlamento hasta las campañas medioambientales de base. Es innegable que las mujeres tenemos que trabajar más duro para
conseguir ser escuchadas. Y no podemos esperar que nos escu-
chen para cambiar las políticas climáticas si somos incapaces o
si no estamos dispuestas a tomar el poder. Con esto no me re-
fiero a imitar las viejas estructuras diseñadas para oprimir más
que liberar —y por supuesto, no diseñadas en absoluto para
permitir nuestro empoderamiento—, sino a hacerlo con lo que
nos diferencia de ellas, esas experiencias femeninas que contribuyen a formar nuestra visión del mundo y determinar nuestro
lugar en él.

Nuestras estructuras de poder político son patriarcales. Sólo
hay que ver la sesión semanal de control, impregnada de machismo, en la que el primer ministro responde a las preguntas
de los miembros del Parlamento y en la que se pueden escuchar
comentarios sobre el aspecto de las mujeres. Y es aún peor en
persona.

¿Y si el Parlamento tuviera un mayor equilibrio de género?

Que hubiera más parlamentarias no significaría, necesariamente, que tuviéramos un Parlamento más compasivo y
amable. Pero diversificaría las políticas que se llevan a cabo, y
—como cualquier ecologista te puede decir— la diversidad es la
clave de la resistencia y la supervivencia. Y este cambio ya lleva
mucho retraso.

No es que piense que las mujeres son, necesariamente, más
generosas y desprendidas, pero quizás sí algo haya nacido de
nuestra experiencia, algo que puede ayudarnos a usar el poder

de forma correcta y a avanzar en la causa medioambiental.

Tal vez precisamente por el hecho de que las mujeres hayan tenido menos poder —o, en palabras de Kelly, porque «llevamos las cicatrices de las formas en que los hombres han utilizado su poder sobre nosotras»—, tal vez debido a eso somos más conscientes de lo sensible que es su uso sobre los demás y sobre la naturaleza. Además, puede que la experiencia de las mujeres luchando por su derecho a ser escuchadas en política —nacional, local, de base— haga que estemos mejor preparadas para combatir por una causa que ha sido tradicionalmente desatendida, cuando no ridiculizada, en la política. No pretendo sugerir que estemos hechas así de forma innata, o que sea algo inevitable (pensemos en Margaret Thatcher), sino que, como resultado de nuestra experiencia en un mundo patriarcal, quizás sea más fácil para nosotras empatizar con una causa olvidada y sentirnos atraídas por ella de forma más natural.

Recuerdo una conferencia sobre el cambio climático a la que asistí. Había sido organizada por una mujer y todas las participantes eran mujeres. La organizadora me dijo: «Estaba tan cansada de ir a actos en los que la persona más preparada para hablar de un determinado tema habría sido una mujer que a menudo se encontraba entre el público en vez de ante el micrófono...».

Participar en aquella conferencia fue genial. Sentí que era menos competitiva, más honesta —las participantes hablaban más de lo que sentían sobre los temas, no tanto de lo que pensaban sobre ellos—, y como resultado sentí que tuvo un mayor equilibrio. Ninguna de todas estas cosas está intrínsecamente vinculada al hecho de que las oradoras fueran mujeres, pero, dada nuestra cultura, es más probable que una alta proporción de mujeres cambie la naturaleza de cualquier diálogo o debate.

Las mujeres no estaban recibiendo un trato de favor como participantes en aquella conferencia debido a su género; se les dio una plataforma en la que hacer oír su voz porque eran las más capaces, las más convincentes y, probablemente, también las que habían sido más infravaloradas. Quizás un Parlamento con mayor igualdad de género haría que la política se convirtiera más en un servicio público y se alejara del egoísmo y el elitismo. Tal vez una de las razones por las que más mujeres deciden no presentarse a las elecciones al Parlamento es porque la política se ha convertido en algo que demasiadas personas consideran una carrera, no una manera de mejorar la sociedad.

Colaboración

Cuando fui eurodiputada (1999-2010), una tercera parte de los miembros del Parlamento Europeo eran mujeres, y casi llegué a olvidarme del género. La cultura de trabajo era mucho más propicia para una mujer; mucha menos pomposidad y más cooperación. Ceder para llegar a un acuerdo no era algo de lo que avergonzarse, sino una noble búsqueda de un terreno común. En Westminster, en cambio, te encuentras en minoría en cada comité, en cada debate. Tenemos algunas voces femeninas fantásticas allí, pero están terriblemente infrarrepresentadas.

Conseguimos nuestro derecho a sentarnos en el Parlamento en 1918, pero desde entonces únicamente lo han hecho 369 mujeres; sólo en el actual Parlamento ya hay más de quinientos parlamentarios hombres. Se supone que el nuestro es «la madre de todos los parlamentos», uno de los más antiguos del mundo, y, sin embargo, sólo un 28% de parlamentarias son mujeres. Afganistán está por encima de nosotros en ese aspecto.

La política ecologista subraya la importancia del equilibrio de género y apuesta por un *ethos* de liderazgo y poder que, creo, casa más con el Parlamento Europeo que con nuestra versión patriarcal; Westminster puede aprender mucho del Europarlamento. También antepone la colaboración a la competencia. Se trata de marcar la diferencia, no de ascender. Hace hincapié en el equilibrio. Mantenerse aislado y en conflicto con los demás sería algo completamente ineficaz. Yo colaboro con otros partidos sin problemas, y tal vez eso se deba a ciertas cosas: mis ideas políticas, mi *ethos*, mi experiencia en el Parlamento Europeo, un sentimiento de urgencia sobre el cambio climático, mi género. Pero la cultura, los intereses creados y las reglas cotidianas de Westminster van en contra de las mujeres; en contra, de hecho, de cualquiera que quiera hacer las cosas de forma un poco diferente.

Los líderes comunitarios políticamente independientes están en desventaja porque no tenemos un sistema electoral proporcional. Y sin la financiación pública de los partidos políticos, las redes masculinas de «amiguismo» siguen prosperando junto con el resto de pomposos símbolos del *statu quo*; un *statu quo* construido por hombres y que, me atrevería a afirmar, está basado en la continua privación de los derechos de las mujeres.

Se están produciendo cambios —antes de 1987 las mujeres nunca habían representado más del 5% de parlamentarios—, pero Westminster siempre ha intentado ralentizar el proceso.

Necesitamos seguir luchando por las reformas, desafiar al poder establecido y hacer que el sistema sea más justo y más equilibrado. Y la política no está confinada en el Parlamento. Política es todo lo que hacemos, es algo de lo que somos. El activismo de base en el Reino Unido está floreciendo: creativo, dinámico, resiliente, ingenioso, apasionado, y muy influyente.

Como Petra, llegué a la política de partidos desde el activismo, especialmente en la Campaña para el Desarme Nuclear (CDN) de la década de 1980, y participé en las protestas de Molesworth y Greenham Common. También apoyé otras causas, pero fue leyendo *Seeing Green* de Jonathon Porritt en 1986 cuando de repente vi claro que todos estos temas se sustentaban en el proceso político. El Partido Verde ofreció una solución política que reconocía estas conexiones y defendía un cambio real y necesario. Pero una de las cosas que más me gustan del Partido Verde es que nunca ha renunciado a sus orígenes activistas. Considera que las bases y el sistema político establecido son complementarios, que su colaboración es necesaria para alcanzar un cambio real. El Parlamento puede aprender mucho de esta actitud: de los mejores ejemplos de democracia directa y de la acción directa no violenta, histórica y contemporánea.

Hechos, no palabras

¿Eran las sufragistas un grupo de mujeres inusualmente brillantes y creativas, o sus experiencias como mujeres influyeron en el movimiento y en el hecho de que acabaran siendo tan brillantes?

Ellas conocían de primera mano lo que era ser ignoradas y excluidas, y también sabían lo que era luchar. Fueron verdaderas expertas en la acción directa: una vez, dos mujeres se enviaron a sí mismas como cartas humanas a Downing Street; en otra ocasión, alquilaron un barco desde el que desplegaron pancartas frente a la terraza del Parlamento. Boicotearon el censo, afirmando que «si las mujeres no cuentan, tampoco serán contadas».

Nos enseñaron a encontrar nuestra voz, y a usarla. A alzar la voz y a dar nuestra opinión. A ser valientes.

Pero, quizás, por encima de cualquier otra cosa, lo que podemos aprender de ellas es su apasionado compromiso para no rendirse nunca.

El movimiento de las sufragistas ha influido en el trabajo de la fantástica Tamsin Omond, una de las fundadoras del grupo activista Climate Rush. Ella es un gran ejemplo de una emocionante e influyente política independiente que intenta hacer las cosas de forma diferente. Y no está sola; echando un vistazo a las campañas de base podemos comprobar la influencia que tienen las mujeres: desde Anita Roddick, fundadora de The Body Shop, al proyecto EveryDay Sexism —una web que documenta ejemplos de sexismo en todo el mundo— o la campaña «No More Page 3» para que el periódico sensacionalista *The Sun* deje de incluir fotografías de mujeres en toples en la página tres.

Las sufragistas consiguieron que pudiéramos votar. Podemos ocupar un asiento en el Parlamento. La Cámara de los Comunes nos pertenece, pero sigue controlada por una élite de hombres privilegiados y sus caprichosas prebendas. Tenemos que cambiar eso. Para hacer más fácil que voces como la de Tamsin —y otras— cuenten, y para hacer que el Parlamento sea verdaderamente representativo y responsable ante el pueblo.

Hace cien años, Emmeline Pankhurst dijo: «Poder ser militante es un privilegio». Estaba en lo cierto, y ha llegado el momento de usar nuestras voces, colectivamente, para expresarnos e impedir que nuestro Gobierno nos lleve al precipicio de la catástrofe climática. Sucede demasiado a menudo que llevamos a cabo nuestras iniciativas de forma aislada, y eso hace nos hace más débiles. Tenemos que colaborar mucho más.

La autora canadiense y activista social Naomi Klein —una auténtica agitadora de conciencias— ha establecido coherente y convincentemente la conexión entre la política y el pueblo, el caos financiero y el caos climático, y aboga por una estrategia conjunta por el cambio. Los activistas deben unirse, afirma Klein, porque la raíz de nuestros problemas es la misma: la desmedida avaricia corporativa. Es urgente que empecemos esta lucha, y es una batalla que tenemos que ganar. Para hacerlo, debemos reconocernos en la unidad y responder juntos, entrelazando nuestras luchas con una «narrativa común».

Su postura sobre las personas, el planeta y la política es sumamente comprensible y de sentido común, y es fácil que nos cautive y nos convenza.

El sentimiento como catalizador

Y, por simple que parezca, creo que buena parte de lo que estamos buscando se reduce a algo tan simple que parece casi contraintuitivo: los sentimientos.

¿Por qué somos tan aprensivos para hablar de cómo nos *sentimos* ante la crisis climática? A lo mejor porque este atributo tradicionalmente femenino se asocia con la debilidad; y la emoción es ausencia de razón, otro legado de la estructura de poder patriarcal.

Pero sólo hablando de cómo nos sentimos conseguiremos profundizar lo suficiente para hallar la creatividad e innovación que necesitamos para responder de forma efectiva a lo que muchos reconocen ya como la principal amenaza a la que se enfrenta la humanidad. Necesitamos encontrar el coraje para mirar a la crisis cara a cara y conectar con ella de forma emocional, sin vacilar.

Recuerdo que cuando escuché por primera vez que se había alcanzado un récord en la pérdida de hielo estival y que la concentración de gases de efecto invernadero en la atmósfera estaba en su punto más alto en los últimos ochocientos mil años, sentí como una patada en el estómago. Me quedé literalmente sin aliento, y se me saltaron las lágrimas.

Existe la posibilidad de que en algún momento ya sea demasiado tarde, y esa idea me persigue. Pero si enfrentarnos al verdadero horror de lo que le estamos haciendo al clima es un requisito para engendrar la voluntad política de actuar —para moverse de lo elegíaco a la práctica—, ¿cómo nos preparamos para hacerlo?

No sin esperanza. La esperanza es un catalizador poderoso, mucho más, en mi opinión, que el miedo. Y si nuestro fracaso para apreciar el medioambiente y protegerlo de la destrucción me llena de frustración y a veces de desesperación, mi esperanza, como Petra Kelly diría, no es mansa ni débil. Es insistente e intensa, y creo que eso me ha ayudado, y no dificultado, a ser escuchada como diputada y activista.

Es una esperanza que cree que es posible un mundo mejor, sin guerras cíclicas, sin aniquilación de los tesoros naturales y sin la devastación de los pobres y los marginados. Y, en mi opinión, por eso merece la pena que luchemos. Necesitamos escoger de forma activa un futuro mejor, y hacer que suceda. Martin Luther King tenía un sueño, no una pesadilla, y necesitamos esa misma visión. Tenemos que aprovechar el poder transformador de la esperanza, que puede llevarnos a soluciones creativas e innovadoras.

La naturaleza está llena de inspiración, y no en vano las flores que llevó Petra Kelly cuando entró en el Parlamento alemán eran girasoles. Las ideas más poderosas se hacen más fuertes con la energía y la motivación adecuadas. Sus cabezas buscan el sol, y estas flores se alzan firmemente, hasta alturas inverosímiles, en busca de la promesa de algo mejor.

Es una idea simple, pero profundamente radical: si decidimos que queremos un futuro diferente, podemos alcanzarlo. El simple hecho de comprometernos puede ser el catalizador que necesitamos. Pero todas las voces cuentan. Tenemos que recuperar la idea de que todo lo que hacemos es política. Y la cooperación entre nosotros —lobistas, activistas, ONG, diputadas— es crucial. Ser poderosos todos juntos, haciendo realidad las maravillosas palabras de Robert F. Kennedy:

> Cada vez que alguien defiende un ideal, actúa para mejorar la suerte de otros, o lucha contra una injusticia, transmite una onda diminuta de esperanza. Esas ondas se cruzan con otras desde un millón de centros de energía distintos y se atreven a crear una corriente que puede derribar los muros más poderosos de la opresión y la intransigencia.

O, citando la sabiduría del Dr. Seuss en su excelente libro *El Lorax*: «A menos que alguien como tú se interese de verdad, nada va a mejorar jamás. No lo hará».

Empoderar una economía de la sostenibilidad equilibrada y útil: la función del género

Julie A. Nelson[120]
Economista, Universidad de Massachusetts Boston

Una relación más sutil entre género y sostenibilidad

La cuestión del género y la sostenibilidad no se limita al empoderamiento de las mujeres, aunque ciertamente ésta es una parte importante de ella. Las feministas a veces realizan una cruda pero útil distinción entre «sexo» y «género». El concepto de «sexo» se usaría para referirse a las distinciones biológicas entre hombres, mujeres e intersexuales. Así, por ejemplo, la recolección y el análisis de datos sobre mujeres es un análisis que entraría dentro de esta categoría. El concepto de «género», por su parte, se usaría para referirse a las expectativas, sesgos, creencias y prácticas creadas a partir de esas distinciones. La discusión de las normas sociales de *género* —por ejemplo, si se considera apropiado que las mujeres puedan ocupar posiciones de liderazgo— es importante en los esfuerzos para conseguir la sostenibilidad.

Este capítulo, sin embargo, lleva el análisis de género a un nivel diferente, más sutil pero más amplio. El pensamiento humano —a través de los sexos, pero también, parece ser, a través de numerosas culturas— tiende a desarrollar sus procesos cognitivos a partir de una división en géneros: es decir, se ha demostrado que, como humanos con una capacidad intelectual

120 La investigación previa que ha servido de base para este capítulo fue financiada gracias a una beca del Institute for New Thinking in Economics (INET).

limitada, tenemos una tendencia a simplificar el mundo reduciéndolo, en nuestros procesos mentales, a dos categorías binarias: «masculino» contra «femenino».[121] Para nosotros es mucho más fácil pensar en términos dualistas. Incluso hemos desarrollado creencias sobre «esencias» trascendentes basadas en esta cómoda (y casi siempre inconsciente) estrategia organizativa.

Mientras tanto, las discusiones sobre la sostenibilidad —y, en particular, sobre el cambio climático— se han centrado cada vez más en las cuestiones económicas. ¿Debemos implementar impuestos sobre las emisiones de carbono? ¿Podemos «permitirnos» la mitigación? ¿Podemos mantener un crecimiento económico sostenido? ¿Quién debe asumir los costes de la adaptación? ¿Tenemos que crear una «nueva economía» para alcanzar la sostenibilidad? Este capítulo examina cómo ciertas asunciones cognitivas relacionadas con el género y que se han asumido de forma implícita han distorsionado y limitado todas estas discusiones, y cómo reexaminar esas asunciones puede abrir nuevos caminos.

En cuanto a estas asunciones cognitivas relacionadas con el género, se puede afirmar, y así lo mostraré enseguida, que el pensamiento económico dominante es claramente masculino, y, como resultado de ello, su visión de las realidades económicas es parcial e incompleta. A pesar de que los economistas tienen una gran influencia en la formulación de las políticas tanto en el ámbito nacional como en el internacional, lo cierto es que la economía dominante contemporánea es un pésimo modelo en el que apoyarse.

Además —y aquí me aparto de muchas otras críticas a la corriente dominante—, gran parte de esta visión distorsionada de la economía dominante ha sido aceptada acríticamente por

---

121 Lakoff, G. (1987). *Women, Fire, and Dangerous Things: What Categories Reveal About the Mind.* Chicago: University of Chicago Press; Knutson, K. M.; Mah, L. *et al.* (2007). «Neural correlates of automatic beliefs about gender and race», *Human Brain Mapping*, 28, pp. 915-930; Wilkie, J. E. B. y Bodenhausen, G. V. (2011). «Are numbers gendered?», *Journal of Experimental Psychology.*

muchos de los que proponen modelos económicos «alternativos» o «nuevos». Fruto de ello, estos otros modelos también ofrecen una visión innecesariamente limitada y sesgada. Así pues, independientemente del punto de partida de nuestro modelo, comprender la función del género es crucial si pretendemos mejorar los análisis y conseguir acciones más efectivas.

El estado de la economía dominante

Poseo un doctorado en economía, y mi propia formación como economista se ha basado fundamentalmente en el enfoque dominante, también conocido como «neoclásico». La enseñanza de la disciplina económica en las universidades europeas, norteamericanas y, de hecho, en la mayor parte del mundo, está dominada por este enfoque.[122]

La «producción» es uno de los ejes principales de la economía dominante. En el nivel microeconómico, uno de los aspectos centrales son los modelos de producción basados en que las empresas toman sus decisiones buscando el máximo beneficio. En el nivel macroeconómico, los economistas centran su atención en el producto interno bruto (PIB) y sus tasas de crecimiento. Pero la definición de «producción» es muy limitada. Los modelos básicos sólo se fijan en la producción de bienes y servicios destinados a la venta en los mercados. Y se asume que la producción requiere dos —y sólo dos— factores: «capital» (indistintamente, la maquinaria o el capital financiero) y «trabajo» (el tiempo y las habilidades de los trabajadores adultos, tradicionalmente hombres).

Mientras que las teorías microeconómicas de la producción se centran en las empresas, las teorías microeconómicas del consumo lo hacen en los hogares. Se asume que los hogares, como

---

122 Es cierto que se enseñan también algunas perspectivas heterodoxas —incluyendo las aproximaciones a la economía del marxismo, el feminismo y el ecologismo—, pero están muy marginadas en el mundo académico.

las empresas, son agentes económicos unitarios y autónomos que toman decisiones basándose en una búsqueda racional del propio interés. Los hogares, en la teoría dominante, tienen tres —y sólo tres— funciones: consumen bienes y servicios en los mercados, proporcionan trabajadores al mercado de trabajo y disfrutan de tiempo de ocio.

Con el tiempo, me di cuenta de que las mujeres y la naturaleza reciben un trato parecido en la economía dominante: son prácticamente invisibles. La producción derivada del tradicional trabajo doméstico y de cuidados —fuera del mercado— de las mujeres en sus casas y comunidades se ignora por completo. De modo similar, la productividad de la naturaleza queda en un segundo plano. Las mujeres y la naturaleza son tratadas como «recursos» pasivos para la satisfacción de los deseos masculinos o humanos, totalmente sujetas al control de los hombres o los seres humanos. Y eso cuando se las toma en consideración en algún momento, porque muchas veces se considera innecesario prestarles atención de forma explícita y se asume que poseen una capacidad infinita para perdurar y autorregenerarse.

No encontraremos en los modelos económicos básicos indicios sobre de dónde proceden los materiales que se usan en la producción, ni qué se hace con los residuos que se generan en ella. Y, del mismo modo, tampoco encontraremos en las descripciones de los agentes económicos consideraciones sobre de dónde vienen las personas, o qué se hace de ellas cuando están agotadas o ya no pueden trabajar. Se considera que la concepción y la cría de los hijos y el cuidado de los enfermos y los ancianos —tareas que, tradicionalmente, suelen recaer en la mujer— no son, como la naturaleza, aspectos que merezca la pena mencionar.

Otro sesgo extraño que llamó mi atención tiene que ver con los métodos de análisis de la economía dominante. Como estudiante universitaria, viví algunos debates sobre los problemas del mundo real, y también estudié algunos modelos matemáticos simples que pretendían representar el comportamiento de los agentes económicos. En estos modelos se consideraba a las empresas como actores que tenían un único centro de toma de decisiones, un único objetivo (beneficios) y producían un único bien para un único mercado. Esto era muy conveniente, ya que «maximizar beneficios» podía expresarse fácilmente en términos gráficos y matemáticos; bastaba con encontrar el punto más alto de la función matemática de «beneficios». Esperaba que durante los cursos de posgrado estudiaríamos problemas más cercanos al mundo real, como, por ejemplo, investigar casos prácticos sobre cómo las juntas y los directivos de las empresas toman sus decisiones sobre objetivos, productos y ubicaciones, y sobre cómo gestionan la implementación de sus decisiones motivando a los trabajadores y negociando con los proveedores y las comunidades.

En vez de eso, me sorprendió descubrir que volvimos a los mismos modelos extremadamente simples, y que sólo profundizábamos cada vez más en el desarrollo de matices matemáticos. Me di cuenta de que el prestigio en esta profesión iba asociado a ser tan abstracto, técnico y cuantitativo como fuera posible, desdeñando la investigación práctica, la concreción, el compromiso, la discusión de asuntos éticos y cualquier cosa que sonara frágil o confusa.

Este enfoque sesgado se refleja, por ejemplo, en la forma en la que la economía del cambio climático suele ser analizada en los contextos académicos y políticos en Estados Unidos[123] y (con algún *ligero* intento de introducir matices) en los informes del Grupo Intergubernamental de Expertos sobre el

---

123 Nordhaus, W. D. (2008). *A Question of Balance: Weighing the Options on Global Warming Policies*. New Haven: Yale University Press; Departamento de Energía de Estados Unidos (2010). «Final Rule Technical Support Document (TSD): Energy Efficiency Program for Commercial and Industrial Equipment: Small Electric Motors», Apéndice 15A (por la Interagency Working Group on Social Cost of Carbon): «Social Cost of Carbon for Regulatory Impact Analysis Under Executive Order 12866».

Cambio Climático.[124] Se asume que el bienestar humano puede ser medido numéricamente y que está basado sólo en el consumo (PIB). Además, se asume que los cambios en el bienestar relacionados con el cambio climático que se evalúan en las herramientas de cálculo estándar son menores, de naturaleza marginal. Se asume también que las personas piensan en las futuras generaciones de la misma forma en que lo hacen sobre las inversiones financieras a corto plazo. Las consideraciones sobre las cuestiones éticas relacionadas con las desigualdades globales suelen ser eliminadas mediante asunciones que se presentan como meramente técnicas.[125] Y asimismo se asume que la tecnología y la maquinaria pueden reemplazar a los recursos naturales tan fácilmente que el crecimiento económico puede seguir produciéndose de forma indefinida.[126] Así es como se evita a menudo cualquier consideración sobre que la vida económica se fundamenta en la sociedad y la naturaleza, y sobre la responsabilidad moral y la posibilidad de cambios incontrolables.[127]

Conecté estas dos reflexiones —sobre el contenido de la disciplina económica y sobre sus métodos— cuando descubrí la escuela feminista sobre la historia y la filosofía de las ciencias en la década de 1980.

---

124 Grupo Intergubernamental de Expertos sobre el Cambio Climático (2014). «Final Draft Report of the Working Group III contribution to the IPCC 5th Assessment Report, "Climate Change 2014: Mitigation of Climate Change"». Ginebra: IPCC.

125 Stanton, E. (2010). «Negishi welfare weights in integrated assessment models: the mathematics of global inequality», *Climatic Change*, vol. 107, núm. 3-4, pp 417-432.

126 Algunos economistas fuertemente vinculados a la escuela neoclásica se han desvinculado recientemente de algunas o de todas estas asunciones. Pero ni han conseguido imponer su criterio ni tienden a revaluar las asunciones neoclásicas en su conjunto. Véase, por ejemplo, Stern N. (2013). «The structure of economic modeling of the potential impacts of climate change: grafting gross underestimation of risk onto already narrow science models», *Journal of Economic Literature*, vol. 51, núm. 3, pp. 838-859.

127 Nelson, J. A. (2008). «Economists, value judgments, and climate change: a view from feminist economics», *Ecological Economics*, vol. 65, núm. 3, pp. 441-447.

Críticas feministas de las ciencias (sociales)

En la década de 1980, diversas historiadoras y filósofas feministas, entre ellas Evelyn Fox Keller[128] y Sandra Harding,[129] sacaron a la luz el fuerte carácter binario en lo referente al género que subyacía en el desarrollo histórico de las ciencias. Señalaron que esa imaginaria oposición binaria entre ser humano y naturaleza, mente y cuerpo, orden y caos, y hombres y mujeres, había influido de manera muy intensa en la concepción occidental de qué lugar ocupan las personas en el orden del mundo. Desde Platón y Aristóteles hasta Descartes y Bacon, se creó la imagen de un conocimiento científico masculino destinado a controlar con firmeza la peligrosa naturaleza femenina.

A principios de la década de 1990, las economistas feministas empezaron a notar que la definición, los modelos y los métodos de la economía dominante seguían un patrón cognitivo con el mismo sesgo de género.[130] La elección de los economistas de favorecer unilateralmente, por ejemplo, el análisis de la producción para los mercados sobre la producción para consumo propio, la toma mental de decisiones sobre las necesidades físicas, el control sobre la interdependencia y la razón sobre las emociones sigue punto por punto las típicas asociaciones culturales de la masculinidad con el alto estatus, la «fortaleza» y el poder, y de la feminidad con el bajo estatus, la «fragilidad» y la debilidad.

La exaltación del trabajo cuantitativo y técnico en la profesión, por encima de métodos más comprometidos y de la consideración de preocupaciones normativas —es decir, éticas—, también es un reflejo de ese sesgo de género. Una mirada retros-

128 Keller, E. F. (1985). *Reflections on Gender and Science*. New Haven: Yale University Press.
129 Harding, S. (1986). *The Science Question in Feminism*. Ithaca: Cornell University Press.
130 Nelson, J. A. (1982). «Gender, metaphor, and the definition of economics», *Economics and Philosophy*, núm. 8, pp. 103-125; Jennings, A. L. (1993). «Public or private? Institutional economics and feminism», en Ferber, M. A. y Nelson, J. A. (eds.), *Beyond Economic Man*. Chicago: University of Chicago Press, pp. 111-129.

pectiva a la historia de la disciplina nos revela que los métodos no se escogieron porque ofrecieran un retrato más fidedigno del mundo, sino precisamente porque daban a la disciplina el aura de ser una ciencia «dura».[131]

El mito de la máquina

La «envidia de la física» que han demostrado los economistas ha llevado a un resultado muy extraño, pero que ha calado en la sociedad contemporánea: la gente ha terminado creyendo que las economías de mercado son una especie de «máquinas», «movidas» por el interés propio, que siguen ciegamente la «lógica del mercado» e «imperativos de crecimiento». Hemos llegado a creer que la economía, de alguna manera, opera en un mundo aparte, independiente del mundo natural. (Los economistas dejan esas consideraciones a las ciencias naturales). Hemos llegado a creer que opera, de alguna manera, en un mundo independiente también de la sociabilidad humana, la interdependencia y las consideraciones morales. (Estas consideraciones las dejan a la sociología y la filosofía). Qué extraño.

Este problema se ha acentuado con el reciente auge del pensamiento neoliberal, que lleva las asunciones básicas de la economía neoclásica a un extremo ideológico. El neoliberalismo sugiere que las economías de mercado tienen (o deberían tener) un solo tipo posible de institución —empresas no reguladas— y una norma —«la codicia es buena»—. El pensamiento neoliberal no sólo sugiere que esa economía de «puro mercado» es posible, sino que presenta esta visión como la verdadera naturaleza esencial subyacente a la naturaleza del capitalismo.

Pero varios economistas, teóricos de los negocios, juristas, sociólogos de la economía y líderes empresariales están apuntando cada vez más que las economías reales —incluso las ca-

131 Nelson, J. A. (2011). «Does profit-seeking rule out love? Evidence (or not) from economics and law», *Washington University Journal of Law and Policy*, vol. 35, núm. 69, pp. 69-107.

pitalistas— forman parte de la naturaleza y la sociedad.[132] Las economías están profundamente ligadas y relacionadas con el entorno natural, las regulaciones públicas, las creencias culturales, las auténticas motivaciones emocionales humanas, las prácticas sociales y las complejas normas éticas. No ha existido ni puede existir nunca un «mercado puro»: mercados y empresas están completamente conformados a partir de las normas e instituciones.

La afirmación de los economistas tradicionales de que las empresas *tienen que* «maximizar los beneficios», por ejemplo, es peligrosa no sólo para los seres humanos y el medioambiente, sino para las propias empresas y para el sistema en el que funcionan.[133] En la realidad, las empresas consiguen el éxito a largo plazo cuando encuentran un equilibrio entre múltiples objetivos y establecen una buena cooperación entre accionistas, clientes, proveedores y trabajadores para alcanzarlos. La estrategia de centrarse de forma absoluta en los resultados financieros a corto plazo, en cambio, está detrás de los escándalos financieros y corporativos y de las crisis de las últimas décadas.[134] Es más, personas del propio sector corporativo han afirmado que esa idea de que las empresas persiguen o deberían perseguir el «máximo beneficio» no es más que un mito. Aunque tal vez algunas empresas cortas de miras adopten objetivos únicamente financieros, hoy en día estos objetivos tienden más

132 Nelson, J. A. (2006). *Economics for Humans.* Chicago: University of Chicago Press; Chang, H.-J. (2010). *23 Things They Don't Tell You about Capitalism.* Nueva York: Bloomsbury Press; Zelizer, V. A. R. (2011). *Economic Lives: How Culture Shapes the Economy.* Princeton: Princeton University Press.
133 Freeman, R. E. (1984). *Strategic Management: A Stakeholder Approach.* Boston: Pitman; Stout, L. (2012). *The Shareholder Value Myth: How Putting Shareholders First Harms Investors, Corporations, and the Public.* San Francisco: Berrett-Koehler.
134 Smith, Y. (2010). *Econned: How Unenlightened Self Interest Undermined Democracy and Corrupted Capitalism.* Nueva York: Palgrave Macmillan.

frecuentemente a convertirse en salarios estratosféricos para los altos directivos que en ganancias para los accionistas.[135]

Por desgracia, muchos de los enfoques económicos «alternativos» que aparecen en la literatura sobre la sostenibilidad se muestran incapaces de distinguir entre cómo funcionan las economías de mercado —«capitalistas»— *en la realidad* y cómo funcionan *en teoría* según los modelos básicos de la economía dominante marcados por el sesgo masculino del que estamos hablando. Al aceptar el dogma dominante sobre que los mercados y las empresas se comportan de forma mecánica, inhumana y separada de la «sociedad», estos otros enfoques sugieren alternativas meramente reactivas, no transformadoras, lo que supone un trágico error.

Si los defensores del sistema económico capitalista creen que los beneficios y el mercado son los «motores del crecimiento», sus opositores adoptan la misma imagen mecánica para caracterizarlos como fuerzas destructoras que intentan destruir los valores sociales.[136] Si el enfoque convencional está a favor de la globalización y las economías a gran escala, estos críticos se muestran fervientes partidarios del ámbito local y de los negocios a pequeña escala; si las élites actuales están a favor de la tecnología, los críticos son luditas antitecnológicos; si los debates políticos se centran en los habitantes de las sociedades industrializadas, los críticos veneran los parajes salvajes, las culturas indígenas y las especies no humanas; si aquéllos abogan por los beneficios y la propiedad privada, éstos desaprueban por completo ambos conceptos.

135 Por ejemplo, Gillespie, J. y Zweig, D. (2011). *Money for Nothing: How CEOs and Boards Are Bankrupting America.* Nueva York: Free Press.
136 Sivaraksa, S. (2002). «Alternatives to consumerism», en Badiner, A. H. (ed.), *Mindfulness in the Marketplace: Compassionate Responses to Consumerism.* Berkeley: Parallax Press, pp. 135-141; Bookchin, M. (2005). «What is social ecology?», en Zimmerman, M. E.; Callicot, J. B.; Warren, K. J.; Klaver I. J. y Clark, J. (eds.), *Environmental Philosophy: From Animal Rights to Radical Ecology.* Upper Saddle River: Pearson Prentice Hall, pp. 462-478.

Las firmes voces de estos críticos han jugado a menudo un importante papel para llamar la atención sobre procesos de destrucción medioambiental y sobre la necesidad de un cambio radical de rumbo. Pero estos análisis no son lo suficientemente radicales. *Radical* significa «ir a la raíz», y estos enfoques alternativos no van a la raíz de la cuestión sobre la verdadera naturaleza de las economías.

Una intervención necesaria: reinventar la economía

La creencia generalizada de que la «economía» y la «sociedad» funcionan de manera separada y opuesta fue concebida por la economía dominante. Al dejar que se impongan los prejuicios culturales sobre el valor relativo de las cosas culturalmente identificadas como masculinas o femeninas, los economistas tradicionales han acabado jugando *con la mitad de la baraja*. El resultado ha sido un tipo de análisis económico que ha contribuido a que no se preste la debida atención al medioambiente y a que nos centremos sólo en los mercados y en el crecimiento económico. Sin embargo, los análisis alternativos, cuando no han tenido en cuenta los sesgos de género, también han jugado con una mitad de la baraja, con *la otra* mitad. Al rechazar ciegamente el capitalismo y la actividad económica a gran escala también se convierten en alternativas insuficientes para guiarnos hacia la sostenibilidad.

Una visión equilibrada de la economía de mercado, en cambio, reconoce que las economías del mundo real son creaciones sociales. Que se basan tanto en la competición como en la cooperación, en una búsqueda razonable del interés propio y en normas socialmente orientadas, en la innovación y la conservación. Reconoce que también creamos nuestras economías a través de nuestras expectativas, creencias y acciones individuales. Que las creamos en nuestros hogares, comunidades, actividades cívicas y lugares de trabajo. Que las creamos a través de nuestras acciones colectivas, tanto con acciones «externas» como boicots o manifestaciones como con acciones «internas» como en las decisiones de los accionistas o en un liderazgo organizativo eficaz. Las creamos a través de los grupos de presión, de la legislación y la regulación. Y también podemos ver la economía como el estudio de la forma en la que las sociedades se organizan para garantizar su supervivencia y el florecimiento de la vida.

O de cómo, por desgracia, han *fracasado* al intentarlo.[137]

Una visión realista y pragmática abre la puerta a acciones de todo tipo. La imagen de una «lógica del mercado» inevitable e imparable ahoga cualquier iniciativa hacia la sostenibilidad. Una visión idealizada de una economía de intercambio puramente cooperativa, no monetizada y local sí facilita ese tipo de acciones, pero no apela más que a un pequeño grupo de entusiastas. La visión pragmática, en cambio, sugiere acciones que pueden llevarse a cabo aquí y ahora; no sólo mediante la creación de nuevas instituciones, sino intentando que las instituciones que ya tenemos, y con las que la gran mayoría de nosotros ya nos relacionamos, respondan a la realidad de las necesidades sociales y medioambientales.

No deberíamos limitarnos u oponernos dogmáticamente, por ejemplo, a políticas medioambientales basadas en el mercado, como los impuestos sobre la emisión de carbono o las licencias para emitirlo. Necesitamos, obviamente, mucho más que una simple tasa sobre las emisiones de carbono para mejorar los problemas derivados del cambio climático, especialmente entre las poblaciones más vulnerables. Pero si una tasa bien diseñada y lo suficientemente importante sobre el carbono puede ayudar a la conservación del medioambiente y contribuir a un mayor uso de fuentes de energía sostenibles, ¿podemos permitirnos el lujo de perder esa oportunidad? De igual modo, no debemos tener ni fe ciega ni oponernos ciegamente a las innovaciones

137 Nelson, J. A. (2013). «Ethics and the economist: what climate change demands of us», *Ecological Economics*, núm. 85, pp. 145-154.

tecnológicas o a la actividad económica global. Un enfoque económico pragmático y equilibrado trabaja con lo que tiene a su disposición, no con lo que es ideológicamente puro. Necesitamos más investigación práctica y más experimentación sin dogmas, y menos teorías de salón.

Una última nota sobre género

¿Es eso el «ecofeminismo»? Aunque trabajo tanto en cuestiones feministas como ecologistas, me niego a aceptar la asociación que parte de la literatura ecofeminista establece entre las mujeres y el cuidado, la comunidad y la conexión con la naturaleza. Creo que se trata simplemente del reverso de la asociación de los hombres con la independencia, el individualismo y el control de la naturaleza que nos ha llevado a la problemática situación en la que nos encontramos.

Es posible que los hombres y las mujeres, debido que se sitúan en diferentes posiciones en la estructura de poder y han tenido diferentes experiencias comunes, puedan tener a veces, en promedio, diferentes puntos de vista o comportamientos. Pero las mujeres y los hombres (y cualquier otra persona) son seres fundamentalmente iguales. Las mujeres y los hombres (y cualquier otra persona) son individuos, están conectados, son racionales, tienen sentimientos, y son seres morales. Una perspectiva esencialista que identifique a las mujeres con la naturaleza y la moralidad tiene el peligroso efecto colateral de hacer que los hombres se sientan moralmente «desvinculados» de la acción para la sostenibilidad. Y, dada la urgencia de las crisis medioambientales que afrontamos, tenemos que tirar del carro todos juntos.

Últimas palabras

Nuestra división habitual del mundo en partes «masculinas» y «femeninas» ha contribuido a la creación de una creencia de que las economías de mercado son «máquinas económicas».

Si salimos de esa trampa fundamental, una manera de pensar equilibrada por lo que respecta al género nos abre nuevas perspectivas. Evita que caigamos en la trampa de partir de la falsa idea del «hombre contra la naturaleza» que nos lleva a buscar seguridad, control y crecimiento económico infinito. Evita que caigamos en la trampa de reaccionar por mera oposición a la economía dominante y desdeñar el comercio en favor de la visión idealizada de una sociedad estrictamente local, cooperativa, basada en la Madre Tierra y sin crecimiento.

Por supuesto, una intervención así no será fácil. Tenemos siglos de hábitos de pensamiento sobre el género —y *usando* el género— profundamente asentados, y lo mismo podemos decir sobre el pensamiento económico. Todo eso tiene que ser superado. Las ideologías neoliberales y antiglobalización lo tienen más sencillo para elaborar lemas pegadizos y eslóganes fáciles que un enfoque pragmático y que se preocupe por los matices. Pero, si queremos avanzar hacia la sostenibilidad, las personas empoderadas necesitaremos una economía empoderada.

La estrecha relación entre el empoderamiento de las mujeres y la sostenibilidad

Vandana Shiva
Filósofa, activista y coautora de *Ecofeminismo: teoría, crítica y perspectivas*

¿Qué dirías a las personas que dicen «primero salvemos el planeta y luego hablamos de igualdad»?

Les diría que no se puede salvar el planeta sin igualdad. Empecé mi viaje en el activismo hace cuarenta años y, en el último medio siglo, han sido las mujeres quienes han liderado los movimientos de base ecologistas. Las mujeres tienen conocimientos debido a su experiencia como proveedoras de las sociedades y guardianas de la biodiversidad, y esa experiencia es vital para comprender por qué el planeta está siendo destruido de forma tan miserable y para entender cómo podemos salvarlo.

Hace diez años, cuando viajabas en tren desde Punyab, escribiste un artículo sobre el empoderamiento de las mujeres. ¿Puedes recordarnos cuáles eran los principales temas sobre los que intentabas llamar la atención en aquel momento?

Yo me licencié en Ciencias Físicas en Punyab, que por entonces era una región próspera. Luego estalló una violencia extrema, que causó más de treinta mil víctimas, seis veces más que el 11S. Vi como las mujeres desaparecieron de las granjas de Punyab; fueron sustituidas por productos químicos y tractores. Una sociedad que hace que las mujeres sean prescindibles en la economía hace que sean prescindibles en sus vidas. Al principio recuerdo haber visto anuncios que hablaban de aborto selectivo según el sexo, y luego el feticidio femenino se convirtió en una verdadera epidemia. Estados como Punyab lo lideran: se ha impedido nacer a unos cincuenta millones de niñas. Mi hermana, que es doctora, ayudó a redactar la ley para detener el feticidio femenino. Tenía mapas de las zonas en las que las tasas de estos feticidios femeninos eran más altas y coincidían con las mismas áreas en las que la llamada revolución verde del Punyab y la industria agroquímica se habían propagado más.

¿Qué crees que ha cambiado en los últimos diez años, desde que escribiste aquel artículo, para bien o para mal, si es que crees que algo ha cambiado?

Vivimos en una época en la que en todos los ámbitos podemos observar dos tendencias. En lo que respecta a nuestra relación con el planeta, también hay dos tendencias: una que lo destruye y otra que intenta protegerlo. Hay dos tendencias en cuanto al papel de las mujeres: por un lado, aumenta la violencia contra ellas —India se ha convertido en el epicentro de la violencia de género—, pero también hay una tendencia al empoderamiento de las mujeres. Y no se trata de un fenómeno lineal, hay una gran pluralidad de tendencias, y está claro que las tendencias que protegen la tierra y protegen a las mujeres son las que nos pueden permitir crear una sociedad decente y sostenible, en la que valga la pena vivir.

¿Ves que en algún sitio se esté produciendo un progreso sostenido hacia la igualdad de género, o más bien se da un paso adelante y dos pasos hacia atrás? ¿Crees que hay una tendencia positiva, o te parece que es algo circular?

Creo que en los lugares en los que se está afrontando directamente la cuestión de la igualdad de género, en los que se están creando órganos para empoderar directamente a las mujeres, en el campo legal y en la política, sí estamos haciendo un trabajo muy efectivo. Por ejemplo, en India tenemos la Comisión Nacional de la Mujer, un órgano oficial dedicado a la igualdad de género. Yo he estado trabajando en esta comisión, he viajado por todo el país —Punyab, Bengala, Tamil Nadu— para evaluar el impacto de la globalización sobre las mujeres. La globalización, como muchos otros aspectos de la economía, se basa en una visión limitada y sesgada, elaborada a partir del patriarcado capitalista, y debido a ello define las cosas con gran estrechez de miras. Por ejemplo, el producto interno bruto: según la interpretación del PIB, si produces lo que consumes, no estás produciendo nada. Pero muchas mujeres producen para consumo de su familia o de su comunidad; lo que producen se consume allí, así que no contribuye al PIB.

La creciente violencia contra las mujeres a la que estamos asistiendo se produce debido a la forma en la que la economía ha excluido a las mujeres, las ha marginalizado, y, lo más importante, ha creado un mundo en el que se nos ha hecho creer que todo está en venta. Tu biodiversidad está en venta, tu agua está en venta, tu tierra está en venta; todo puede ser adquirido, y esa mercantilización también afecta a los cuerpos de las mujeres. Toda esa publicidad absurda, para vender coches o teléfonos, trata sobre la mercantilización de los cuerpos de las mujeres.

Y cuando una economía empieza a devaluar el papel y el estatus de las mujeres, aparece un problema cada vez más grave de violencia contra ellas. Tenemos que redefinir los acuerdos económicos para incluir las externalidades sociales, como los efectos sobre las mujeres, y las externalidades ambientales. Ahora estamos terminando un informe sobre el verdadero coste de la agricultura industrial que concluye que, si tomas en cuenta los costes de la degradación del suelo, la extinción de los polinizadores y la muerte de nuestros agricultores, es una actividad que no nos podemos permitir. Necesitamos nuevas economías que tengan una perspectiva más amplia, una economía que sitúe a las mujeres y a nuestro planeta en el centro.

Has escrito y hablado sobre cómo el dominio de los hombres en las relaciones de poder y las perspectivas masculinas pueden traducirse en muertes, violencia y pobreza para las mujeres y en degradación medioambiental, especialmente en agricultura, aunque no sólo en este campo. ¿Crees que este dominio está disminuyendo en algún lugar del mundo, en los países desarrollados o en los países en desarrollo?

Creo que podemos ver una intensificación tanto de los símbolos patriarcales, por el dominio de los puntos de vista de los hombres con poder económico y político, como de una economía patriarcal. Y las dos cosas están convergiendo, en términos de globalización y poder empresarial, en los lugares en los que se da prioridad a los derechos corporativos por encima de los derechos de las personas, especialmente de las mujeres. Pero también estamos asistiendo a un cambio, un cambio importante, porque la crisis ha sido tan profunda que los ecosistemas se están colapsando, igual que las economías. Y no sólo en los países pobres, sino también en Europa; sólo hay que echar un vistazo al sur de Europa, donde la mitad de la población joven está desempleada. Si lo miras desde una perspectiva global, creo que la gente se está dando cuenta de que el sistema funciona únicamente para unos pocos: como dice el movimiento Occupy, es un modelo para el 1%. Una reorientación hacia el 99%, aprovechar la experiencia de las mujeres, su conocimiento y su sabiduría, las alternativas que pueden ofrecernos sobre qué define a una economía, al conocimiento y a la ciencia... Esas tendencias, creo, están creciendo muy muy rápidamente.

Como mujer que ha sido una activista internacional, ¿tienes esperanzas en las diferentes negociaciones internacionales sobre cambio climático, objetivos de desarrollo sostenible, biodiversidad, etcétera? ¿O crees que hay otra manera mejor de llegar a acuerdos?

Quienes estábamos trabajando en estos temas, sobre todo en el Convenio sobre Diversidad Biológica de la ONU y en cuestiones sobre libre comercio y en la Organización Mundial del Comercio, nos hemos organizado como mujeres. Hemos creado un movimiento llamado Diverse Women for Diversity (DWD), que se presentó en Bratislava durante la Conferencia de las Partes del Convenio sobre Diversidad Biológica. Creamos este movimiento por dos razones: en primer lugar, nos dimos cuenta de que éramos sólo mujeres quienes seguíamos implicadas en las luchas más largas y complicadas, porque no formamos parte de los grupos privilegiados, estamos excluidas; pero cuando hemos traspasado las barreras, más allá de ese punto las barreras ya no importan. En segundo lugar, éramos conscientes de que estábamos aportando algo diferente. Recuerdo en las protestas de Seattle de 1999, cuando tuvimos a la organización feminista de las Raging Grannies —las «abuelitas furiosas»—, y fabulosas chefs, y creamos lemas jugando con las siglas en inglés de la Organización Mundial del Comercio (WTO) y transformándolas en eslóganes como «Las mujeres se alzan, las mujeres toman el control» («Women Take On, Women Take Over»).

El trabajo que hicimos en el Convenio sobre Diversidad Biológica —el hecho de que incluso consiguiéramos un Protocolo sobre Bioseguridad— se debió a que me empeñé en sacar adelante el Artículo 19.3; me habían contratado para crear el protocolo y no fue tarea fácil sacarlo adelante, pero nunca me rendí porque ya sé que estos trabajos nunca son fáciles. En las negociaciones del convenio en Madrid, el Gobierno de Estados Unidos se levantó de la mesa, como hace siempre en la actualidad. Dijeron que nos llevarían a la Asociación Transatlántica para el Comercio y la Inversión (ATCI), y afirmaron que no había ninguna prueba de que los organismos genéticamente modificados (OGM) fueran dañinos, que eran perfectamente seguros. Entonces, una científica llamada Elaine Ingham se levantó y dijo: «No, mi Gobierno os está mintiendo. Yo acabo de terminar un estudio para los europeos». Era un estudio sobre los organismos genéticamente modificados que se habían concebido para convertir residuos vegetales en etanol, y su investigación mostraba que, a pesar de que la bacteria *Klebsiella planticola* se encuentra presente de forma natural en las plantas sin ningún problema, la versión genéticamente modificada que se había desarrollado de la *Klebsiella* para conseguir esa transformación en alcohol mataba a las plantas de trigo.

Así que, en cuanto nos organizamos, conseguimos causar un gran impacto internacional. Al principio, la presencia de las mujeres en las negociaciones climáticas no era lo suficientemente grande, pero, en la actualidad, los movimientos ecologistas de las mujeres son muy activos en las cuestiones climáticas, tanto en el ámbito internacional como en el local.

Tu trabajo también te lleva a contactar con las clases más humildes, y ves las grandes penurias y la pobreza que padecen. Pero estoy segura de que también has visto muchos casos y conocido muchas historias de mujeres que han conseguido un progreso real contra todo pronóstico. ¿Nos podrías dar algunos ejemplos que te hayan parecido inspiradores últimamente?

De hecho, gran parte de mi trabajo lo realizo con las bases, especialmente a través de la construcción del movimiento Navdanya, que promueve la soberanía semillera y alimentaria. En lo que respecta a las semillas y los alimentos, las mujeres son los actores principales; son las principales protectoras de las semillas y las que tienen mayores conocimientos sobre ellas. Hemos creado una gran red de soberanía alimentaria gestionada por mujeres. Me parece particularmente inspirador el hecho de que las mujeres hayan sido capaces de tomar ese conocimiento que ya era suyo, adaptarlo y hacerlo evolucionar en un nuevo contexto. Ellas organizan y planifican los cultivos, y, con las semillas tradicionales que han conservado, con el uso de sistemas de agricultura ecológica y creando mercados de comercio justo, en los que determinan el precio, están ganando diez veces más que los agricultores que se dedican a cultivos comerciales. En la India tenemos la experiencia del algodón Bt y de la dependencia de las semillas. Esta dependencia es una trampa mortal que ha empujado a trescientos mil agricultores al suicidio.

Puedo darte algunos ejemplos concretos: las mujeres que cultivan mijo y luego hacen productos derivados. El mijo les permite superar un mal año con sequía; necesita menos irrigación, es un alimento nutritivo para sus familias y les proporciona buenos ingresos cuando lo venden. Luego tenemos el caso de la soja RR, la soja transgénica resistente al glifosato. En el Himalaya, de donde vengo, tenemos una antigua variedad de soja cuyo sabor es tan bueno que se vende por un precio mucho mayor que el de la soja comercial transgénica. Los agricultores que conservaron esas semillas las están usando ahora para sus cosechas, localmente. Trabajamos con el principio de «primero para la tierra, luego para la familia, luego para el mercado local, luego para el mercado nacional» —las pequeñas cantidades que sobren pueden exportarse, pero sólo los verdaderos excedentes—. Así que la economía real, la auténtica economía, es la que beneficia a la Tierra, a las mujeres y a los niños, la que crea bienestar a lo largo de toda la cadena alimentaria.

¿La cuestión de la propiedad de las semillas tiene alguna influencia en los sistemas de comercio justo? ¿Es el tipo de semillas un requisito para estos sistemas?

Todos los programas de Navdanya están basados en semillas libres y de polinización abierta, procedentes de bancos de semillas comunitarios; consideramos las semillas como bienes comunes. Queremos redefinir la concepción patriarcal de las semillas como propiedad intelectual, una idea que Monsanto incorporó en la OMC. Monsanto admitió que ellos habían escrito ese acuerdo, y que ellos habían sido juez y parte al mismo tiempo. En contraste con eso, las organizaciones de mujeres consideran las semillas como bienes comunes. El conocimiento agrícola no lo poseen cinco empresas biotecnológicas, que de hecho no saben nada sobre agricultura, sólo saben disparar genes con una pistola de genes. Lo poseen las mujeres, y sobre todo las mujeres mayores. Uno de los aspectos más inspiradores de mi trabajo con las bases es darse cuenta de que las mujeres mayores son las más sabias. Tenemos una «universidad de abuelas» para transmitir ese conocimiento de las mujeres mayores a las más jóvenes y a los niños.

¿Cómo funciona en la práctica? ¿De forma muy localizada, con clases presenciales, o la gente puede aprender a distancia?

Las dos cosas. Una gran parte de lo que hacemos consiste en construir registros comunitarios sobre biodiversidad. Los más jóvenes, que saben escribir, pero carecen de los conocimientos sobre biodiversidad, los obtienen de las abuelas, que tienen esos conocimientos, pero no saben leer ni escribir. Si sus conocimientos no quedan documentados, se perderán para siempre. Esta transmisión del saber se produce de forma local, muy íntima. Pero que el conocimiento tenga un alcance más amplio es un aspecto muy importante de la adaptación climática.

Por ejemplo, Odisha, en la bahía de Bengala, siempre ha sido una zona propensa a los ciclones, pero éstos se han vuelto cada vez más frecuentes y más rápidos, y se adentran cada vez más en la zona. Las semillas de cultivos más resistentes al clima, como algunos arroces tolerantes a la sal, fueron conservadas por las mujeres y ahora se usan para los cultivos en estas zonas costeras. No sólo han permitido que la agricultura se mantenga viva a pesar de los ciclones, sino que los agricultores de Odisha enviaron dos cargamentos de semillas a Tamil Nadu después de un tsunami. Así que lo que llamamos semillas libres no se refiere sólo a que las semillas sean fértiles y de polinización libre, sino también a que pueden intercambiarse entre comunidades campesinas.

¿Crees que las lecciones de tu proyecto de bases pueden exportarse a otros países y a otras culturas, ya sean detalles específicos o de forma general?

Creo que los principios en los que se basan nuestras experiencias pueden aplicarse en cualquier lugar, porque son principios de intensificación de la biodiversidad. Y para intensificar la biodiversidad tienes que recurrir a las mujeres. Cuando empecé con los bancos de semillas, iba a los pueblos y preguntaba a los hombres: «¿Tienes las semillas de esto, esto y esto otro?». Y ellos me contestaban: «No, sólo cultivamos soja», o «no, sólo cultivamos patatas». Entonces entraba en las cocinas y hablaba con las mujeres y ellas me decían: «Pues claro que las cultivamos», y allí en la cocina encontrabas esto, esto y esto otro, porque las mujeres eran quienes cuidaban de los niños y se preocupaban por su salud, y cultivaban esos productos que ya no se encontraban en los mercados. Así, los principios de intensificación de la biodiversidad, intensificación del conocimiento de las mujeres en la agricultura, que es lo que luego conduce a marcos más amplios de agroecología, de las relaciones entre biodiversidad y resistencia climática, todo esto funciona en todo el mundo. Las variedades de los cultivos particulares pueden ser diferentes, y por lo tanto el conocimiento concreto puede ser diferente, pero los principios son los mismos, y giran en torno a la convergencia entre la sostenibilidad, la protección del planeta y el empoderamiento de las mujeres, especialmente a través del conocimiento de la tierra, la biodiversidad, la agricultura, la salud... La convergencia, creo, es común en todo el mundo si la buscamos.

Globalmente estamos urbanizando muy rápido. ¿Cómo se desarrolla esta dinámica en las ciudades? ¿Cuál es el papel de este tipo de conocimiento en una cultura principalmente urbana?

Estamos inmersos en una profunda crisis alimentaria, incluso aunque no nos demos cuenta, además de una gran crisis planetaria, y diría que también en una crisis política en la que un puñado de corporaciones intentan controlar el planeta, sus recursos, nuestra cadena alimentaria y nuestras semillas. Hemos desarrollado un modelo agrícola que se basa en ocho productos básicos comercializados a nivel mundial. En estas múltiples crisis a las que me refería, las ciudades tienen que empezar claramente a parecerse más a un pueblo, en el sentido de que deben conservar su agua, no ser sólo consumidoras de agua; deben dejar de verter sus desechos en los ríos; tienen que convertirse en productoras de alimentos —se pueden producir muchos alimentos en muy poco espacio—. En algunas partes del mundo —el Medio Oeste de Estados Unidos, Punyab en India...— todo el terreno es fértil, y cada uno puede hacer que su balcón sea fértil.

Hemos empezado un programa muy inspirador llamado Huertos de Esperanza. Estos Huertos de Esperanza se crearon pensando en quienes perdieron sus tierras y sus maridos, en las zonas en las que los suicidios de agricultores crecieron mucho, como Maharashtra, Bihar y Punyab. Pero también se han extendido a las escuelas de las áreas urbanas, y estamos animando a la gente en las ciudades a usar cada trocito que puedan para trabajar con las semillas y cultivar sus propios alimentos. Esto puede ser una solución al cambio climático; sería importante que pudiéramos librarnos de la agricultura industrial y del transporte de larga distancia, que representa el 40% de las emisiones de gases de efecto invernadero. Si pones cinco macetas en tu balcón ya has hecho una pequeña contribución. Necesitamos un cambio de mentalidad; las personas se sienten indefensas, el cambio climático es un fenómeno demasiado grande y sentimos que no podemos hacer nada al respecto. Pero en cuanto eres consciente de que sí puedes hacer algo para reducir ese 40% de daño ambiental, de repente pasas a tener poder. Cada ciudadano —mujeres, niños, todo el mundo— tiene que participar en esta transformación de las ciudades en productores de comida. No olvidemos que en otras situaciones de emergencia esto ya se ha hecho; durante la guerra, la mayor parte de alimentos consumidos en Inglaterra, Alemania o Estados Unidos provenía de huertos.

Has luchado personalmente por el empoderamiento de las mujeres y por la sostenibilidad durante muchos años, y no parece que estés por la labor de «colgar las botas», como dicen los deportistas. ¿Qué te mantiene en marcha? ¿Es rabia, es esperanza o es algo más?

Es la experiencia del poder interior de las mujeres y el poder interior de la Tierra para producir abundancia por un lado y para aumentar la resiliencia por otro. Es esta resistencia interna, este poder interior, para el que tenemos una preciosa palabra en sánscrito, *shakti*, la energía que emana del interior. Es tanto el poder interior que veo en las mujeres como el que experimento como mujer.

¿Quiénes son tus héroes? ¿Tienes algún modelo?

Muchos de mis modelos a imitar son mujeres que he conocido en mi trabajo con las bases; las mujeres de Chipko, un movimiento ecologista de la India, por ejemplo, suponen una gran inspiración para mí. Son campesinas que me siguen enseñando mucho, sigo aprendiendo cada vez más con ellas. Lo más importante es que pueden pasar por las peores dificultades, pero no se rinden, como en el terrible desastre climático que asoló nuestra región el último año: tuvimos las lluvias más intensas de la historia, se desbordó un lago glaciar, las presas hidroeléc-

tricas empeoraron la situación y murieron veinte mil personas.
Pero las mujeres no se rindieron.

**¿Crees que es posible lograr un planeta saludable y al-
canzar la sostenibilidad medioambiental sin igualdad de
género? Si es que no, ¿crees que la igualdad de género se
ignora en la narrativa sobre el medioambiente? Es algo
que no sucede sólo con los gobiernos y las corporaciones;
muchos grupos medioambientales, por ejemplo, tampoco se preocupan por ella. ¿Por qué crees que sucede?**

No creo que la verdadera sostenibilidad sea posible sin
igualdad de género. Ambas van de la mano. Porque el mismo
paradigma, la misma mentalidad, la misma perspectiva del
mundo que ha hecho que la humanidad destruyera el planeta es
la que hace que las mujeres sean tratadas como el segundo sexo.
Por un lado, se entiende la naturaleza como materia muerta lista
para ser explotada, y por otro se define a la mujer como pasiva,
como no creativa y no productiva.

El desafío de comprender y defender el planeta, en el fondo,
consiste en tratar de comprender que es la Tierra y no el capital
quien tiene la creatividad en última instancia; el capital es un
concepto muerto. Hemos creado una ilusión increíble con la
que engañarnos, según la cual el capital crea y la naturaleza está
muerta. Tenemos que llevar a cabo ese cambio, que es el mismo
que nos permite ver que las mujeres son fantásticas en lo que se
refiere a la productividad y la creatividad, si su productividad
se contabilizara. No puedes proteger el planeta sin reconocer
las contribuciones y los derechos de las mujeres.

¿Por qué esto se ignora tanto? En primer lugar, en las bases,
muchos movimientos están liderados por mujeres, pero cuando
asciendes en la jerarquía pasan a estar dirigidos por hombres, y
esto sucede también en las organizaciones ecologistas. Es la naturaleza del poder dominante en el mundo actual. La segunda
razón por la que la cuestión de la igualdad de género se olvida es

que muchas de esas personas viven en lugares muy lejanos: viven en sus cabezas, en sus elaboraciones, no tienen experiencia. En ausencia de experiencia, siguen reproduciendo las exclusiones y sesgos contra las mujeres de los que se encuentran en el lado de la destrucción, y por eso es por lo que hay una agenda común de dominación patriarcal.

Así, cuando viajas a Europa y hablas con los grupos ecologistas de aquí, ¿eres consciente de que te encuentras en un entorno predominantemente masculino?

La diferencia entre cuando voy a algún lado y cuando otros van a otras partes es que desde el primer momento tengo a agricultores que acuden a verme, muchas mujeres, muchos niños gritando por detrás; la naturaleza de la movilización cambia.

¿Si pudieras cambiar una cosa en lo que ha sido, afortunadamente, una larga carrera, qué sería?

¿En mi vida? No, no cambiaría nada, porque incluso las experiencias más desagradables han sido lecciones de aprendizaje. Los departamentos de relaciones públicas de la industria que defiende los productos genéticamente modificados han querido ponerme en el centro de atención, puesto que parece que de los siete mil millones de personas del planeta soy la única que han encontrado para atacar. Pero, ya sabes, cada vez que me atacan aprendo un poco más. He respondido con mi conciencia más profunda, con mi mayor integridad intelectual y con una profunda compasión en todo lo que he hecho. Cualquier camino que haya tomado mi vida, es el que yo he escogido, así que no me arrepiento.

Mirando hacia el futuro, si hubiera una cosa que pudieras hacer que ocurriera, ¿qué sería?

Cambiaría la ciencia patriarcal, que es reduccionista, llena de asunciones mecanicistas; todo el asunto de los OGM se basa en la idea de dominar moléculas para ordenar al resto de la vida cómo debe comportarse. El mundo no funciona así, el mundo es una democracia de la vida. Una segunda cosa sería el PIB, que se creó durante la Depresión y la guerra para movilizar recursos. Es el momento de abandonar el PIB, de abandonar las ciencias mecanicistas, y de que pasemos a una economía ecológica y a una ciencia ecológica: ésos son los lugares hacia los que nos guían las mujeres.

La defensa de los bienes comunes y los territorios: una parte central de las luchas feministas y anticapitalistas

Celia Alldridge
Activista en la Marcha Mundial de las Mujeres

Mujeres en marcha por la autonomía sobre nuestros cuerpos y la autodeterminación de nuestros territorios... hasta que seamos libres

La Marcha Mundial de las Mujeres (MMM) es un movimiento feminista y anticapitalista internacional que reúne a organizaciones de base de mujeres —individualmente o como parte de grupos, colectivos, sindicatos, movimientos sociales, etcétera— para luchar contra todas las formas de desigualdad y discriminación contra las mujeres. Las acciones de la MMM se basan en análisis antisistémicos del sistema patriarcal, racista, lesbo-homofóbico, neocolonial y capitalista, con el objetivo de transformar las vidas de las mujeres mediante la solidaridad internacional, el fortalecimiento de las resistencias de las mujeres y la construcción de alternativas feministas. Llevamos a cabo nuestras luchas en nuestras comunidades rurales y urbanas, en nuestros lugares de trabajo, familias y espacios públicos, y en colaboración con otros movimientos sociales progresistas.

En este capítulo, examinaremos de qué forma la defensa del «bien común» y de nuestros territorios se ha convertido en una parte orgánica de los análisis y acciones de la MMM. Empezaremos con una breve mirada a los documentos fundamentales de la MMM para ilustrar la evolución de los debates internos y continuaremos con una reflexión sobre la 4.ª Acción Internacional de la MMM en 2015 y la formulación del concepto de trabajo de «territorios de la mujer». Terminaremos hablando de la continua lucha feminista contra el control corporativo del cuerpo de las mujeres y su fuerza de trabajo.

Durante este período, tanto en el ámbito local como en el internacional,[138] la MMM ha subrayado la relación entre la explotación y la mercantilización de la naturaleza y del trabajo y de los cuerpos de las mujeres y su uso como recursos infinitos en la fase actual de acumulación capitalista. A lo largo del capítulo mostraremos que la MMM sigue defendiendo y fortaleciendo las alternativas feministas hacia la construcción de sociedades en las que las relaciones armónicas entre las mujeres y sus cuerpos, entre los pueblos, y entre las personas y el medioambiente se sitúen en el centro del modelo productivo y reproductivo.

La reflexión de las mujeres sobre su relación con la naturaleza y el medioambiente y el fortalecimiento de dicha relación

El primer documento importante de la MMM se adoptó en el 1er Encuentro Internacional de la Marcha Mundial de las Mujeres, en 1998, para acompañar la 1.ª Acción Internacional de la MMM. Consta de diecisiete reivindicaciones para la eliminación de las causas de la pobreza y la violencia sexistas. Una de las reivindicaciones menciona la necesidad de seguridad alimentaria para las mujeres.

Durante la preparación para la 2.ª Acción Internacional de la MMM, activistas de todo el mundo de la MMM discutieron y elaboraron la «Carta Mundial de las Mujeres para la Humanidad», que se aprobó oficialmente a finales de 2004. Este documento describe el mundo que las mujeres queremos construir, basado en cinco valores —igualdad, libertad, solida-

---

138 Las acciones de MMM Internacional se han llevado a cabo cada cinco años, a partir del año 2000, y las reuniones internacionales tienen lugar cada dos o tres años.

ridad, justicia y paz—, e incluye referencias a un acceso justo e igualitario a los recursos naturales, la preservación y sostenibilidad medioambiental y la soberanía alimentaria. En 2005, esta carta viajó física y políticamente por todo el mundo durante la 2.ª Acción Internacional de la MMM, inspirando y fortaleciendo a las mujeres en el ámbito comunitario y en sus grupos y organizaciones en zonas urbanas y rurales.

Fue en 2006 cuando las activistas de la MMM empezaron a comprometerse con el debate medioambiental, siguiendo el ejemplo de MMM-Filipinas en relación con el concepto de biodiversidad y del movimiento aliado Vía Campesina en relación con la lucha por la soberanía alimentaria. En el 6.º Encuentro Internacional, en Perú ese mismo año, se propusieron cuatro campos de acción de la MMM, y se produjo un fuerte debate sobre las cuestiones medioambientales que terminó definiendo los campos de acción «bien común y servicios públicos». Las delegadas discutieron el papel de las mujeres en la protección de la biodiversidad, la diversidad de semillas y cultivos, el uso de plantas medicinales y la lucha por un acceso permanente a la tierra y el agua, entre otras cuestiones.

Las acciones y actividades internaciones de la MMM se basan en las luchas locales, y en el 7.º Encuentro Internacional, en Galicia, en 2008, activistas locales de la MMM organizaron dos jornadas con actividades sobre soberanía alimentaria —un mercado de productos locales, una conferencia pública y actividades culturales—; además, las cuestiones medioambientales tuvieron un papel destacado en los debates políticos. Las delegadas también hicieron significativos progresos con las versiones finales de los cuatro campos de acción, incluyendo «el bien común, la soberanía alimentaria y el acceso a los recursos y a la biodiversidad», que afirma los principios de soberanía alimentaria y energética, la lucha contra la privatización de la naturaleza y contra el altamente contaminante modelo de producción y consumo capitalista, y reafirma nuestro compromiso con el fortalecimiento de los vínculos de intercambio y conocimiento entre mujeres de las zonas rurales y urbanas.[139]

En 2010, casi ciento cincuenta activistas de cuarenta países manifestaron su solidaridad con las mujeres de la República Democrática del Congo, durante un programa de cinco días con debates públicos y acciones en Bukavu, Kivu del Sur, incluyendo una marcha con más de veinte mil mujeres —y hombres— el 17 de octubre. Apoyamos el protagonismo de nuestras hermanas de la República Democrática del Congo mientras ellas alzaban sus voces y expresaban sus reivindicaciones y proponían sus soluciones para alcanzar una paz duradera, y sufrimos junto a ellas mientras compartían sus aterradoras experiencias de un conflicto armado provocado por el control de los recursos forestales y mineros, que ha tenido devastadoras consecuencias para las mujeres y sus comunidades. El control de los cuerpos de las mujeres mediante violaciones masivas y violencia sexual y física sigue usándose como un arma de guerra en la lucha por el control de los territorios de Kivu del Sur y Kivu del Norte y sus ricos recursos minerales.

La Cumbre de los Pueblos 2012: resistencia feminista contra la economía verde y las falsas soluciones de mercado

Las mujeres y los hombres de todo el mundo se resisten a que la naturaleza sea considerada un recurso al servicio de los beneficios empresariales —un recurso ilimitado o simplemente un mero producto—, cada vez más costoso debido a la mayor escasez provocada por el uso poco adecuado que se ha hecho de ella. Nosotras, las mujeres, estamos particularmente implicadas en estas luchas. Nuestra experiencia con la invisibilización

139 Los documentos sobre los campos de acción de la MMM se publicaron en 2009 y están disponibles en la página web de MMM Internacional: www.marchemondiale.org/index_html/

y la devaluación de nuestro trabajo de cuidados es muy similar a la invisibilización y devaluación de la naturaleza.[140]

Setecientas activistas de las bases nacionales de MMM, así como una pequeña delegación internacional, se adhirieron a miles de activistas de otras organizaciones de la sociedad civil en la Cumbre de los Pueblos, en junio de 2012, para denunciar las soluciones al cambio climático basadas en el mercado, la economía «verde» y la mercantilización de la naturaleza. Durante siete días, las calles de Río de Janeiro, Brasil, estuvieron ocupadas con pancartas, consignas y la batucada feminista[141] de la MMM, acompañada de gritos de «¡No al patriarcado y a la economía verde! ¡Sí a la economía feminista y solidaria!», «¡Justicia climática con igualdad para las mujeres!» y «¡El ecocapitalismo no encaja con el feminismo!».

Como parte del programa de la cumbre, activistas de la MMM se unieron a las numerosas manifestaciones —entre ellas una Marcha de los Pueblos con ochenta mil participantes—, sesiones plenarias, talleres y conferencias autoorganizadas y asambleas populares. Desde todos estos espacios afirmamos nuestra lucha feminista por la justicia social y medioambiental y contra la mercantilización de la naturaleza, la vida y nuestros cuerpos. Aunque la MMM no participó en la conferencia oficial, nuestra fuerte presencia física y analítica en la Cumbre de los Pueblos contribuyó a debilitar los otros discursos feministas institucionales que apoyaban el programa REDD y otras falsas soluciones al cambio climático sin debatir sus efectos sobre las mujeres y sus comunidades ni desafiar el modelo económico hegemónico que las promueve.

140 MMM (2012) «Women in the fight against the commodification of nature and life!», *MMM Report from Rio+20*.
141 Formada por un grupo de activistas tocando instrumentos de percusión elaborados con materiales reciclados.

La MMM construye su crítica feminista a la economía verde y a las falsas soluciones a las actuales crisis medioambientales, alimentarias y climáticas partiendo desde nuestras bases. Y las mujeres saben por su experiencia personal que las «soluciones» basadas en el mercado ofrecidas por las corporaciones transnacionales y los gobiernos están detrás de estas crisis. Estos mecanismos —por ejemplo, la producción agrícola de monocultivos para la exportación, las semillas modificadas genéticamente o los cercamientos de tierras comunales para la «preservación del medioambiente»— excluyen a las comunidades indígenas y locales e intensifican la destrucción medioambiental y el cambio climático.

Debido al constructo social que otorga a las mujeres la responsabilidad de garantizar el sustento de sus familias y sus comunidades, son ellas quienes sienten los principales efectos de la explotación corporativa de sus tierras y del «bien común» —agua, semillas, conocimientos, etcétera—, y son también los cuerpos y el trabajo de las mujeres los que sufren la mercantilización, la dependencia económica de sus maridos y familias, la violencia y la medicalización excesiva. Desde temprana edad, se prepara a las niñas y mujeres para sus tareas «naturales»: como esposas y cuidadoras no remuneradas en la esfera privada —la casa y la familia— y, en la esfera pública, como empleadas con salarios bajos en la industria de los servicios, como profesionales en los sistemas sanitario o educativo o como empleadas domésticas. De esta manera, se considera a las mujeres responsables de la reproducción de la fuerza de trabajo, tanto en lo que respecta a las tareas domésticas —limpiar, cocinar, lavar…— como en el cuidado emocional de los miembros de la familia y la comunidad —mostrar amor, afecto y compromiso—.

El tiempo, la energía y la capacidad de (re)producción de las mujeres se consideran recursos infinitos, y por lo tanto invisibles —fuera de la esfera del mercado—, y, al mismo tiempo, el sistema capitalista patriarcal se apropia de ellos. Ante las crisis actuales que ya hemos mencionado, el sistema utiliza el trabajo de las mujeres para «compensar» la destrucción y privatización del bien común y la creciente precariedad del empleo asalariado. Las mujeres asumen varios trabajos en los que son explotadas o intensifican su trabajo agrícola para seguir alimentando a sus familias ante el encarecimiento de los alimentos. Las mujeres caminan más y más lejos para recoger leña y agua, y cargan también con el peso emocional y físico de sus comunidades y hogares cuando son destruidos por desastres «naturales» provocados por el cambio climático.

Por otro lado, también son las mujeres quienes —desde el interior de sus comunidades— elaboran alternativas concretas como parte de la lucha para una transformación radical de los modelos de producción, reproducción y consumo. Luchamos por la deconstrucción de la división sexual del trabajo —que, como hemos visto, considera a la mujer la única responsable del trabajo doméstico y de cuidados— y pedimos la reorganización de estas tareas para que su responsabilidad se comparta entre los hombres, las mujeres y el apoyo del Estado. Iniciativas en las áreas de la economía solidaria, la soberanía alimentaria y la agroecología están desafiando a la economía dominante, como lo está haciendo también la prioridad que otorgamos a la promoción de la solidaridad entre las mujeres en el ámbito local e internacional y entre las mujeres que viven en zonas urbanas y las que viven en áreas rurales. Para enfrentarnos a las múltiples crisis que atravesamos las mujeres y nuestras comunidades es esencial que las alternativas surgidas desde las bases incorporen las contribuciones de las mujeres, así como análisis y acciones antipatriarcales, antirracistas y anticapitalistas.

La economía feminista y los análisis ecofeministas nos guían a las activistas de la MMM en esta lucha, especialmente cuando convergen las relaciones entre cuestiones sociales y materiales. Los análisis ecofeministas fortalecen nuestra comprensión de la explotación dentro del sistema, como en la definición del capitalismo como un sistema «construido sobre una deuda social al explotar los trabajadores; una deuda corporificada con las mujeres por el trabajo reproductivo no pagado que realizan; y una deuda ecológica con los campesinos e indígenas por la apropiación de sus tierras y medios de vida».[142] En diálogo con las ecofeministas que han desarrollado una crítica radical al modelo hegemónico de desarrollo —como Maria Mies, Ariel Salleh y Vandana Shiva—, el análisis económico feminista sostiene la necesidad de establecer un modelo que priorice la «sostenibilidad de la vida humana». Este modelo se concibe como un sistema basado en «una relación armónica entre humanidad y naturaleza, y entre humanas y humanos»[143] y en la reubicación del bienestar colectivo en el centro de la organización económica y territorial.

4.ª Acción Internacional de la Marcha Mundial de las Mujeres: un año de lucha feminista por la autonomía corporal y la autodeterminación territorial

Somos indígenas,
somos campesinas,
hijas de la tierra y de la vida,
en lucha por nuestros territorios y por la soberanía.[144]

Como parte del proceso de preparación de la 4.ª Acción Internacional de la MMM en 2015, las activistas se dedicaron a analizar, tanto en el ámbito local como en el internacional, la actual fase de acumulación capitalista conocida como «acumulación

142 Salleh, A. (2012). «Rio+20 and the Green Economy: Technocrats, Meta-industrials, WSF and Occupy», *ZNet*. Recuperado de: zcomm.org/znetarticle/rio-20-and-the-green-economy-technocrats-meta-industrials-wsf-and-occupy-by-ariel-salleh/
143 Bosch, A.; Carrasco, C. y Grau, E. (2005). «Verde te quiero violeta: encuentros y desencuentros entre feminismo y ecologismo», en Tello, E., *La Historia Cuenta: Del crecimiento económico al desarrollo humano sostenible*. Barcelona: El Viejo Topo.
144 Conamuri (2014). *Declaración del Séptimo Congreso Nacional de Conamuri*. [Conamuri es una asociación miembro de la sección paraguaya de MMM].

por desposesión».[145] Este proceso depende de los «mismos mecanismos violentos de acumulación que se encuentran en el origen del sistema», incluyendo «el acaparamiento de la naturaleza» y el «control sobre el cuerpo y la vida de las mujeres».[146] Durante los debates del 9.º Encuentro Internacional de la MMM celebrado en Brasil en 2009, las delegadas y los grupos aliados invitados de cuarenta y dos países debatieron el contexto actual de crisis múltiples e intercambiaron las experiencias de «acumulación por desposesión» de sus comunidades. Muchas de ellas compartieron historias parecidas de luchas relacionadas con la defensa de sus tierras —espacios urbanos y rurales— y de su autonomía corporal; sin embargo, según sus realidades locales tenían diferentes interpretaciones del concepto de «territorio».

En algunos países europeos —como Francia o Suiza—, algunos movimientos nacionalistas y/o de extrema derecha se han apropiado del discurso progresista sobre territorio y lo han convertido en un concepto asociado con la defensa de «nuestras» fronteras frente a los extranjeros, es decir, relacionado con la xenofobia, la violencia antiinmigración, la exclusión, el sexismo y la política del odio. En las regiones de Asia-Oceanía y el mundo árabe, pudimos escuchar las experiencias de nuestras hermanas de Nueva Caledonia y Palestina, por ejemplo, para quienes «territorio» es un concepto colonial que representa la «posesión» de sus países por otros.

Por otra parte, en América, activistas de la MMM lo relacionaron estrechamente con la «defensa de nuestro territorio» tal y como la definían nuestras hermanas de Guatemala, que durante muchos años han discutido sobre este concepto y su elaboración. Hemos aprendido de ellas que el territorio es el lugar en el que vivimos, soñamos, decidimos, hacemos, y en

145 Harvey, D. (2003). *The New Imperialism*. Oxford: Oxford University Press.
146 MMM (2013). «Elementos para el debate y definición de la 4.ª Acción Internacional de la Marcha Mundial de las Mujeres en 2015». Recuperado de: www.marchemondiale.org/structure/9rencontre/context/es

el que definimos nuestra pertenencia, simbolismo, espirituali-
dad y cultura, y que posee cuatro características definitorias:
nuestro cuerpo —nuestro territorio principal—, nuestra tierra,
la naturaleza que nos da vida y nuestra historia colectiva. En
América, como en otras regiones, las mujeres experimentan
personal y colectivamente una relación directa entre la explotación de nuestras tierras y de los «bienes comunes» —mediante la
minería a gran escala, las presas hidroeléctricas, la producción
agrícola de monocultivos...—, la explotación violenta de nuestros cuerpos —mediante la prostitución, la violencia sexual, el
tráfico...— y la apropiación de nuestro trabajo.

En Cajamarca, en el norte de Perú, los macroproyectos de
las corporaciones mineras están destruyendo las relaciones de
las mujeres con sus territorios —su tierra, su agua, sus cuerpos—, lo que se refleja en la destrucción de sus medios de vida
—la agricultura familiar, la cría de ganado...— y en un marca-
do incremento de la violencia sexual. La prostitución y la trata
de mujeres han aumentado mucho —para poner los cuerpos
de las mujeres a disposición de los hombres que trabajan en las
minas— y el sida y otras enfermedades de transmisión sexual
también están en aumento. Las mujeres y sus comunidades
están siendo atacadas por las enfermedades provocadas por el
agua contaminada y por el Estado, que usa la violencia física
extrema para proteger los intereses de las corporaciones mineras transnacionales.

En Altamira, la ciudad más cercana al lugar de construcción
de la presa hidroeléctrica de Belo Monte, en el norte de Brasil,
el impacto del proyecto sobre las vidas de las mujeres es muy
similar. El trabajo de las mujeres se explota mediante empleos
con sueldos muy bajos —por ejemplo, como limpiadoras en las
oficinas o en las viviendas de los trabajadores— mientras los
precios han experimentado importantes incrementos, en consonancia con los salarios del personal técnico especializado de
Belo Monte. Las mujeres ya no pueden permitirse pagar las

guarderías —que ellas mismas solían organizar—. La violencia sexual, la prostitución y la trata han aumentado considerablemente, en especial entre las adolescentes vulnerables. «Los cuerpos de las mujeres son usados a través de la prostitución como un mecanismo para apaciguar las tensiones entre los trabajadores [hombres]»[147] y como parte de su derecho al «ocio», con las mujeres de piel más clara reservadas para los trabajadores mejor pagados y los cuerpos «más baratos» de las mujeres racializadas intercambiados por drogas.

Aunque no usa la expresión «territorio», Silvia Federici[148] describe un proceso de apropiación idéntico en relación con los «bienes comunes». Federici explica como, mediante el proceso de acumulación capitalista —primero en su forma original y primitiva y ahora en su fase de «acumulación por desposesión»—, los comunes han sido cercados, expropiados, privatizados y sobreexplotados en busca del beneficio de los mercados. Como parte de ese proceso de expropiación, las mujeres no sólo han perdido el acceso a los bienes comunes, sino que *«las mujeres mismas se convirtieron en bienes comunes»*,[149] como hemos visto en los ejemplos anteriores. Los cuerpos de las mujeres se han convertido en bienes comunes para los hombres y el mercado, con la explotación sexual. Algunas partes de los cuerpos de las mujeres se han convertido en bienes comunes para la reproducción de la fuerza laboral: úteros y vaginas para dar a luz, corazones y manos para los trabajos de cuidado. El trabajo de las mujeres se ha convertido «en un bien comunal, […] un recurso natural»[150] que está a la completa disposición de las familias y

---

147 Sempreviva Organização Feminista (20 de febrero de 2014). *Nosso Corpo Nos Pertence?* [Archivo de vídeo]. Recuperado de: www.youtube.com/watch?v=UvS-4hwSa8So
148 Federici, S. (2010). *Calibán y la bruja*. Madrid: Traficantes de sueños; Federici, S. (2011). «Feminism and the politics of the commons», *The Commoner*. Recuperado de: www.commoner.org.uk/?p=113
149 En cursiva en el original: Federici, S. (2010), *op. cit.*
150 *Ibidem.*

comunidades para realizar trabajos domésticos y de cuidados no remunerados y obtener «ayuda» profesional no remunerada.

Para Federici,[151] el feminismo es fundamental para definir los comunes como lugares no sólo de producción y consumo colectivos, sino también de reproducción de la vida. Mujeres para las que las relaciones comunitarias promueven la valorización de sus trabajos y la supervivencia de sus familias y territorios están impulsando iniciativas para colectivizar el trabajo doméstico y de cuidados. La MMM y otros grupos activistas de todo el mundo están demostrando que las mujeres somos «la fuerza de oposición principal en el proceso de mercantilización total de la naturaleza» y que «han unido esfuerzos para expulsar a los leñadores y bloqueado operaciones de minería y de construcción de pantanos».[152] Las mujeres han resistido los intentos violentos de destruir sus relaciones con sus territorios y han construido de forma activa alternativas y elementos que ellas y sus territorios necesitaban para poder seguir viviendo de forma adecuada en ellos.

La lucha feminista contra el control corporativo de nuestros cuerpos, bienes comunes y territorios

Como se aprobó en el 10.º Encuentro Internacional de la MMM en Mozambique en octubre de 2016, nuestra lucha feminista no sólo es contra el capitalismo, sino también contra el colonialismo,[153] y reforzamos nuestra resistencia contra formas neocoloniales de ocupación territorial y de control por parte de corporaciones transnacionales a través de la minería a gran escala, la agroindustria, los megaproyectos —energía «limpia»,

---

151 Federici, S. (2011), *op. cit.*

152 *Ibidem.*

153 MMM (2016). «Mujeres en resistencia, construyendo alternativas para un mundo mejor. Declaración del 10.º Encuentro Internacional en Maputo, Mozambique». Recuperado de: http://www.marchemondiale.org/news/mmfnewsitem.2016-10-28.0582816348/es

infraestructuras y otros— y la privatización de los servicios sociales.

En el actual contexto de ocupación territorial neocolonialista apoyada por la militarización y el conflicto, la criminalización de los movimientos sociales y los activistas,[154] la ofensiva conservadora contra la autonomía corporal y económica de las mujeres y el auge de los gobiernos populistas de extrema derecha, las mujeres (re)clamamos las calles y los espacios urbanos y creamos alternativas feministas a los discursos xenófobos y nacionalistas. Así lo hicimos en Suiza en noviembre de 2014, cuando las activistas de la MMM ocuparon las calles para decir no a la iniciativa Ecopop que pretendía reducir drásticamente los niveles de inmigración para «proteger el medioambiente y los recursos naturales de Suiza». En Mozambique, activistas de la MMM y otras organizaciones aliadas tomaron las calles de Maputo en 2016 para protestar contra el discurso nacionalista y xenófobo del Gobierno mozambiqueño para justificar la expulsión de Eva Anadón Moreno, colaboradora del Secretariado Internacional de la MMM, una ciudadana española que trabajaba legalmente en el país. Eva estaba apoyando y fotografiando una manifestación de mujeres contra la decisión del Gobierno de obligar a las chicas mozambiqueñas a llevar faldas largas en las escuelas para «protegerlas» de la violencia sexual cuando fue ilegalmente detenida y deportada.

El feminismo popular es un instrumento que se está (re)inventando continuamente como «herramienta que nos permite visibilizarnos y ser protagonistas, de nuestras historias y la de nuestro país»,[155] construido sobre la unidad entre las mujeres de las zonas rurales y urbanas. Las mujeres estamos luchando contra la apropiación capitalista de nuestros territorios, como

---

154 En el momento de la revisión, activistas de la MMM estaban siendo retenidas ilegalmente en Kurdistán, Turquía y Palestina por los Gobiernos turco e israelí. La MMM pide la inmediata liberación de Ayse Gokkan, Ilknur Ustun, Khitma Saafin y el resto de presos políticos en Turquía, Palestina y en el resto del mundo.
155 Conamuri (2014), *op. cit.*

en Paraguay, donde mujeres indígenas y campesinas protagonizan la lucha contra el modelo agroindustrial de privatizaciones de la tierra. De forma parecida, en India y Brasil, dos países que han acogido eventos deportivos internacionales en los últimos años, las mujeres siguen oponiéndose a la mercantilización de sus cuerpos para el turismo sexual y resistiendo los desalojos forzosos de sus territorios urbanos. En numerosos lugares y espacios, las mujeres se están autoorganizando frente a la intensa violencia para defender sus comunes y reconstruir su relación armoniosa con la naturaleza y sus ritmos.

Estamos (re)ocupando territorios que estaban bajo el control de fuerzas o grupos armados nacionales o extranjeros y (re)construyendo territorios que promueven nuevas relaciones sociales basadas en la igualdad y que permiten el libre movimiento de personas y del conocimiento, sin fronteras ni restricciones basadas en la etnia, el color o la sexualidad. El lanzamiento de la 4.ª Acción Internacional de la MMM en marzo de 2015 fue organizado por mujeres kurdas y turcas en Kurdistán, en la frontera con Turquía y Siria. Durante esta acción solidaria y durante el 10.º Encuentro Internacional en octubre de 2016, aprendimos mucho sobre el papel fundamental que jugaron las mujeres en la organización de la revolución de Rojava y en las regiones autónomas kurdas, basadas en una democracia radical, en la liberación de las mujeres y el ecosocialismo. Desde Kurdistán, la Caravana Feminista Europea, formada por jóvenes activistas, atravesó Europa del Este y Europa Occidental durante 2015, documentando y visibilizando las diversas luchas y resistencias políticas de las mujeres contra las ocupaciones territoriales por parte de fuerzas neocoloniales, conservadoras y fundamentalistas en todo el continente y dando a conocer la revolución de Rojava. Como nuestras hermanas kurdas nos enseñaron, «que ninguna mujer se quede sin organizarse».

Las mujeres se están autoorganizando contra el control corporativo de nuestras vidas y nuestro trabajo y como trabajadoras experimentadas por derecho propio, para dar visibilidad y valor a nuestro trabajo. Las mujeres que trabajan en el sector de la pesca artesanal en las Azores, por ejemplo, han creado sus propias asociaciones y redes entre las distintas islas, y ahora tienen un papel cada vez más importante en el sector y forman parte de los eventos de la industria pesquera que antes se consideraban exclusivos para hombres. Desde la masacre del Rana Plaza en abril de 2013, las trabajadoras del sector textil en Bangladesh han denunciado las condiciones de explotación a las que están sometidas en sus trabajos, y han exigido con éxito salarios más elevados y condiciones de trabajo más seguras.

En abril de 2017, en el cuarto aniversario de la tragedia del Rana Plaza, activistas de todo el mundo de la MMM se movilizaron y ocuparon las calles una vez más —como ya habían hecho el 24 de abril de 2015 durante la 4.ª Acción Internacional— bajo el lema «Rana Plaza está en todas partes». Se unieron solidariamente para denunciar la expropiación capitalista del trabajo productivo de las mujeres y el control patriarcal de los cuerpos de las mujeres en Bangladesh y en todo el mundo.[156]

Las mujeres de las zonas rurales y urbanas de todos los países —especialmente las mujeres de clase trabajadora, las mujeres racializadas e indígenas, las mujeres lesbianas, bisexuales y transexuales y las que padecen algún tipo de discapacidad— experimentan los efectos de la explotación del control de las empresas transnacionales y nacionales. En la lucha por terminar con los abusos corporativos, la impunidad y las violaciones de los derechos humanos, para garantizar el acceso a la justicia para las víctimas y para obligar a las corporaciones a respetar los derechos de acuerdo con las leyes internacionales sobre derechos humanos, la MMM forma parte de la campaña «Desmantelemos el poder corporativo» para conseguir un Tratado Vinculante de las Naciones Unidas sobre empresas transnacio-

156 Véase www.facebook.com/events/1800364480290805

nales y otras empresas con respecto a los derechos humanos.[157] Nosotras, la Marcha Mundial de las Mujeres, junto con nuestras aliadas y aliados en los ámbitos regional, nacional e internacional, seguimos en marcha hacia la autonomía sobre nuestros cuerpos y la autodeterminación de nuestros territorios: las mujeres seguiremos en Marcha hasta que todas seamos libres.

Documentos clave de la MMM

«El bien común y los servicios públicos» (2009), http://www.marchemondiale.org/actions/2010action/text/biencomun/es

«Objetivos de la Marcha Mundial» (revisado en 2006), http://www.marchemondiale.org/qui_nous_sommes/objectifs/es

«Declaración sobre nuestros valores» (2003), www.marchemondiale.org/qui_nous_sommes/valeurs/es

«Texto de las reivindicaciones» (1998, 2001), www.marchemondiale.org/revendications/cmicfolder.2006-01-13.7149178479/cmicarticle.2006-01-13.8582817191/es

«Estatutos y reglamentos» (revisados en 2011), www.marchemondiale.org/qui_nous_sommes/statuts/es/base_view

«Carta Mundial de las Mujeres para la Humanidad» (2004), http://www.marchemondiale.org/qui_nous_sommes/charte/es/base_view

«Llamado a la acción: ¡Mujeres en Marcha hasta que todas seamos libres!», 3.ª Acción Internacional (2010), http://www.marchemondiale.org/actions/2010action/call-2010/es

«Mujeres en resistencia, construyendo alternativas para un mundo mejor. Declaración del 10.º Encuentro Internacional en Maputo, Mozambique» (octubre de 2016), http://www.marchemondiale.org/news/mmfnewsitem.2016-10-28.0582816348/es

---

157 Véase la campaña en www.stopcorporateimpunity.org/

Madre Tierra

Maria Mies
Socióloga, activista y coautora de
Ecofeminismo: teoría, crítica y perspectivas

Para aclarar mi posición sobre el concepto de *igualdad de género*: tal como se usa normalmente, este concepto no es suficiente para superar la relación actual entre los hombres y las mujeres que critico en este capítulo. Que la «naturaleza masculina», su dominio sobre las mujeres, no se base históricamente en su fortaleza física sino en la invención de las armas —el «hombre-guerrero»—, ¿significa entonces que la igualdad de género debe comportar que la «naturaleza femenina» sea una «mujer-guerrero»?

Para los hindúes y, de hecho, para muchas personas en el mundo, la idea de que la Tierra es nuestra Madre Sagrada sigue aún viva. Como Vandana Shiva dice, *mati* («suelo») resuena en las canciones y los lemas de los hindúes en sus luchas contra el «desarrollo». «Mati Devata, Dharam Devata» («La Tierra es nuestra Diosa, es nuestra religión») eran las palabras de las mujeres adivasi del movimiento Save Gandhamardhan cuando se abrazaban a la tierra en su lucha contra la destrucción de la sagrada montaña de Gandhamardhan mientras la policía intentaba apartarlas.

Sacrificaremos nuestras vidas, pero no Gandhamardhan.
Queremos salvar esta colina que nos da todo lo que necesitamos.

El «desarrollo moderno» significa la «ruptura ecológica y cultural de nuestros lazos con la naturaleza».[158] Significa la transformación de la tierra viviente, del suelo, en un recurso muerto para la industrialización.

En India, esta Madre Tierra todavía puede verse en miles de imágenes que representan sus numerosas manifestaciones. En la Europa moderna, sin embargo, la idea de que estamos conectados con la naturaleza, con la Tierra, y de que lo estamos no sólo con nuestro cuerpo, sino también espiritualmente, está casi olvidada. Y, sin embargo, hubo una fase en la historia europea en la que la Madre Tierra fue venerada como Madre Sagrada, la fuente del alimento y de la vida, de la diversidad biológica y cultural y también de la sociedad. La Tierra era femenina y sagrada. Esta idea encontró expresión en numerosas pequeñas estatuas de arcilla que los arqueólogos hallaron en toda Europa. Las llamaron «Diosa Madre». Como en India, estas deidades eran concebidas como el poder que crea y regenera todas las formas de vida. Creadora de todo, la Diosa Madre recogía a sus hijos en la muerte y los transformaba nuevamente en otras formas de vida. Aunque era una, fue conocida con muchos nombres y apareció bajo diferentes manifestaciones: la Madre del Grano, la Madre de los Animales —pájaros, peces, ganado y otros animales—. Pero también la Madre del Agua, porque todas las fuentes, arroyos, ríos y finalmente el mar, eran diosas.

Como la arqueóloga Marija Gimbutas descubrió, las «Diosas y Dioses de la vieja Europa» eran casi todas mujeres. En numerosas excavaciones en los Balcanes, Grecia, Creta y Anatolia, y en sus estudios en Europa Central, encontró pruebas de que «el mundo de la vieja Europa era una civilización de la Gran Diosa». Entre los miles de imágenes de dioses recuperadas apenas pueden encontrarse algunas de deidades masculinas.

158 Shiva, V., en Mies, M. y Shiva, V. (2014). *Ecofeminism*. Londres: Zed Books, p. 99.

En su libro *The Civilization of the Goddess: The World of Old Europe* demuestra de forma convincente que el mundo de la vieja Europa no era un mundo primitivo de pobres campesinos, cazadores y pescadores que tuvieran que luchar a diario contra la escasez y la amenaza del hambre, sin tiempo libre para crear arte, belleza y «cultura». Al contrario, la civilización de la vieja Europa era, según Gimbutas, una «auténtica» civilización, porque no se basaba en la violencia, la guerra, la conquista y la dominación masculina.

> La Europa neolítica no era una época previa a la civilización
> […]. Al contrario, era una auténtica civilización en el mejor
> sentido de la palabra. En el quinto milenio y principios del
> cuarto antes de Cristo, justo antes de su hundimiento en la
> Europa centro oriental, los antiguos europeos tenían ciudades
> con una considerable concentración de población, templos de
> varios pisos de altura, una escritura sagrada, espaciosas casas
> de cuatro o cinco habitaciones, ceramistas profesionales, teje-
> dores, metalúrgicos del cobre y del oro y otros artesanos que
> producían todo un abanico de sofisticados bienes. Existía una
> floreciente red de rutas comerciales por la que circulaban mer-
> cancías como obsidiana, conchas, mármol, cobre y sal a lo largo
> de centenares de kilómetros.[159]

De hecho, era una civilización de la abundancia, no de la escasez.

La antigua civilización europea no fue la creación de los guerreros nómadas que, con sus rápidos caballos, sus carros de guerra y sus armas de largo alcance, como lanzas, arcos y fle-chas, invadieron las tierras de los primeros europeos, que eran básicamente agricultores. En esas sociedades, el principal mis-terio y maravilla era la regeneración de la vida.

159 Gimbutas, M. (1991). *The Civilization of the Goddess: The World of Old Eu-rope*. San Francisco: Harper.

[…] con el conocimiento de la agricultura, el hombre comenzó a observar los fenómenos de la milagrosa Tierra con más detalle y más intensamente de lo que lo había hecho el anterior hombre pescador. Surgió una Deidad separada, la Diosa de la Vegetación, un símbolo de la naturaleza sagrada de la semilla y el campo sembrado, con vínculos muy estrechos con la Gran Diosa.[160]

En su estudio *Diosas y Dioses de la Vieja Europa*, Gimbutas demuestra que apenas había deidades masculinas entre los miles de imágenes de dioses encontradas en las excavaciones. La antigua religión europea era una religión de la Diosa. No había ningún Dios Padre. El papel de los hombres en la reproducción humana no era conocido todavía en el Neolítico. Pero tampoco había una división y polarización entre lo femenino y lo masculino ni la subordinación del elemento femenino al masculino que se nos ha enseñado a aceptar como «natural»; «los dos principios coexistían de forma paralela».[161] Asimismo, no encontramos en la antigua civilización europea huellas de una sociedad basada en la guerra y la conquista. En las excavaciones de tumbas y ciudades no se han hallado armas diseñadas para matar sistemáticamente a humanos, como espadas, lanzas, arcos y flechas. Tampoco había fortificaciones en las ciudades, pueblos o villas para protegerlos de enemigos. Según Gimbutas, esta antigua civilización era «pacífica, sedentaria, matrifocal, matrilineal e igualitaria en cuestión de sexos».[162]

Figuras de la Madre Tierra

La figura europea más antigua de la Madre Tierra es la Venus de Willendorf, hallada en Austria y datada sobre el 30.000 a. C. Los arqueólogos han encontrado figuras de este tipo en muchos

---

160 Gimbutas, M. (1991). *Diosas y Dioses de la Vieja Europa*. Madrid: Ediciones Istmo.
161 *Ibidem.*
162 Gimbutas, M. (1991). *The Civilization of the Goddess…, op. cit.*

lugares de Europa. Todas las figuras del Paleolítico y muchas de las del Neolítico se caracterizan por tener rasgos similares a los de la Venus de Willendorf: grandes pechos, que simbolizan su papel como dadora de alimento, un vientre redondeado y voluminoso y un pubis abultado, la fuente de los poderes generativos de la Gran Madre. Ella es la dadora de toda vida. Las formas de su cuerpo demuestran que no es sólo la creadora y regeneradora de la vida humana, sino también de la vida animal y vegetal. Además, su cuerpo expresa la unidad cíclica del cosmos, la interconexión de todas las formas de vida e incluso del tiempo y la sociedad.

Tras la adopción y el desarrollo de la agricultura —que se sitúa normalmente en el período neolítico, sobre el año 10.000 a. C.—, la religión de los antiguos europeos se basó en los ciclos agrícolas: siembra, cultivo, cosecha, resiembra. Estos ciclos se expresan todavía en épocas históricas posteriores en los nombres de muchas diosas griegas y romanas. Así, Ceres (Roma) era la diosa del grano, Flora, la diosa de las flores y la primavera, Angerona se encargaba de los solsticios, y Anna Perenna gobernaba sobre la regeneración de los seres humanos y las plantas. Juno era la diosa del nacimiento, y Cibeles, la Magna Mater, era la Madre de toda vida y protegía los campos.[163]

En Renania, Alemania, las Tres Matronas fueron veneradas hasta mucho después del inicio de la era cristiana. Caracterizadas como una mujer joven, una mujer madura y una mujer anciana, simbolizan la trinidad de vida, muerte y renacimiento.

Esta civilización duró al menos cuatro mil años, hasta que fue violentamente destruida por invasores procedentes de las estepas de Rusia. Gimbutas los llama los «kurganes», palabra rusa tomada de lenguas túrquicas y utilizada para determinar unos singulares túmulos sepulcrales que estos pueblos erguían para sus líderes: «Estos sencillos agricultores eran presa fácil

---

163 Klein, B.; Schuster, E. y Engels, K. (1998). *Von Erdgöttinnen und Kornmüttern. Aus dem Reich der Fülle*. Wiesbaden: Frauenmuseum Wiesbaden.

para los jinetes guerreros kurganes, que se abalanzaban en manada sobre ellos. Los invasores iban armados con armas blancas y punzocortantes: largas dagas y puñales, lanzas, alabardas y arcos y flechas».[164]

Las invasiones kurganas se desplazaron hacia el oeste, por Ucrania, Bulgaria, Rumanía y el este de Hungría y siguieron el Danubio y otros ríos hasta el Rin. También llegaron al sudoeste, por Macedonia y Grecia, e incluso alcanzaron el Peloponeso.

La «superioridad» de los jinetes kurganes no se debía a su cultura, sino a un control sobre medios más eficaces de destrucción —armas— y mejores medios de transporte —el caballo domesticado—. Los hombres armados a caballo eran una nueva arma de guerra. No podían usarse para ningún propósito productivo y pacífico, sólo para atacar, matar, saquear, invadir, conquistar y colonizar. La civilización que trajeron consigo estos guerreros a caballo y que construyeron en el curso de su invasión por toda Europa dura hasta hoy. Los últimos «inventos» de sus armas de largo alcance son la bomba atómica y los drones. Estas armas permiten destruir «objetivos» lejanos sin temor de que el enemigo responda con represalias. La civilización del hombre-guerrero es completamente opuesta a la de la Madre Tierra. Es agresiva, xenófoba, patriarcal, crea jerarquías sociales basadas en la subordinación de la mujer, en la esclavitud, en las clases y en las castas. Su economía depende del saqueo, del tributo y de la explotación de pueblos extranjeros y de sus tierras. El hombre-guerrero se considera el creador de la vida en la Tierra, de las plantas, animales e incluso de los niños. En todas las sociedades patriarcales, el «padre» es considerado el creador, el inicio de la vida humana. Incluso hoy todas las genealogías siguen la línea masculina. Nuestros primeros apellidos son paternos, no maternos. Nuestras madres, así pues, terminan siendo borradas de la historia. Pero aquí nos encontramos con el dilema

164 Gimbutas, M. (1991). *The Civilization of the Goddess...*, *op. cit.*

de los hombres patriarcales: si quieren tener hijos necesitan a las mujeres, a madres. Sin madres son estériles. Para superar este dilema, el hombre-guerrero inventó medios de destrucción cada vez más eficaces. La nueva civilización patriarcal que surgió de la muerte de Madre Tierra se basa en el principio de la creación a partir de la destrucción. Este principio lo expresó claramente el filósofo griego Heráclito, que vivió sobre el año 500 a. C. y escribió esta célebre frase: «La guerra es padre de todas las cosas, de todas es el rey, y a los unos desvela como dioses y a los otros como hombres; a los unos hace esclavos, a los otros libres». Y a esta filosofía patriarcal podríamos añadirle esto: «A los unos hace hombres, a las otras mujeres».

Si queremos entender la cosmovisión dominante en nuestro planeta en la actualidad sólo tenemos que fijarnos en esa frase acuñada por Heráclito. Todo está ahí: la guerra es el padre de todas las cosas, de todas es el rey. Él ha creado el mundo y por lo tanto es quien lo gobierna. Esto significa que quien mata es el creador y el rey sobre humanos y no humanos. La guerra es el principio de la vida en la Tierra. La guerra también crea el orden social patriarcal y jerárquico de este mundo, que no puede cambiarse: cuando eres esclavo, lo eres para siempre; cuando eres un dios, lo eres para siempre; cuando las mujeres son sometidas por los hombres, lo son para siempre. Ésta es la ley de hierro de nuestra civilización patriarcal todavía en la actualidad. Y el secreto de esta civilización no es una inteligencia o creatividad superior, sino la violencia. El hombre-guerrero necesita armas cada vez más destructivas para mantener su soberanía sobre todas las cosas y sobre la vida en la Tierra. Sólo matando a Madre Tierra puede demostrar que él es el verdadero Padre y Rey.

Sin embargo, nosotras, las mujeres de Madre Tierra, rebatimos a Heráclito diciendo: «Pero la naturaleza es la madre de la vida».

Esta verdad sigue siendo aceptada, o ha sido redescubierta, en diversos países en la actualidad, sobre todo en Sudamérica;

por ejemplo, en Bolivia y Ecuador, donde la Pachamama protege a la Tierra y a todas sus criaturas.

Heráclito debió de conocer las madres diosas de su época y región (Turquía). Por lo tanto, el principal objetivo de Padre Guerra no son sólo los enemigos humanos, sino la propia Madre Naturaleza. Porque las nuevas guerras son guerras de conquista de nuevos territorios, poblaciones y particularmente de mujeres. La Madre Naturaleza como creadora de vida tiene que ser eliminada. El matricidio es la «forma de producción» más eficiente del patriarcado, y su último hijo o avatar es el capitalismo. El actual patriarcado capitalista se considera la única fuente de riqueza y de vida moderna. Puede superar las limitaciones del espacio, del tiempo y los límites de nuestro planeta Tierra. El método para alcanzar este objetivo es el mismo hoy que hace miles de años: eliminar a la Madre Tierra, separar su cuerpo en diferentes partes. Así, nuestra Madre Tierra viviente se transforma en materia muerta, en un componente, en materia prima necesaria para producir nuevas «cosas». Los nuevos ingenieros-guerreros recombinan estas partes muertas para crear nuevas máquinas, nuevos mecanismos, movidos por nuevas energías. Heráclito estaría contento: destrucción como creación por el hombre-guerrero. La guerra ilimitada[165] es el padre del progreso y de la vida en la Tierra.

Y, a pesar de todo, muchas personas en el mundo se dan cuenta de que esta victoria de Padre Guerra sobre Madre Naturaleza amenaza las vidas y la existencia misma de todas las criaturas sobre la Tierra. Y entonces la pregunta que surge es: ¿cómo podemos detener esta guerra contra la naturaleza? ¿Cómo podemos detener la destrucción ecológica por parte de nuestra civilización moderna? ¿Cómo podemos detener el cambio climático, la contaminación atómica, la contaminación atmosférica, la desaparición de los bosques, la extinción de especies, la falta de agua

---

165 Mies, M. (2005). *Krieg ohne Grenzen: Die neue Kolonisierung der Welt.* Colonia: Papyrossa Verlag.

potable y de aire puro, el envenenamiento del suelo por grandes industrias químicas como Monsanto, la destrucción de la diversidad biológica y cultural y su reemplazo por los monocultivos? En pocas palabras: ¿cómo podemos detener a aquéllos que sacrifican a Madre Tierra para acumular más dinero y capital?

Las mujeres, las madres, han sido siempre las primeras en reconocer estos peligros, porque se preguntan: ¿qué futuro tendrán nuestros hijos e hijas en un mundo como éste? También han sido siempre las primeras en luchar contra los enemigos de Madre Tierra. Pero hoy muchos hombres y muchas organizaciones también están luchando contra esta destrucción ecológica. Y, sin embargo, algunos creen que esta lucha es posible en el marco capitalista. Incluso el Gobierno alemán ha aprobado leyes para reemplazar fuentes de energía destructivas por renovables. Como tantos otros, quieren estar en misa y repicando al mismo tiempo. Esto no es posible: parte del daño que se está causando en la naturaleza no puede repararse, y para darse cuenta de ello basta con fijarse en el cambio climático y en sus consecuencias para el mundo entero. La única forma de salvar la vida en la Tierra es detener la guerra contra la naturaleza y crear una civilización totalmente nueva, basada en el amor y el respeto por Madre Tierra.

De los derechos individuales a los derechos comunales

Nidhi Tandon
Networked Intelligence for Development, Canadá

Empoderar a las mujeres para un uso sostenible de los recursos naturales

He elaborado este artículo a partir de mi experiencia conversando y paseando con los habitantes de poblados africanos y siendo testigo de la erosión de la seguridad y el empoderamiento de las mujeres en los sectores rurales e informales de algunos países africanos, una tendencia que se ha agudizado en la última década. Estos países comparten algunas características comunes: un legado colonial de pueblos desplazados de sus tierras ancestrales; gran cantidad de valiosos recursos naturales; altas tasas de analfabetismo entre la población rural; infraestructuras en mal estado en las zonas rurales; vestigios del debilitamiento de los sistemas tradicionales de rendición de cuentas, y políticas de inversión que favorecen de forma significativa la cadena de producción de productos básicos industriales[166] sobre la soberanía alimentaria basada en los campesinos.

No hace falta decir que las mujeres de estas zonas rurales se ven atrapadas en situaciones extremadamente difíciles para

166 La naturaleza industrial y las formas de inversión agrícolas a menudo van más allá de los efectos fácilmente visibles de la expropiación o la destrucción de las tierras. El uso de fertilizantes inorgánicos, de plaguicidas y herbicidas sintéticos, los cultivos homogéneos, la reducción de los períodos de barbecho, el drenaje indiscriminado de los sistemas hídricos y la aniquilación de la diversidad ecológica, todo ello contribuye a dañar las tierras y los ecosistemas, efectos que se mantienen mucho después de que los inversores industriales se hayan ido. La intensificación de la agricultura y la consiguiente degradación de los servicios ecosistémicos deterioran a su vez los sistemas alimentarios locales.

alimentar y cuidar de sus familias mientras intentan planificar el futuro, un futuro cargado de incógnitas. Las narrativas y experiencias de las mujeres en Uganda, Tanzania, Malaui, Mozambique, Zambia, Zimbabue, Ghana y Liberia comparten un rasgo común: sus luchas son cada vez más intensas, sus oportunidades más reducidas, y están cerca de llegar al límite debido al debilitamiento en múltiples frentes de sus relaciones con la tierra, el agua, el capital natural[167] y los bienes comunes públicos.

Al conversar con estas mujeres se hace evidente que quieren que su papel se valore, reconozca, dignifique y apoye. Cuando las mujeres son capaces de articular sus intereses, o cuando sus valores y prioridades se incorporan a la creación y planificación de políticas, se formulan demandas más exigentes a largo plazo y se obtienen mejores resultados en salud, educación, seguridad alimentaria y un mayor bienestar general para la comunidad en su conjunto. En muchos sentidos, estos son los cimientos de una economía sostenible. En comparación con los hombres, los intereses inmediatos de las mujeres en estos servicios públicos son especialmente elevados.

Dicho esto, las mujeres de las zonas rurales no son *en absoluto* un grupo homogéneo. Algunas están *tan* desamparadas, cuentan tan poco en las decisiones que afectan a sus vidas, que se conforman con cualquier trabajo remunerado en el sistema de producción globalizado, a cualquier precio. En las circunstancias más desesperadas, dependen por completo de la asistencia humanitaria y de su comunidad. Pero un número creciente de mujeres y redes de mujeres están alzando su voz para proteger su visión sobre las economías sostenibles o naturales, sus derechos en los espacios públicos, sus derechos sobre las semillas, los bosques y el agua, a la salud, la nutrición y las fuentes de

---

167 En *Hacia una economía verde* (2011), el PNUMA considera que los activos naturales —bosques, lagos, pantanos y cuencas de los ríos— son «componentes esenciales del capital natural a nivel de los ecosistemas». Estos ecosistemas proporcionan servicios y recursos gracias a la diversidad y abundancia de las especies y la variabilidad de genes que pueden ser usados para distintos servicios y productos.

alimentación seguras, todo ello a pesar de las situaciones cada vez más difíciles en las que se encuentran. Muy frecuentemente llegan a poner sus cuerpos en riesgo con tal de prevenir un mayor desempoderamiento o más desplazamientos, con gran peligro para ellas, que están en la primera línea de fuego. Consumo desregulado, crecimiento de la población, comercialización y privatización de las tierras y el agua y un liderazgo político corrupto o indiferente que apenas se preocupa por estas mujeres... Todo ello no hace más que aumentar los riesgos.

Entre la espada y la pared

Liberia posee uno de los mayores índices de concesiones de tierras del continente. El Gobierno ha establecido una serie de políticas y de leyes para la gestión comunitaria de los recursos naturales y ha firmado acuerdos internacionales sobre esta cuestión. Todavía está en proceso de definir su nueva política agraria, y cabe destacar que en 2010 el Parlamento rechazó un proyecto de ley sobre la equidad de género en la política. La concentración de plantaciones es extremadamente alta, y hay muchos intereses mineros; un informe de 2012 estableció que un 25% del total de tierras del país se encontraba en manos de concesiones forestales, para el cultivo de aceite de palma o para la explotación de caucho.[168] Una serie de recientes estudios alertó de que las inversiones agrarias[169] no satisfacían las expectativas de todas las comunidades, y de que habían perdido su acceso a los recursos de la tierra y la seguridad alimentaria durante el proceso.[170]

168 Knight, R. *et al.* (2013). *Protecting Community Lands and Resources*. Namati and International Development Law Organization.
169 Véase Kpanan'Ayoung Siakor, S. (2012). *Uncertain Futures: The impacts of Sime Darby on communities in Liberia*. Montevideo: World Rainforest Movement and Sustainable Development Institute; Balachandran, L.; Herb, E.; Timirzi, S. y O'Reilly, E. (2012). *Everyone must eat? Liberia, Food Security and Palm Oil*. Nueva York: Columbia/Sipa.
170 Las implicaciones a largo plazo de las pérdidas de tierra y de dignidad están bien documentadas, y su impacto concreto sobre las mujeres es bien conocido por la comunidad internacional. Véase Oxfam (2013). *Promises, Power, and Poverty: Corporate land deals and rural women in Africa*; Action Aid (2012). *From under their feet: A think piece on the gender dimensions of land grabs in Africa*.

El escrutinio público está obligando a las grandes compañías a cumplir con las leyes y regulaciones nacionales. Debido a la presión que han sufrido en Indonesia y Malasia por su responsabilidad en la deforestación, algunas de las empresas asiáticas líderes en la industria del aceite de palma están centrando su atención en África. En teoría, las empresas dedicadas al aceite de palma tienen acceso a más de 622.000 hectáreas y una capitalización media en el mercado de 8.200 millones de dólares en Liberia.[171] Hay cuatro contratos de concesión en estos momentos, con una inversión total de unos 2.500 millones de dólares. Si el acuerdo con el grupo inversor malayo productor de aceite de palma Sime Darby para plantar 220.000 hectáreas sale adelante, esto supondrá una extensión superior al total que la compañía tenía en Indonesia en 2009 (a pesar de que Indonesia es más de quince veces mayor que Liberia) y diez veces más que la superficie dedicada a plantaciones de aceite de palma en Ghana.[172] Estos datos pueden ayudar a comprender la magnitud de la expansión de las plantaciones en Liberia.

Tradicionalmente, el aceite de palma[173] ha sido un cultivo en manos de las mujeres, pero deja de serlo en cuanto entra en la cadena de suministro global. En los mercados domésticos de la región de África Occidental, las mujeres son las principales

171 Rights and Resources Group (2013). *Investments into the Agribusiness, Extractive and Infrastructure Sectors of Liberia: An Overview.* Washington DC: RRG. Recuperado de: www.rightsandresources.org/publication/investments-into-the-agribusiness-extractive-and-infrastructure-sectors-of-liberia/
172 Según las estadísticas del Ministerio de Agricultura, las tierras dedicadas a plantaciones de aceite de palma ascendían en 2010 a 21.574 hectáreas.
173 La industria mundial de aceite de palma ha vivido recientemente un crecimiento sin precedentes, con una tasa anual compuesta de crecimiento del 8%, aunque esa misma tasa en África Occidental es del 1,5%. Este competitivo escenario está dominado por productores de Asia Oriental, que tienen una mayor eficiencia productiva (una mayor productividad en costes comparables de producción, y por tanto pueden conseguir una mayor cuota del mercado mundial) y condiciones climáticas ideales. Véase Ofosu-Budu, K. y Sarpong, D. (2013). «Oil palm industry growth in Africa: a value chain and smallholders study for Ghana», en Elbehri, A. (ed.), *Rebuilding West Africa's Food Potential*. Roma: Fondo Internacional de Desarrollo Agrícola/ Organización de las Naciones Unidas para la Alimentación y la Agricultura.

protagonistas en una próspera cadena de suministro local de procesamiento de aceite de palma, comercialización del fruto de palma y procesamiento y comercialización del palmiste. En el mercado internacional, el aceite de palma se está comercializando cada vez más como materia prima para biocombustibles, aunque su principal uso sigue siendo para el consumo humano.

Estos acontecimientos pueden conllevar que se pague un alto precio por la promesa de beneficios, ingresos y empleo, a medida que disminuye la parte de tierras gestionada por los campesinos liberianos. Si la participación de la comunidad en las decisiones sobre el uso de las tierras no se integra de forma sistemática en las políticas gubernamentales, las tensiones sociales resultantes podrían desencadenar en protestas locales, conflictos y violencia. Las implicaciones a largo plazo de las pérdidas de tierra y de dignidad están bien documentadas, y su impacto concreto sobre las mujeres es bien conocido por la comunidad internacional.[174]

Al mismo tiempo, con el aumento del coste de la vida, la necesidad de incrementar sus ingresos es cada vez más acuciante. Frente a sus escasas opciones, y debido a que sus perfiles les otorgan pocas posibilidades de entrar en el mercado laboral, las mujeres y los hombres de las comunidades rurales contemplarán las nuevas inversiones rurales con la esperanza de mejores expectativas de empleo y de una mejora de las infraestructuras y de la prestación de servicios. En los previveros y viveros de las plantaciones dedicadas al aceite de palma, las mujeres son contratadas en trabajos estacionales y temporales para plantar las semillas en bolsas de previvero, eliminar la maleza y administrar productos químicos a los retoños por el equivalente a cinco dólares al día. En una comunidad cercana a una plantación, un

---

174 SDI Liberia (1 de febrero de 2013). *Testimony from Liberia by Woman Whose Land was Absorbed into Oil Palm Plantation* [Archivo de vídeo]. Recuperado de: www.youtube.com/watch?v=ocDWFcbGts8. Véase también Tandon, N. y Wegerif, M. (2013). *Promises, Power, and Poverty*. Oxford: Oxfam GB; y Kachingwe, N. (2012). *From under their feet*. Johannesburgo: Action Aid.

hombre trabaja como guardia de seguridad; comparte su salario con sus tres hermanos y sus familias, en las que todos están desempleados. En una entrevista, señaló: «Hay muy pocos trabajos en la plantación. Tenemos que pagar para conseguir un trabajo». En la ciudad de Malema, ninguna de las mujeres entrevistadas trabajaba en la plantación. Cultivaban sus propias cosechas en los márgenes de la plantación y completaban sus necesidades elaborando carbón vegetal; todas habían perdido sus tierras debido a la plantación.

Las mujeres de las zonas rurales en Liberia ya juegan un papel significativo en la gestión de los recursos naturales para conseguir alimento, combustible, refugio y agua. Tienen una relación fundamental y muy variada con los recursos naturales, que son esenciales para su subsistencia diaria. Es posible que no se den cuenta de la importancia de esta función de gestión, y es posible que tampoco establezcan una relación entre sus prácticas agrícolas, la deforestación y las fuentes de agua a largo plazo. Pero, en el día a día, llevan a cabo una serie de actividades que se relacionan directamente con la gestión de recursos naturales. Cuando se les pide que describan sus relaciones con éstos, las mujeres hablan siempre de ese tipo de actividades y en cambio se refieren menos a sus actividades extractivas (extracción de agregados y minería), seguramente por su naturaleza «mercenaria» o alimenticia, impulsada por la demanda del mercado y por la necesidad de completar sus ingresos. La minería artesanal sigue siendo esencial en la extracción de recursos en este país, y requiere políticas específicas de género debido a la naturaleza informal y a la fuerte explotación que se da.

En cuanto a la comercialización formal de la extracción de recursos naturales, la participación de las mujeres se ha vuelto prácticamente invisible y corre peligro, sobre todo debido a que las mujeres no tienen ningún control sobre las decisiones que afectan al acceso y el uso de las tierras y los recursos naturales. Su relación con la producción y procesamiento de estos recursos se reduce a una simple transacción. En el proceso de comercialización, las mujeres y sus habilidades productivas son relegadas a los márgenes, donde las repercusiones medioambientales en el medio físico pueden ser especialmente duras.

Puntos de partida para la intervención y regulación política

Si usamos como base para categorizar y analizar los recursos naturales el sistema de contabilidad ambiental y económica integrada de la ONU (véase recuadro *Puntos de partida para la intervención y la regulación política*), podemos establecer cuatro áreas para el desarrollo de políticas.

Puntos de partida para la intervención y la regulación política

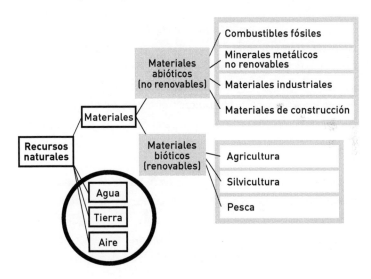

Bienes comunes

Gran parte del agua, las tierras y el aire del país se mantienen como propiedad comunitaria —son bienes comunes—, con una distribución de los recursos naturales gobernada tradicionalmente por los hombres de mayor edad en la economía informal. Las mujeres acceden a estos recursos para sus necesidades energéticas, la construcción de sus hogares y para obtener ingresos.

Seguridad alimentaria

Los círculos superpuestos en la figura señalan aquellos recursos naturales que sustentan las economías rurales formales e informales. La agricultura, la silvicultura y la pesca costera y fluvial constituyen la base de la seguridad alimentaria, y la gestión diaria de estas actividades la llevan a cabo sobre todo las mujeres.

Actividades extractivas

La extracción de minerales metálicos no renovables en el sector informal, la minería artesana y en pequeña escala (ASM, por sus siglas en inglés) y las plantaciones comerciales también dependen en gran medida de las mujeres, aunque los beneficios que se derivan de estas actividades siguen siendo bastante secundarios.

Materiales no renovables

Debido a la intensificación y el crecimiento de la explotación comercial de la tierra y de materiales abióticos no renovables, es necesario proteger y reforzar el acceso de las mujeres a los bienes comunes y a los materiales bióticos en el sector informal (comunal), así como impulsar la empleabilidad de las mujeres en el sector formal (privado).

Los mercadillos informales mostraron notables niveles de autoempleo en una economía informal basada en la explotación de los recursos naturales. Fardos de bambú, madera y paja para la construcción, sacos de carbón vegetal, montones de rocas y pizarra partidos en diferentes medidas, pilas de leña y montañas de grava de diferentes tamaños nos hablan del espíritu emprendedor o de la necesidad de obtener ingresos. No está muy claro qué implicaciones puede tener esto para el medioambiente y el entorno natural del que se extraen estos productos, ni si existe algún tipo de regulación al respecto o si tendría que haber un control sobre estos bienes comunes. Aunque estos recursos naturales son bienes de la comunidad, convendría preguntarse cuál es su valor de sustitución y si pueden considerarse otras alternativas más sostenibles como fuentes de ingresos para los más desfavorecidos. El espíritu emprendedor tiene que complementarse con la sensibilización medioambiental y con acciones para mitigar los posibles daños o para regenerar el material extraído.

Empoderar a las mujeres para recuperar e impulsar los derechos y bienes comunitarios

Con el crecimiento de la población, la competencia por los recursos naturales y las crecientes desigualdades, el empoderamiento de las mujeres en las áreas rurales tiene que desarrollarse en varios frentes. El empoderamiento es el proceso por el que se posibilita que las personas se conviertan en actores capaces de crear soluciones para sus propios problemas. En el caso de las mujeres en áreas rurales, esto significa conseguir poder de decisión en los asuntos que afectan a la seguridad de sus hogares, en sus espacios informales y comunales (bienes comunes) así como en las ámbitos formales y políticos.

Las políticas que impulsan el empoderamiento de las mujeres tienden a inclinarse hacia el «empoderamiento económico», con la asunción de que una mejora económica conllevará más y mejores decisiones. Cuanto mejor es la situación económica de una persona, más probable es que aumente su influencia: que su voz sea más escuchada, que sea más respetada, que tenga mayor independencia y capacidad para negociar condiciones y para que éstas sean aceptadas. Pero, en realidad, en el camino para conseguir ingresos en las minas, las plantaciones o en la economía informal basada en los recursos naturales, las mujeres son sistemáticamente explotadas, se les arrebata el poder de tomar decisiones y se las despoja de sus entornos naturales; un precio muy alto para ese supuesto empoderamiento.

Así pues, para alcanzar un verdadero empoderamiento no sólo debe reforzarse el papel de las mujeres en la gestión cotidiana, sino también su capacidad para participar directamente en las decisiones de la comunidad (a) sobre cómo se desarrollan los recursos naturales, (b) sobre cómo se comparten de forma justa a lo largo del tiempo los beneficios de la extracción de recursos naturales y (c) sobre cómo participan ellas mismas en las cadenas de suministro. Dado su estatus social y su relativa falta de activos, es más probable que las mujeres puedan liderar el cambio si actúan en grupo que si lo hacen individualmente. Necesitarán construir redes de solidaridad con los miembros de la comunidad que traspasen las barreras de género para articular los intereses colectivos y actuar sobre ellos. Esto es especialmente complicado en las áreas rurales, donde las aldeas están bastante aisladas unas de otras y en las que el transporte es costoso y complicado.

Las relaciones de las mujeres con los recursos naturales requieren un cambio transformador sobre las prácticas y políticas actuales, que discriminan o infravaloran a las mujeres y sus actividades productivas. Algunas de las bases fundamentales para estos cambios consistirían en:

· Corregir los desequilibrios de género en la posesión y el uso de las tierras mediante la deconstrucción, reconstrucción y reconceptualización de las actuales leyes sobre propiedad de la tierra tanto bajo el derecho consuetudinario como en el derecho positivo, de forma que el acceso a las tierras y el control de éstas por parte de las mujeres quede reforzado al mismo tiempo que se respetan las redes familiares y otras redes sociales.[175]

· Empoderar siguiendo el marco de la agroecología holística: integrar prácticas agrícolas orgánicas con la seguridad alimentaria y la gestión de los recursos naturales mediante un cambio de las prácticas agrícolas hacia un sistema holístico agroecológico, que incluye modelos escogidos y probados como la agricultura orgánica y los permacultivos y que integra la gestión comunitaria de los recursos naturales con sus actividades de producción de alimentos.[176]

· Mejorar la contribución proactiva de las mujeres en la definición e implementación de soluciones alternativas a sus necesidades locales de combustible, con un cambio hacia sistemas energéticos limpios y renovables.

· Apoyar la movilización, la toma de conciencia política y la organización de las mujeres de las zonas rurales y urbanas para mejorar su situación, su influencia política y garantizar el ejercicio de sus derechos, en los ámbitos descentralizado, local, nacional y político.

---

175 Esto sería coherente con los compromisos de los estados africanos en el Protocolo de Maputo de 2003 adoptado por la Unión Africana y con la Declaración Solemne sobre la Igualdad de Género en África de 2004, en las que se reclama actuar para corregir las desigualdades de género y, entre ellas, el acceso desigual a las tierras por parte de las mujeres.

176 La Evaluación Internacional del Papel del Conocimiento, la Ciencia y la Tecnología en el Desarrollo Agrícola (IAASTD, por sus siglas en inglés) de las Naciones Unidas concluye que «los agricultores a pequeña escala y los métodos agroecológicos ofrecen la solución para impedir la actual crisis alimentaria y para satisfacer las necesidades de las comunidades locales». Centrarse en la agricultura ecológica y en los pequeños propietarios en los países en desarrollo puede reducir la pobreza al mismo tiempo que se invierte en el capital natural del que dependen los más desfavorecidos. Difundir la agricultura ecológica entre el sector de los pequeños agricultores a través de la promoción y la difusión de prácticas sostenibles podría ser la forma más efectiva de asegurarse de que los más desfavorecidos y las personas que pasan hambre puedan disponer de alimentos, así como de reducir la pobreza, aumentar la reducción del carbono y conseguir acceso al creciente mercado internacional de productos ecológicos.

· Sensibilizar al público sobre los derechos y el acceso a los recursos naturales, considerados como un servicio público y como una cuestión de derechos civiles.

De las tradiciones patriarcales a los regímenes comunes sensibles al género

Hoy más que nunca, las mujeres y los hombres con pocos recursos deben reclamar sus derechos de acceso al capital natural en el marco y el contexto cultural de la propiedad común, los derechos comunitarios y las responsabilidades y solidaridad comunitarias.

Como en muchos países africanos, la gestión tradicional de los paisajes forestales en Liberia se compone de una compleja jerarquía de relaciones de género, conocimientos y costumbres. Los ancianos de la comunidad nombran a un «gestor forestal» para administrar el acceso a los recursos forestales de un conjunto de poblados y prevenir la sobreexplotación de estos recursos. Las mujeres no forman parte del consejo de ancianos, se supone que porque tienen «miedo» de tomar decisiones y porque están excluidas de la sociedad secreta de los hombres. Muchos de los espacios sagrados de las sociedades secretas masculinas[177] están asociados a las zonas forestales, con una fuerte supervisión por parte de los miembros. Diversos tabúes y preceptos prohíben la explotación de los recursos forestales con fines de lucro. Por lo que respecta al acceso a la tierra, los hombres y las mujeres tienen los mismos derechos sobre la propiedad privada de las lla-

---

177 La sociedad secreta para hombres Poro ha perdido importancia debido, en gran parte, a que la situación política hizo ilegales este tipo de asociaciones. Sin embargo, otras instituciones sagradas todavía pueden jugar un papel, como la sociedad para mujeres Sande, o la institución sagrada Nigi, en Garpu Town, situada alrededor de un río en el bosque en cuyas proximidades está prohibido pescar o cazar. Véase Lebbie, A. *et al.* (2009). *Understanding diversity: a study of livelihoods and forest landscapes in Liberia.* IUCN, p. 39. Recuperado de: http://cmsdata.iucn.org/downloads/liberia_lls_report_sept_2009.pdf. La sociedad Sande, por ejemplo, conserva los conocimientos sobre las especies de plantas con propiedades medicinales, así como otros valiosos elementos del folclore tradicional.

nuras aluviales en las que se produce la caña de azúcar, aunque la disponibilidad de capital limita las posibilidades de inversión de las mujeres en comparación con la de los hombres.[178] Con la desaparición de estas estructuras locales y jerárquicas —mediante los cambios de espacio político y la influencia de las enseñanzas cristianas e islámicas—, este tipo de servicios locales de conservación forestal están desapareciendo.[179]

Ante este hecho, surgen las siguientes preguntas: ¿cómo pueden adaptarse los aspectos pertinentes de los sistemas de valores tradicionales que se encargaban del control comunitario de los recursos naturales a una aplicación de normas y procedimientos sensibles al género que empodere a los hombres y las mujeres en estas comunidades? ¿Cómo puede el empoderamiento de las mujeres en el marco colectivo asegurar sus derechos a los recursos naturales? ¿Cómo se puede apoyar a las comunidades rurales que mantienen economías rurales informales cuando se ven afectadas por acuerdos sin mediación que las incorporan a la economía formal y las exponen a los riesgos de los mercados globales? Todas éstas son cuestiones que debemos afrontar.

La premio Nobel Elinor Ostrom ofrece una posible respuesta cuando argumenta que la actividad económica puede ser regulada de forma eficaz por la actividad colectiva social.[180] Ella habla de los regímenes de explotación y uso comunes para referirse a estas formas de propiedad. Sus hallazgos documentan que la propiedad colectiva comunitaria de recursos por parte de comunidades rurales puede impulsar la evolución y adaptación de sistemas (o regímenes) sostenibles de recursos. La promoción de los derechos colectivos sobre la propiedad común —junto con unos derechos claros y unas políticas

---

178 *Ibidem*, p. 20.
179 *Ibidem*, p. 30.
180 Ostrom, E. (2011). *El gobierno de los bienes comunes*. México: Fondo de Cultura Económica.

efectivas sobre bienes comunes y públicos— contribuye a asegurar la provisión futura de servicios ecosistémicos. Ostrom desafió la asunción de que la propiedad común no se gestiona de forma correcta salvo que esté regulada por el Gobierno o se privatice, y demostró que los individuos pueden formar colectivos que protejan los recursos a su alcance de forma satisfactoria. Esta forma de pensar coincide con el modo en el que las mujeres pastoras y las que habitan en zonas rurales miden el valor del capital natural; para ellas, la idea de propiedad privada de una parte o de la totalidad de un ecosistema es contraria al acceso comunal a la biosfera.

El Comité de Asistencia para el Desarrollo de la OCDE, el Banco Mundial y muchas ONG internacionales están reformulando su enfoque sobre el acceso a los recursos naturales como un componente esencial de los derechos como ciudadanos de las personas con menos recursos en las zonas rurales. La gestión de los recursos naturales y los conocimientos agrícolas, la tecnología y los servicios públicos son de una importancia vital para apoyar medios de subsistencia basados en los recursos naturales, especialmente al afrontar los cambios medioambientales, climáticos y del mercado que requieren nuevas soluciones y adaptación.[181] Estas nuevas soluciones, cambios de comportamiento y prácticas de adaptación tendrán que considerar, en primer lugar, cómo se puede empoderar a las mujeres para convertirlas en las arquitectas de la comunidad del futuro.

---

181 OECD (2012). «Empowerment of poor rural people through initiatives in agriculture and natural resource management», en OECD, *Poverty Reduction and Pro-Poor Growth*. París: OECD, p. 2.

El papel de la moda en el cambio social y ecológico

Anna Fitzpatrick
Centro para la Moda Sostenible,
Universidad de las Artes, Londres

En este capítulo se detallarán algunos de los proyectos realizados en el Centro para la Moda Sostenible (Centre for Sustainable Fashion, CSF), que destacan cómo la moda puede usarse para respetar y apreciar a quienes la producen, consumen y usan, y que reconocen asimismo la necesidad de proteger y nutrir la Tierra. Se empezará con un breve resumen de la visión sobre la moda del CSF. Luego se destacarán algunos de sus proyectos clave, que pretenden demostrar que la moda puede conducir al cambio social y ecológico. Finalmente, se concluirá con algunas reflexiones sobre la importancia de la moda como una forma de actuar para provocar cambios ecológicos y sociales.

El Centro para la Moda Sostenible es un centro de investigación de la Universidad de las Artes de Londres, con sede en el London College of Fashion. Fue fundado en 2008 por el profesor Dilys Williams, que creó «un lugar para la exploración […] un centro de investigación académica que toma la sostenibilidad como punto de partida y la moda como medio».[182] Al usar la moda de esta forma, se reconoce explícitamente su potencial para desafiar la actual estructura de poder y los actuales discursos sobre la resiliencia, la comunidad, los cuidados y el uso de recursos para crear una sociedad más justa y equitativa para todos. El objetivo del CSF es acercar al mundo de la moda las perspec-

---

182 Williams, D. (2015). «Fashion design», en Fletcher, K. y Tham, M. (eds.), *Routledge Handbook of Sustainability and Fashion*. Londres: Routledge, p. 234.

tivas sobre la sostenibilidad mediante la formación (tanto para estudiantes universitarios como de posgrado) y mediante investigaciones académicas, así como compartir este tipo de enfoques mediante un intercambio bilateral de conocimientos con actores clave de la industria de la moda. El CSF ofrece nuevas perspectivas sobre las relaciones y procesos en el mundo de la moda, que buscan un equilibrio entre ecología, sociedad y cultura, tanto en el ámbito artístico como en el empresarial.

Como el enfoque del CSF es multidimensional, reconoce que los actores involucrados pueden tener, en ocasiones, objetivos e ideales que entren en conflicto. La moda como industria sigue el mismo tipo de prácticas empresariales dominantes en la actualidad, dictadas por las fuerzas del mercado neoliberal y que exigen unos patrones particulares de producción y consumo. También requiere trabajadores con determinadas habilidades, que se encuentran en un conjunto determinado de relaciones con el resto de los actores del mundo de la moda, en el sentido más amplio. Pero la moda también son las prendas de vestir. Las prendas físicas representan las elecciones sobre el uso de los recursos desde la perspectiva del diseño, y también un coste de oportunidad en términos de tierras y uso de recursos naturales. La «moda» es también una práctica social de comunicación, expresión y formación de la identidad que, al menos para algunas personas, entra en contradicción con las prácticas de negocio convencionales que se siguen para producir las prendas. En efecto, Marx reconoció la importancia de la moda como forma de representar las relaciones sociales, y se refirió a ella como «jeroglífico social»,[183] reconociendo en la moda tanto el objeto en sí como su significado.

De igual manera, el compromiso del CSF con la sostenibilidad tiene múltiples facetas, y reconoce la necesidad de un cambio profundo y no de simples ajustes en la eficiencia, que al final

183 Marx citado en Barnard, M. (2002). *Fashion as Communication*. Abingdon y Nueva York: Psychology Press, p. 9.

no suponen un auténtico desafío al actual modelo económico y de producción y a los valores inherentes a él. La naturaleza contradictoria y paradójica de la sostenibilidad tal y como se aplica a la moda requiere, ciertamente, de una mirada que vaya más allá de las soluciones de mercado. Tenemos que desafiar muchas de nuestras ideas preconcebidas sobre el carácter supuestamente apolítico de la moda, así como reconocer que hasta ahora no hemos sabido aprovechar sus posibilidades para provocar cambios tanto dentro de la industria como en prácticas sociales más amplias.

¿Por qué la moda?

A pesar de la importancia de la industria de la moda tanto en el ámbito cultural como en el económico (la contribución anual del sector a la economía británica[184] es de veintiséis mil millones de libras, y forma parte de nuestras famosas y exportables «industrias creativas»), no siempre ha tenido la misma consideración o reconocimiento que otras industrias igualmente necesarias para los humanos, como la arquitectura o el sector alimentario. Stella Bruzzi y Pamela Church Gibson destacan la dificultad para reflexionar seriamente sobre la moda, que es vista muy a menudo como algo «demasiado trivial para teorizar sobre ella y demasiado serio como para ignorarla».[185] Esto sitúa a la moda en un espacio difícil, en el que su fuerza cultural y su poder para intervenir, expresar y comunicar socialmente son ignorados mientras es menospreciada como algo inútil, narcisista, femenino y superficial. Lipovetsky también reconoce este abandono: «[la moda] está en todas partes, en la calle, en la industria y en los medios, pero no ocupa ningún lugar en la interrogación teórica de las mentes pensantes. [Es vista como] una cuestión superficial».[186]

184 www.londonfashionweek.co.uk/news/623/Facts--Figures-AW14
185 Bruzzi, S. y Church Gibson, P. (2013). *Fashion Cultures Revisited: Theories, Explorations and Analysis*. Abingdon y Nueva York: Routledge.
186 Lipovetsky, G. (1996). *El imperio de lo efímero. La moda y su destino en las sociedades modernas*. Barcelona: Anagrama.

El desafío, así pues, es doble: reconocer la importancia cultural y como industria de la moda, pero también desarrollar una perspectiva sobre ella (y desde dentro de ella) que desafíe los discursos y sistemas de poder dominantes y otorgue una posición más importante a valores como el cuidado, la compasión y el cultivo de las relaciones.

Enfrentarse a valores como la competencia, el individualismo y el éxito material, que actualmente dominan en la industria de la moda, seguramente a costa del cuidado y la compasión, nos da más espacio para reconocer la naturaleza específica de género de la moda en la producción, el consumo y la creación de significados sociales. Hablar de la moda y de su potencial para causar cambios positivos en la vida de todas las personas implicadas en su producción, consumo y uso significa reconocer el valor que aportan todos los involucrados en ella, aceptando, como hace Yuniya Kawamura, que «la moda no es creada por un individuo o un diseñador, sino que es creada por las múltiples personas involucradas en el proceso de producción, y, por ende, es una actividad colectiva».[187] Y una gran parte de las personas involucradas son mujeres. En efecto, se trata de una industria en la que la mayor parte de la mano de obra son mujeres que a su vez fabrican productos para otras mujeres. Sin embargo, vale la pena recordar que, en lo que respecta al equilibrio de poder dentro de la industria, los hombres —como propietarios de las grandes corporaciones, como dueños de las fábricas o en los puestos de mando de éstas— son quienes ocupan los altos cargos en muchas de las empresas de moda. Existe, así pues, un desequilibrio de poder en cuestiones de género en esta industria que tiene que ser corregido. En este aspecto, no es muy diferente de muchas otras industrias.

187 Kawamura, Y. (2005). *Fashion-ology: An Introduction to Fashion Studies*. Oxford: Berg.

Las preguntas que debemos formularnos

La complicada relación de la moda con los medios de comunicación y la cercanía de esas relaciones empresariales fuertemente marcadas por el género añade más capas al análisis de la importancia de la moda en las cuestiones sobre el cambio social y ecológico y sobre el empoderamiento de las mujeres. ¿De quiénes son las voces que se pueden escuchar? ¿Quién toma las decisiones y en qué valores se basan? Éstas son preguntas que tenemos que formularnos todo el tiempo, y que debemos intentar responder. Las feminidades y los feminismos son centrales en la ecuación, pero en el discurso dominante sobre moda y sostenibilidad se habla de lo femenino en relación con el consumo, lo que no es ninguna sorpresa si tenemos en cuenta que gran parte del discurso está dominado por la lógica empresarial. Como se pregunta Mirjam Southwell, dentro del paradigma de la moda sostenible como consumo, ¿es responsabilidad de las mujeres demandar una moda sostenible?[188]

En todo el mundo, millones de mujeres adquieren productos de moda como una forma de avanzar hacia la independencia o de diferenciarse, a veces siguiendo el estilo en boga, a veces subvirtiéndolo y desafiando los discursos normativos sobre los cuerpos femeninos. Al mismo tiempo, millones de mujeres participan en la producción y elaboración de estos productos. En algunos casos, también supone para ellas un paso hacia su independencia, pero en otros es todo lo contrario. La fabricación de productos textiles ilustra demasiado bien la explotación racial y de género que se da en las estructuras del capitalismo global. Una vez más, nos tenemos que preguntar qué vamos a hacer para cambiar este reflejo que nos devuelve el espejo. En Bangladesh, por ejemplo, el 80% de la fuerza laboral son mujeres que fabrican prendas para la exportación; nosotros, como consumidores, estamos conectados directamente a través de las

188 Southwell, M. (2015). «Fashion and sustainability in the context of gender», en Fletcher, K. y Tham, M. (eds.), *op. cit.*, p. 104.

ropas que cubren nuestros cuerpos con las manos de las que elaboran estas prendas y cuyas vidas, como *otras*, son consideradas desechables, tal y como quedó demostrado, por desgracia, con el derrumbe de la fábrica textil del Rana Plaza en 2013, en el que murieron más mil cien personas.

Está muy claro que la moda, considerada en su conjunto, nos plantea algunas cuestiones complejas e interrelacionadas que debemos reformular y modificar. Se están aplicando algunas nuevas perspectivas en los diferentes campos del sector, desde modestas iniciativas de la industria hasta proyectos de investigación y formación; en general, puede afirmarse que en la actualidad existe un mayor reconocimiento de la necesidad de cambios, aunque éste se deba principalmente a la presión de las bases. Los siguientes proyectos muestran algunas formas con las que el CSF usa la moda para plantear algunas de las cuestiones que hemos formulado, dando voz a actores que normalmente no la tienen, o impulsando la adopción y promoción de sistemas económicos alternativos en los que se dé importancia a la equidad, la cooperación y los cuidados. Éstos son valores que pueden desafiar las estructuras de poder más visibles y las más sutiles en el mundo de la moda como negocio y como forma de comunicación.

Habit(AT)

Habit(AT) es un proyecto de investigación dirigido por el director del CSF, el profesor Dilys Williams, que pretende explorar nuestros hábitos de vida a través de las acciones, las relaciones y las localizaciones de la moda enmarcadas en el contexto urbano. También se centra en el papel de los diseñadores en la mediación de conversaciones *in situ* a través de prendas de moda, en este caso una camiseta, para explorar las preocupaciones personales derivadas de la vida en los centros urbanos.

Es un trabajo de investigación que utiliza los métodos de diseño participativo para explorar las formas en las que la moda puede contribuir a aumentar la resiliencia social en un mundo cada vez más centrado en las ciudades. Nació a partir de un pequeño estudio etnográfico en Ahmedabad, en India, en el que investigadores, diseñadores y un fotógrafo capturaron las conexiones entre los espacios, las personas y la ropa; el resultado se mostró en el festival Unbox Future Cities con el título «I wear my culture», («Llevo puesta mi cultura»).[189]

Teniendo en cuenta que se espera que un 66% de la población mundial viva en ciudades en el año 2050 (frente al 54% que lo hacía en 2014),[190] es de gran importancia todo aquello que podamos hacer dentro del entorno urbano, tanto como individuos como colectivamente. El ingenio humano y la colaboración entre individuos y grupos creará un espacio para soluciones positivas y activas, mientras que la educación y los nuevos enfoques en la moda pueden crear empatía y compasión, que son vitales para el empoderamiento de los más vulnerables en nuestro actual sistema político y económico.

Aquí hay una oportunidad para compartir y desarrollar una metodología de diseño de moda que aliente a los diseñadores a mediar activamente entre el público y otros colaboradores y a facilitar «la creación de moda como creación de comunidad y creación de espacios».[191] A través de este proyecto, se explora el diseño y el uso de la ropa como un proceso social, y la moda se asocia con la convivencia, la participación activa y una colaboración entre elementos sociales y materiales.[192] El evento más

189 Williams, D. (2017). «Fashion as a means to recognise and build communities in place», *She Ji: The Journal of Design, Economics and Innovation*.
190 Naciones Unidas, Departamento de Asuntos Económicos y Sociales, División de Población (2014). *World Urbanization Prospects: The 2014 Revision, Highlights* (ST/ESA/SER.A/352). Nueva York: Naciones Unidas. Recuperado de: https://esa.un.org/unpd/wup/publications/files/wup2014-highlights.Pdf
191 Comunicación personal, abril de 2015.
192 Williams, D. (2017), *op. cit.*

reciente de este proyecto tuvo lugar en el Chrisp Street Market, en un barrio tangencial del East End de Londres llamado Poplar: ofreció la oportunidad de usar el diseño de moda y las prendas para reconocer a la comunidad *in situ*, para contribuir a una sociedad más resiliente y para explorar las ideas y pensamientos de la comunidad local sobre la naturaleza y la biodiversidad.

Craft of use

La profesora Kate Fletcher, también del CSF, explora la «artesanía del uso» (*craft of use*) en su trabajo. Es una forma de acercarse a la moda que la libera de los confines del intercambio basado en el mercado y que desafía la naturaleza misma del crecimiento económico inherente a la industria de la moda contemporánea y, de forma más general, a todo nuestro sistema económico.

> En la cultura de consumo contemporánea organizamos nuestras ideas sobre la moda a partir del comercio y el consumismo y terminamos volviéndonos dependientes de ellos […]. Dentro de esta jerarquía distintiva del suministro de moda y su ideología de continuo crecimiento del mercado, la expectativa independiente y compartida de crear moda ha quedado cada vez más olvidada.[193]

Su enfoque consiste en concentrarse en cómo usamos y nos relacionamos con nuestras prendas. Al apartar el discurso del consumo y la producción, la moda puede afrontar con mayor libertad la creatividad, la inventiva, el ingenio y la habilidad. Podemos aprender a reconocer y apreciar el valor de las prendas mientras, al mismo tiempo, examinamos de forma más profunda el sistema en el que la industria de la moda opera y dónde podemos encontrar espacio para la resistencia y el cambio. El hecho de que este enfoque se concentre en el uso otorga más importancia

193 Fletcher, K. (2016). *Craft of Use: Post-growth Fashion*. Londres: Routledge, pp. 60-61.

y más valor a los conocimientos y las habilidades necesarias en la moda y en la vida: «El uso presenta las oportunidades y la experiencia de la moda de forma diferente, basadas en las acciones y perspectivas de las personas, como parte de un compromiso continuo con las prendas, que recorre y marca nuestras vidas».[194] Además de desafiar la mentalidad actual de «la moda como consumo», este enfoque también tiene implicaciones para el diseño de moda, y pone énfasis en la moda como un lugar y una forma de acción vitales para el empoderamiento y la esperanza.

Dress for our time

La moda es una potente herramienta de comunicación y puede aprovecharse para amplificar importantes mensajes sociales y para involucrar activamente a la gente, y no sólo como receptores pasivos de moda sostenible. El trabajo más reciente de Helen Storey, *Dress for our Time*, («Vestida para nuestro tiempo»), utiliza el atractivo y el poder cultural de la moda para afrontar directamente problemas como el cambio climático y el desplazamiento masivo de personas. La profesora Storey creó un vestido a partir de una carpa desechada del Alto Comisionado de las Naciones Unidas para los Refugiados (ACNUR), que en el pasado había acogido a una familia en el campo de refugiados de Zaatari, en Jordania. Durante las relaciones desarrolladas en la preparación y exhibición del vestido, la profesora Storey visitó el campo de Zaatari como académica, y está cocreando un programa multidisciplinario educativo, cultural y de negocios centrado en las mujeres y las niñas del campo. Hasta la fecha, el proyecto ha involucrado a setenta mujeres, a las que ha proporcionado breves cursos acreditados de belleza. Un número mayor de participantes se está formando en la actualidad, con la colaboración del CSF, ACNUR y otros socios, para establecer empresas diri-

194 Fletcher, K. y Toth-Fejel, K. (eds) (2014). *The Craft of Use Event*. Londres: London College of Fashion. Recuperado de: http://ualresearchonline.arts. ac.uk/7545/1/Craft_of_Use_Event_%281%29.pdf

gidas por mujeres en el campo de Zaatari. A través de la moda, como material y como objeto simbólico, la profesora Storey ha sido capaz de crear una serie de proyectos prácticos que intentan mejorar las vidas de los refugiados en el campo.

Esta breve panorámica sobre algunos aspectos del trabajo del CSD ilustra la importancia de un enfoque integral de la moda, en el que se la trate de forma seria más allá de los límites del mercado. Ya están ampliamente aceptadas ideas como que el actual modelo económico neoliberal es deficiente tanto desde el punto de vista social como ecológico; que la Tierra ha entrado en una nueva era geológica, el Antropoceno, en la que el comportamiento humano ha afectado de forma irreversible al ecosistema planetario; que el «espacio operativo seguro para la humanidad», tal como lo establece el Centro de Resiliencia de Estocolmo,[195] ya se encuentra en grave peligro, y que la desigualdad de la riqueza está aumentando, tanto entre naciones como en el interior de ellas. En resumen, hay mucho que cambiar. Y aunque la moda no es la única industria que ha adoptado prácticas que abogan por la desregulación y que participan en la «igualación hacia abajo» mediante cadenas de suministro que se extienden por todo el planeta, el negativo papel que desempeña no ha pasado desapercibido. Dentro de este contexto, las prácticas habituales en la industria de la moda forman parte del explotador modelo de producción y consumo neoliberal que sigue poniendo en peligro los recursos naturales y el delicado equilibrio ecológico de nuestro planeta, mientras casi nadie parece cuestionar las injusticias sociales y los discursos políticos dominantes.

A través del trabajo realizado en el CSF, podemos comprobar que ya se empieza a aplicar un enfoque analítico sobre el sistema del mundo de la moda que pone en primer plano las cuestiones sociales y medioambientales, como intentan hacer los proyectos mencionados anteriormente. Necesitamos distanciarnos un

195 Véase www.stockholmresilience.org

poco y enfrentarnos a la raíz de los problemas sociales y ecológicos con una perspectiva más amplia, en la que podamos incluir las complicaciones, contradicciones y los matices inherentes al sistema. Sólo así la moda puede valorar lo humano. Como afirma el profesor Dilys Williams, «la moda nace de la unión de la gente a través de la elaboración de formas bellas y valiosas. La capacidad de valorar y ser valorado se encuentra en el corazón de la naturaleza humana, así que los procesos de creación, disfrute y cuidado deberían impregnar estas relaciones que la moda hace reales».[196] La moda debe ser reconocida como una herramienta viable de empoderamiento en varios niveles.

Una segunda característica en la que se basa el trabajo realizado en el CSF y que es central en su acercamiento a la sostenibilidad es el reconocimiento de que la moda es una actividad colectiva; desde su óptica podemos buscar formas de establecer conexiones con los demás y empoderarlos. Citando a Kate Fletcher, profesora de Sostenibilidad, diseño y moda en el CSF:

> El problema es el conjunto: los valores acumulados, los criterios, los hábitos mentales, las prácticas industriales, los modelos de negocio, la lógica económica, las profundas fuerzas sociales y las prácticas individuales agregadas que conforman la industria de la moda y el sector textil [...]. Y es precisamente el conjunto lo que debemos comprender antes de considerar las funciones y necesidades de sus elementos. La sostenibilidad depende de cómo las partes trabajan juntas, no de cómo lo hacen de forma aislada.[197]

Además de adoptar este enfoque integral, el CSF entiende la sostenibilidad como un concepto relacional, «un balance dinámico entre tres elementos mutuamente interdependientes: *(1)*

196 Comunicación personal, abril de 2015.
197 Fletcher, K. (2013). *Sustainable Fashion and Textiles: Design Journeys*. Londres: Routledge.

protección y mejora de los ecosistemas y recursos naturales; *(2)* productividad económica; y *(3)* provisión de infraestructuras sociales como trabajos, alojamiento, educación, atención médica y oportunidades culturales».[198]

Como la moda, la sostenibilidad es un proceso activo y dinámico y, en consecuencia, al centrarnos en la sostenibilidad no podemos hacerlo simplemente en el producto. Un producto no «es» sostenible, sino que tiene que haber sido diseñado para responder ante quienes lo elaboran y quienes lo consumen de forma sostenible. La sostenibilidad no consiste en minimizar los efectos negativos, sino también en maximizar los efectos positivos, permitiendo que los individuos, las comunidades y los sistemas económicos prosperen. El trabajo que hemos descrito anteriormente ejemplifica esta perspectiva.

En este capítulo hemos visto que la moda va más allá de las prendas con las que cubrimos nuestros cuerpos, y es importante precisamente porque reúne expresiones profundamente íntimas, personales y políticas de nosotros mismos, mientas abre un espacio para el debate sobre las prácticas de producción y consumo que forman este momento histórico particular. Como industria, supone un medio de subsistencia para quienes trabajan en ella, y, para quienes la consumen, una forma de expresión emocional que sobrepasa e incluye al mismo tiempo a nuestro propio ser. Es una forma de comunicación corporal y no verbal que nos sitúa frente a un espejo en el que, si miramos con la suficiente atención, podemos ver un reflejo de la sociedad en la que vivimos. Nuestra mirada, así pues, tiene que contener ambos aspectos: la cuestión sobre por qué las cosas son como son y un compromiso con las acciones que pueden provocar cambios. De este modo entenderemos que la importancia de la moda radica en su materialización en objetos tangibles y en su simbolismo comunicativo, así como en su capacidad para generar una forma de praxis.

198 Domenski *et al.* (1992), citado en Bell, S. y Morse, S. (2012). *Sustainability Indicators: Measuring the Immeasurable?* Londres: Routledge, p. 79.

La planificación familiar como una actuación beneficiosa para las mujeres y la sostenibilidad

Carina Hirsch
The Margaret Pyke Trust, con Population &
Sustainability Network

El avance y la mejora del acceso a programas de planificación familiar voluntarios y basados en los derechos es una actuación beneficiosa tanto para las mujeres como para la sostenibilidad. Desarrollar y respetar el derecho de las mujeres y las chicas a la planificación familiar no sólo es vital para asegurar los derechos humanos a la salud, el bienestar y el empoderamiento (que ya son fundamentales por sí mismos), sino que también contribuye a alcanzar los objetivos de sostenibilidad. En este artículo analizaremos los vínculos entre la planificación familiar, la población mundial y la sostenibilidad medioambiental, y las formas en las que la primera, cuando se combina con otras acciones de desarrollo, puede contribuir a mejorar los resultados de la sostenibilidad y el desarrollo respecto a los programas sectoriales. También mostraremos que la planificación familiar puede contribuir a mejorar la salud humana y planetaria, como parte de las respuestas al cambio climático y la resiliencia frente a él.

Satisfacer las necesidades insatisfechas: desatar el poder de la planificación familiar

Quienes tenemos la suerte de vivir en países desarrollados, generalmente disponemos de la información y los derechos necesarios, así como del acceso a una serie de opciones anticonceptivas con las que podemos gestionar nuestra propia fertilidad y decidir cuándo y dónde nos quedamos embarazadas, si es que decidimos tener hijos. También es muy probable que podamos decidir si nos casamos y con quién, y nos podemos beneficiar de numerosos servicios sociales entre los que se encuentra la atención prenatal, lo que implica que, en comparación con los países en desarrollo, los niveles de mortalidad y morbilidad maternal e infantil sean muy bajos.

Pero en muchos lugares del mundo la situación es muy diferente: se estima que hay unos doscientos catorce millones de mujeres y chicas en los países en desarrollo que no ven satisfechas sus necesidades de métodos anticonceptivos modernos; siguiendo el criterio de la Organización Mundial de la Salud, por no ver satisfechas sus necesidades entendemos que se trata de mujeres y chicas en edad reproductiva que no quieren tener hijos o quieren tenerlos más adelante, pero no tienen acceso a ningún método anticonceptivo.

En el África subsahariana, el 21% de las mujeres y chicas se encuentran en esa situación. El sur de Asia es la zona en la que se concentra la mayor cantidad en términos absolutos de mujeres y chicas sin acceso a métodos anticonceptivos modernos: setenta millones.[199] El Fondo de Población de las Naciones Unidas estima que un 24% de las mujeres y chicas en Uganda y el 14% en Níger también tienen necesidades insatisfechas en materia de planificación familiar.

The Margaret Pyke Trust, el organismo coordinador de la Population & Sustainability Network, conoce de primera mano, gracias a su trabajo en servicios sanitarios en Uganda, Sudáfrica y otros lugares, que los motivos que impiden que las chicas y mujeres accedan libremente a los servicios de planificación familiar son numerosos y variados, como las actitu-

---

199 Guttmacher Institute (2017). Haciendo cuentas: Invertir en anticoncepción y salud materna y neonatal, 2017. Nueva York: Guttmacher Institute. Recuperado de: https://www.guttmacher.org/es/fact-sheet/adding-it-up-contraception-m-nh-2017

des negativas de los profesionales de la salud hacia las chicas jóvenes —causadas por prejuicios culturales basados en mitos locales—, las estructuras sociales patriarcales, la insuficiente formación clínica y los problemas de suministro, por nombrar sólo unos pocos.

En muchos países en desarrollo, las chicas y mujeres se enfrentan también a otras cuestiones relacionadas con la planificación familiar. Por ejemplo, una de cada tres chicas en estos países se casa antes de los dieciocho años[200] y las mujeres tienen trescientas veces más posibilidades de fallecer durante el parto en comparación con las estadísticas de las naciones industrializadas. Sus hijos e hijas tienen catorce veces más posibilidades de morir en los primeros veintiocho días de vida, y en el África subsahariana las posibilidades de que mueran en los primeros cinco años de vida son catorce veces superiores a las de los países desarrollados.[201] La variación, además, es muy grande dentro de cada país, y estas alarmantes estadísticas suelen ser aún peores en las zonas rurales. Se calcula que satisfacer las necesidades de métodos anticonceptivos modernos en los países en desarrollo y asegurarse de que las mujeres embarazadas y los recién nacidos reciban la atención adecuada podría suponer las siguientes mejoras respecto a los niveles de 2017:

· 67 millones menos de embarazos no deseados (una reducción del 75%);
· 23 millones menos de nacimientos no planificados (reducción del 76%);

200 Fondo de Población de las Naciones Unidas (2012). Marrying Too Young: Ending Child Marriage. Nueva York: Fondo de Población de las Naciones Unidas. Recuperado de: www.unfpa.org/sites/default/files/pub-pdf/MarryingTooYoung.pdf
201 Organización Mundial de la Salud (2016). Reducción de la mortalidad en la niñez. Ginebra: OMS. Recuperado de: https://www.who.int/es/news-room/fact-sheets/detail/children-reducing-mortality

36 millones menos de abortos provocados
(reducción del 74%);
2,2 millones menos de muertes de recién nacidos
(reducción del 80%);
224.000 muertes menos durante el parto
(reducción del 74%).[202]

Al ayudar a las mujeres a evitar embarazos no deseados, también contribuimos a reducir el número de abortos en condiciones de riesgo.[203] Por todos estos motivos, los que trabajamos en los sectores de la salud y los derechos sexuales y reproductivos comprendemos la importancia fundamental de la planificación familiar. Pero las consecuencias de la planificación familiar van mucho más allá de lo que el sector de la salud puede llegar a considerar. Empoderar a las mujeres con opciones anticonceptivas y con otros servicios de salud vitales también contribuye al progreso en otros aspectos del desarrollo y reduce el crecimiento de la población y los costes generales de alcanzar los objetivos de desarrollo. Los economistas estiman que cada dólar invertido en el acceso universal a métodos anticonceptivos ahorra a los países ciento veinte dólares en gastos sociales y de infraestructuras.[204] También se pueden ahorrar hasta seis dólares en intervenciones destinadas a alcanzar otros objetivos de desarrollo, como las relacionadas con la igualdad de género,

202 Guttmacher Institute (2017). Se necesitan mayores inversiones para satisfacer las necesidades de salud sexual y reproductiva de las mujeres en las regiones en desarrollo. Nueva York: Guttmacher Institute. Recuperado de: https://www.guttmacher.org/es/news-release/2017/se-necesitan-mayores-inversiones-para-satisfacer-las-necesidades-de-salud-sexual-y
203 Sedgh, G.; Ashford, L. S. y Hussain, R. (2016). Unmet Need for Contraception in Developing Countries: Examining Women's Reasons for Not Using a Method. Nueva York: Guttmacher Institute. Recuperado de: www.guttmacher.org/report/unmet-need-for-contraception-in-developing-countries#1
204 Harris, W. (2017). Meeting global demand for contraception is possible: new report shows first ever decrease in unmet need. Londres: Marie Stopes International. Recuperado de: www.mariestopes.org/news/2017/6/new-report-shows-first-ever-decrease-in-unmet-need-for-contraception/

la eliminación de la pobreza y el hambre, la educación, el sida y la sostenibilidad medioambiental.[205] La planificación familiar salva vidas, pero también hace muchas otras cosas.

Cuando las chicas pueden evitar embarazos no deseados y completar su educación, se producen algunos efectos complementarios positivos. Por supuesto, baja la mortalidad materna e infantil, pero también se reduce la incidencia del sida y la malaria, y además las mujeres que han completado su educación obtienen salarios más elevados y tienen más probabilidades de mejorar su posición social, lo que contribuye al empoderamiento económico de las mujeres.

La relación entre la demografía y la sostenibilidad

Está claro que la planificación familiar beneficia a las mujeres, a sus hijos e hijas y a sus familias, y cada vez se demuestra con más claridad que mejorar los derechos de las mujeres no sólo tiene efectos positivos para ellas, sino también para el medioambiente. Las mujeres con más años de educación tienen menos hijos y más sanos, y están mejor preparadas para gestionar activamente su salud reproductiva. Y es precisamente en las partes del mundo en las que las chicas tienen más dificultades para acceder a la educación donde el crecimiento de la población y la degradación medioambiental es más grande. Corregir los problemas relacionados con la planificación familiar puede provocar una reacción en cadena virtuosa, mejorando el bienestar de las mujeres y chicas, pero también dando respuesta a ciertas preocupaciones medioambientales.

Por ejemplo, The Margaret Pyke Trust está trabajando estrechamente con Pathfinder International y Endangered Wildlife Trust —otras dos organizaciones que forman parte de la Population & Sustainability Network— para implementar un

---

205 Moreland, S. y Talbird, S. (2006). «Achieving the Millennium Development Goals: the contribution to fulfilling the unmet need for family planning», *USAID*, Washington D. C.

proyecto que responda a las necesidades interrelacionadas en los ámbitos de la salud, el medioambiente y los medios de subsistencia. En una zona rural en Sudáfrica, cerca de la frontera con Botsuana, una comunidad tiene que luchar para mantener a sus familias frente a problemas como unas tierras agrícolas degradadas, precipitaciones irregulares, el cambio climático, la presión demográfica y un ecosistema inestable, del que dependen sus medios de vida. Por sí mismas, las acciones que pretenden actuar sobre el medioambiente, las que pretenden hacerlo sobre los medios de subsistencia o las de planificación familiar no pueden ofrecer una respuesta adecuada a los desafíos interrelacionados que afronta esta comunidad. Pero sí pueden hacerlo si se desarrollan acciones medioambientales, sobre los medios de subsistencia y de planificación familiar de forma combinada, como están haciendo las tres organizaciones de la Population & Sustainability Network, trabajando juntas con la comunidad para alcanzar un cambio sostenible a largo plazo que beneficie tanto a la salud de las personas como a la del ecosistema.

Los expertos en desarrollo están cada vez más convencidos de que cuando los desafíos a los que tenemos que enfrentarnos están interrelacionados, como sucede en la actualidad, en la época de los Objetivos de Desarrollo Sostenible, las soluciones también tienen que estarlo. Aunque esto es alentador, todavía tiene que concretarse en la aplicación de las consecuentes acciones concretas sobre el terreno que son fundamentales para el desarrollo sostenible. De momento, encontramos algunos avances prometedores, como el reconocimiento formal de la planificación familiar como una estrategia potencial de adaptación climática.

El reconocimiento de la planificación familiar como una estrategia de adaptación al cambio climático

El Grupo Intergubernamental de Expertos sobre el Cambio Climático, la autoridad científica global que asesora a la Convención Marco de Naciones Unidas sobre el Cambio Climático, estableció en un informe de 2014 que la planificación familiar podía jugar un papel importante en la reducción de vulnerabilidades debidas al cambio climático y que se trata de una estrategia potencial de adaptación al mismo.[206] La referencia a la planificación familiar en el informe debería influir en las decisiones y políticas de la CMNUCC, lo que podría significar que se incluyera en los planes nacionales contra el cambio climático y que se recomendara avanzar en las acciones sobre estas cuestiones. Hasta la fecha, pocos países han incluido la planificación familiar en sus planes nacionales de acción para la adaptación (o en planes similares de lucha contra el cambio climático), aunque la mayoría de los países en desarrollo sí mencionan una relación directa entre la demografía y el cambio climático.

En *Drawdown: The Most Comprehensive Plan Ever Proposed to Reverse Global Warning*, un libro recientemente publicado, se detallan las cien soluciones que tienen un mayor potencial para reducir o absorber las emisiones de dióxido de carbono en la atmósfera.[207] La mayor parte son soluciones del tipo *no-regret* (es decir, sin efectos negativos y que funcionen en todos los escenarios posibles) o iniciativas que tienen que implementarse independientemente de cuál sea su impacto final sobre las emisiones y el clima, ya que son prácticas que benefician a la sociedad y al medioambiente de múltiples maneras.

206 Population Action International (2014). New IPCC report recognizes family planning among social dimensions of climate change adaptation. Washington D. C.: Population Action International. Recuperado de: http://pai.org/wp-content/uploads/2014/03/IPCCMediaKit1.pdf
207 Hawken, P. (ed.) (2017). *Drawdown: The Most Comprehensive Plan Ever Proposed to Reverse Global Warming*. Nueva York: Penguin Books.

En *Drawdown*, la educación de las niñas ocupa la sexta posición, y la planificación familiar la séptima; los autores hablan de los grandes efectos positivos que estas dos acciones tienen sobre la salud, el bienestar y la esperanza de vida de las mujeres y sus hijos e hijas, así como los múltiples beneficios que comportan sobre el desarrollo social y económico y sus efectos sobre las emisiones de gases de efecto invernadero. El potencial es mayor en los países desarrollados, como Estados Unidos, que tiene los niveles de consumo más altos de todo el mundo y altos niveles de embarazos no planeados (45% sobre el total de embarazos). Mejorar el acceso a la planificación familiar en los países con altos niveles de consumo mejorará la salud sexual y reproductiva de las mujeres y contribuirá a la reducción de las emisiones. Un mejor acceso a la planificación familiar también incrementará la resiliencia y la capacidad de adaptación de los países menos desarrollados del mundo, que, a pesar de tener prácticamente ninguna responsabilidad sobre el cambio climático, se encuentran entre los que más padecen sus efectos.

Empoderar a las mujeres y las chicas como agentes de cambio

El papel fundamental que juegan las mujeres en el avance hacia la sostenibilidad medioambiental ha sido reconocido desde hace tiempo. En la Cumbre de la Tierra celebrada en Río en 1992 se señaló que «las mujeres tienen un papel fundamental en el manejo y el desarrollo del medioambiente. Su plena participación es por lo tanto esencial para lograr el desarrollo sostenible».[208] En los países en desarrollo, las mujeres constituyen un 43% de la fuerza laboral agrícola y producen entre el 60% y el 80% de

---

208 Conferencia de las Naciones Unidas sobre el Medio Ambiente y el Desarrollo (1992). *Rio Declaration on Environment and Development*, A/CONF.151/26. Recuperado de: www.un-documents.net/rio-dec.htm

los cultivos alimentarios.[209] Las mujeres son las responsables de conseguir agua en casi dos terceras partes de los hogares. Esta experiencia las convierte en valiosas fuentes de conocimientos ecológicos y en expertas en la gestión medioambiental y en las acciones adecuadas para la conservación.[210]

Como administradoras de los recursos primarios en los hogares, las mujeres se ven afectadas de forma desproporcionada por los efectos de la degradación medioambiental, como la escasez de agua y la deforestación, y también pueden tener un mayor interés en que los recursos naturales locales se usen de forma sostenible.[211] En comparación con los hombres, las mujeres tienen un acceso menor a diversos recursos como la tierra, el crédito, la tecnología y la educación. Numerosos estudios demuestran que, si las mujeres tuvieran acceso a los mismos recursos que los hombres, sus resultados superarían la paridad. Esto tiene importantes implicaciones en los países de bajos ingresos, ya que sacaría a un gran número de personas de la pobreza y el hambre. La Organización para la Alimentación y la Agricultura (FAO, por sus siglas en inglés) de las Naciones Unidas estima que, en un escenario de igualdad de acceso a los recursos, entre cien y ciento cincuenta millones de personas saldrían de condiciones de pobreza extrema y hambre. Cerrar la brecha de género sería también beneficioso para las emisiones de carbono; las mejoras en la producción agrícola disminuyen la presión para deforestar nuevas tierras y conservan mejor las cualidades del suelo.

De hecho, las evidencias sugieren que las mujeres son más propensas a cambiar su comportamiento hacia prácticas más

209 Sofa Team y Doss, Ch. (2011). «The role of women in agriculture», *ESA Working Paper*, núm. 11-02. Roma: Organización para la Alimentación y la Agricultura. Recuperado de: www.fao.org/docrep/013/am307e/am307e00.pdf
210 PNUMA (2004). *Women and the Environmen*. Nueva York: United Nations Environment Programme.
211 Wan, M.; Colfer, C. J. P. y Powell, B. (2011). «Forests, women and health: opportunities and challenges for conservation», *International Forestry Review*, vol. 13, núm. 3, pp. 369-387

respetuosas con el medioambiente. Las mujeres tienden más a reciclar, comprar comida ecológica y productos respetuosos con el medioambiente y dan más importancia a los medios de transporte más eficientes desde el punto de vista energético.[212] Las mujeres cada vez desempeñan más funciones como administradoras y gestoras de los terrenos, la comida, el suelo, los árboles, el agua y otros recursos naturales. Cuando las niñas y las mujeres reciben educación son capaces de encontrar múltiples maneras de observar, comprender y emprender acciones para valerse por sí mismas y para mantener a quienes dependen de ellas.[213] Un estudio en ciento treinta países demostró que los países con una mayor representación parlamentaria de las mujeres son más proclives a ratificar tratados medioambientales internacionales.[214] Las instituciones locales de gobernanza forestal con una mayor proporción de mujeres tienden a asociarse, lo que comporta mejoras significativas en el estado y la conservación de los bosques.[215] Asimismo, los proyectos comunitarios de agua y saneamiento que cuentan con una plena participación de las mujeres son más eficaces y sostenibles que los que no lo hacen.[216] Está muy claro que lo que es bueno para la igualdad de género también lo es para el medioambiente.

212 Organización para la Cooperación y el Desarrollo Económicos (2008). *Environmental Policy and Household Behaviour: Review of Evidence in the Areas of Energy, Food, Transport, Waste and Water*. París: Organisation for Economic Co-operation and Development (OECD).

213 Hawken, P., *op. cit.*

214 Noorgard, K. y York, R. (2005). «Gender equality and state environmentalism», *Gender and Society*, vol. 19, núm. 4, pp. 506-522.

215 Agarwal, B. (2010). *Gender and Green Governance: The Political Economy and Women's Presence within and beyond Community Forestry*. Oxford: Oxford University Press.

216 Banco Mundial (2001). *Linking Sustainability with Demand, Gender, and Poverty*. Washington D. C.: Banco Mundial.

¿Qué tiene que ver todo esto con la salud y los derechos sexuales y reproductivos?

En todo el mundo, las mujeres y las niñas cargan con la mayor parte del trabajo doméstico no remunerado y de las labores de crianza.[217] Además de tener un efecto sobre su salud y sus opciones para progresar en los estudios o para conseguir oportunidades de trabajo, esto también supone una barrera de género a la plena participación de las mujeres en el gobierno de sus comunidades y de su sociedad, incluyendo la toma de decisiones y la gestión de las cuestiones medioambientales. Estudios centrados, en concreto, en el papel de las mujeres en la gestión forestal en los países en desarrollo han demostrado que los frecuentes embarazos y las consiguientes responsabilidades en el cuidado de los niños, así como la mayor carga de trabajo doméstico de las mujeres con familias numerosas, reducen su participación en los esfuerzos de conservación forestal.[218]

En contraste, una mujer saludable y que pueda escoger el número de hijos que desea tener y el momento en que desea quedarse embarazada es más resiliente ante las limitaciones de los recursos naturales y el cambio climático, y puede manejar los recursos de forma más eficaz para su familia y su comunidad. Una mujer con acceso a la planificación familiar también puede encontrar un mejor equilibrio entre su rol reproductivo y el productivo, lo que le permite participar de forma más eficaz en actividades generadoras de ingresos. Además, la planificación familiar hace que su carga de trabajo doméstico sea más manejable, que se enfrente a menos limitaciones al intentar desarrollar sus aspiraciones y que pueda participar más en el activismo y la gestión medioambiental. Como se muestra a continuación, una serie de proyectos conocidos con el nombre de Población, Salud y Medioambiente (PSMA, o PHE, por sus

217 Banco Mundial (2012). *World Development Report 2012: Gender equality and development*. Washington D. C.: Banco Mundial.
218 Wan, M.; Colfer, C. J. P. y Powell, B., *op. cit.*

siglas en inglés) en los países en desarrollo están consiguiendo todas estas cosas.

Población, Salud y Medioambiente: ¿una revolución para las mujeres y el medioambiente?

Durante demasiado tiempo, las agendas sobre la conservación medioambiental y el desarrollo humano han seguido caminos separados —a veces incluso compitiendo entre sí— y han fracasado al abordar la crítica relación entre las personas, su salud y su bienestar, la igualdad de género y el medioambiente. Esto puede estar empezando a cambiar gracias a un movimiento cada vez más importante de proyectos basados en la comunidad, que se llevan a cabo en países en desarrollo y que combinan intervenciones de salud reproductiva —y, de forma más general, atención primaria de salud— con otras centradas en la educación y con iniciativas de gestión de los recursos naturales, de conservación, y de desarrollo sostenible. Estos programas, los PSMA, se basan en un enfoque pragmático e integral para aproximarse a las cuestiones sobre la mala salud, las necesidades no satisfechas de planificación familiar, la inseguridad alimentaria, la pobreza, el uso insostenible de los recursos naturales y la degradación medioambiental, todos ellos aspectos relacionados entre sí. Integrar estas cuestiones crea sinergias importantes que permiten revertir círculos viciosos y mejorar la salud tanto de las comunidades como de los ecosistemas de los que dependen.[219] Su mayor efectividad respecto a los enfoques centrados en un solo sector ha quedado demostrada. Un análisis exhaustivo de los diez años de proyectos PSMA financiados por la Agencia de Estados Unidos para el Desarrollo Internacional (USAID, por sus siglas en inglés) reveló que este tipo de

---

219 Mohan, V.; Castro, J.; Pullanikkatil, D. *et al.* (2014). «Population health environment programmes: an integrated approach to development post-2015», documento presentado en la 2.ª Conferencia Internacional sobre Prácticas de Desarrollo Sostenible, Nueva York, 17-18 de septiembre de 2014. Recuperado de: http://psda.org.uk/wp-content/uploads/2014/09/PSDA-SDSN-paper-FINAL.pdf

proyectos consiguen un mayor compromiso de las comunidades y movilizan más rápidamente los esfuerzos comunitarios, lo que conduce a una mayor rapidez para alcanzar resultados a corto plazo, en el primer año o los dos primeros años del proyecto, y a un efecto más sostenible a largo plazo.

El éxito de estos proyectos no se limita a corregir las necesidades insatisfechas de métodos anticonceptivos y a las consiguientes reducciones de fertilidad. Al responder a las necesidades prioritarias de las comunidades, estos proyectos permiten fomentar una mayor confianza y compromiso, aumentan la implicación local en los programas de conservación y refuerzan los movimientos de base que pueden conseguir cambios sostenibles.[220] Así se ha confirmado al estudiar un programa integrado en una comunidad costera aislada de una zona rural de Madagascar.[221] El proyecto, implementado por Blue Ventures Conservation, miembro de la Population & Sustainability Network, empezó como un programa de conservación marina, pero evolucionó rápidamente para incluir acciones de salud reproductiva, como servicios de planificación familiar. Esta evolución se produjo debido a que la comunidad local terminó llegando a la conclusión de que la disminución de la población de peces se debía en parte al gran número de pescadores y a la falta de medios de subsistencia alternativos. Ofrecer información y servicios sobre salud reproductiva proporcionó a las mujeres mayores oportunidades de participación y fomentó su compromiso en la gestión de los recursos naturales, y, a su vez, los hombres aumentaron su apoyo y su participación en las cuestiones de salud reproductiva.[222]

---

220 De Souza, R. (2014). «Resilience, integrated development and family planning: building long-term solutions», *Reproductive Health Matters*, vol. 22, núm. 43, pp. 75-83.

221 Véase https://blueventures.org

222 Mohan, V. y Shellard, T. (2014). «Providing family planning services to remote communities in areas of high biodiversity through a Population-Health-Environment programme in Madagascar», *Reproductive Health Matters*, vol. 22, núm. 43, pp. 93-103.

Los programas PSMA conducen a menudo a un incremento en el acceso y el compromiso de los hombres con la salud reproductiva. Asimismo, el hecho de integrar la comunicación y las intervenciones entre los participantes del programa conlleva a menudo un incremento en el acceso y el compromiso de las mujeres con las actividades de conservación y gestión de los recursos naturales en comparación con las intervenciones centradas en único sector. El Consorcio PSMA de Etiopía, otra organización miembro de la Population & Sustainability Network, descubrió que en las comunidades que integraban intervenciones de planificación familiar y relacionadas con los medios de subsistencia basados en el medioambiente, un mayor número de esposos (30,2%) apoyaban la elección de sus mujeres de usar la planificación familiar respecto a las comunidades que no se beneficiaban de ese tipo de programas integrados (en las que el porcentaje bajaba hasta un 7,3%).[223] Las mujeres que tenían el apoyo de sus maridos para usar métodos de planificación familiar tenían una probabilidad diecisiete veces mayor de terminar usándolos. Los hallazgos sugieren que, en general, el enfoque PSMA presenta resultados positivos respecto a los comportamientos relacionados con la fertilidad, la planificación familiar y la conservación medioambiental si se comparan con los enfoques basados en un único sector que abordan sólo la salud reproductiva.

Una agenda de desarrollo integrada comporta beneficios tanto para la salud humana como para la planetaria

A veces, los ecologistas incluyen enfoques relacionados con la demografía en sus trabajos y abogan específicamente por los derechos reproductivos. Un ejemplo de ello lo encontramos en

223 PHE Ethiopia Consortium (2012). «Effectiveness of the PHE approach for achieving family planning and fertility outcomes in Ethiopia», Population, Health and Environment Ethiopia Consortium policy brief. Recuperado de: http:// phe-ethiopia.org/pdf/GPSDO_policy_brief.pdf

la colaboración entre la Population & Sustainability Network y Amigos de la Tierra para alcanzar una posición común sobre demografía, consumo y derechos. El estudio concluye que «es necesario un enfoque basado en los derechos para acelerar las tendencias positivas de disminución de las tasas de crecimiento de población», y proporciona una serie de recomendaciones compartidas de largo alcance.[224]

Las acciones programáticas y políticas pueden impulsar la planificación familiar como una actividad beneficiosa tanto para las mujeres como para la sostenibilidad. El proyecto conjunto de Margaret Pyke Trust, Pathfinder International y la Endangered Wildlife Trust que ya hemos mencionado antes y que se está implementando en Groot Marico, en la provincia del Noroeste de Sudáfrica, es sólo un ejemplo de ello. La comunidad escogió como nombre para el proyecto A Re Itireleng (una expresión en la lengua local setsuana que significa «Hagámoslo nosotros mismos»). El proyecto está diseñado para responder a las necesidades de la población relacionadas con los medios de subsistencia, el acceso a la información y los servicios de planificación familiar y para mejorar la salud general. Endangered Wildlife Trust proporciona a la comunidad formación sobre medios de vida sostenibles, Pathfinder International se encarga de la formación clínica sobre planificación familiar, mientras que Margaret Pyke Trust coordina las actividades y dirige la integración de las acciones del proyecto, incluyendo el desarrollo de materiales integrados para la educación comunitaria sobre los temas del proyecto. Al integrar acciones de conservación y de salud comunitaria, los proyectos PSMA como A Re Itireleng consiguen mejores resultados en cuestiones de salud, género y medioambiente en comparación con los proyectos tradicionales centrados en un solo sector.

224 Childs, M. (2013). «Global population, consumption and rights», *Friends of the Earth briefing*. Friends of the Earth. Recuperado de: www.foe.co.uk/sites/default/files/downloads/population_friends_of_the.pdf

De forma parecida, la Federación Internacional de Planificación Familiar, uno de los mayores proveedores de servicios de salud sexual y reproductiva en el mundo, presente en 172 países, pidió la colaboración del Margaret Pyke Trust para la elaboración de diversas herramientas de promoción y comunicación que destacaran los vínculos entre la planificación familiar y el cambio climático, que contribuyeran a que los defensores de la planificación familiar en esos 172 países participaran en discusiones sobre políticas climáticas y para promocionar la planificación familiar como una estrategia de adaptación. Algunas organizaciones de conservación medioambiental y otras que trabajan con los derechos y la salud sexual y reproductiva están empezando a ver estos vínculos.

El avance de la igualdad de género y la satisfacción de las necesidades insatisfechas ofrecen algunos enfoques basados en los derechos para afrontar las preocupaciones medioambientales relacionadas con la demografía y para proporcionar beneficios a las mujeres y al medioambiente. Al seguir estas estrategias, los activistas medioambientales pueden ayudar a empoderar a las mujeres y las chicas para que tomen decisiones que son beneficiosas para ellas mismas, sus familias, sus comunidades y el planeta. No se puede rebatir racionalmente un enfoque de desarrollo que sitúa los derechos de las mujeres en el centro de sus preocupaciones y que al mismo tiempo responde a las cuestiones medioambientales desde una perspectiva basada en los derechos humanos.

DOS CUESTIONES HABITUALES SOBRE DEMOGRAFÍA

1. ¿No es el consumo el problema, y no la población?
Ambos aspectos tienen que abordarse desde una perspectiva basada en los derechos humanos. Es cierto que se prevé que gran parte del crecimiento demográfico en el futuro tendrá lu-

gar en los países más pobres del mundo,[225] en los que las tasas de consumo per cápita son mucho más bajas que en el mundo desarrollado. Las regiones en desarrollo han contribuido menos a la degradación medioambiental y al cambio climático, pero son precisamente estas áreas las que padecen las peores consecuencias. Al mismo tiempo, los países en desarrollo están experimentando presiones en el ámbito local debido al crecimiento de la población. Por ejemplo, la mayor parte de ellos han identificado un alto crecimiento demográfico y una alta densidad de población como elementos que dificultan su capacidad para adaptarse al cambio climático, que agravan sus problemas medioambientales y que entorpecen otros esfuerzos para el desarrollo.[226] Además, para sacar de la pobreza a una población cada vez más numerosa, los países en desarrollo tendrán que incrementar sus niveles de consumo,[227] en consonancia con su derecho al desarrollo. Sin embargo, debido a la urgencia de los desafíos medioambientales globales a los que nos enfrentamos, especialmente en los países en desarrollo, deberíamos recurrir a todas las estrategias potencialmente beneficiosas que estén a nuestro alcance. Sólo tendrían que implementarse las estrategias basadas en los derechos humanos, y la planificación familiar voluntaria es una de ellas.

2. Con el descenso de las tasas de natalidad mundiales, ¿no se «soluciona» el problema?

No es tan sencillo: las tasas de fecundidad mundiales tal vez estén en descenso, pero no lo están en todas las partes del mundo. El 46% de la población mundial vive en países con niveles de

225 Departamento de Asuntos Económicos y Sociales de las Naciones Unidas (2015). *World Population Prospects: The 2015 Revision, Key Findings and Advance Tables*. Working Paper No. ESA/P/WP.241.UN. Nueva York: Departamento de Asuntos Económicos y Sociales de las Naciones Unidas.
226 Bryant, L.; Carver, L.; Butler, C. D. y Anage, A. (2009). «Climate change and family planning: least-developed countries define the agenda», *Bulletin of the World Health Organization*, núm. 87, pp. 852-857.
227 Royal Society (2012). *People and the Planet*. Londres: Royal Society.

fecundidad por debajo del umbral de reemplazo (es decir, en los que las mujeres tienen una natalidad promedio inferior a 2,1 hijos).[228] Pero en algunos países en desarrollo la población sigue creciendo rápidamente, e incluso cuando la natalidad cae al nivel de reemplazo la población sigue creciendo durante varias décadas, a medida que las generaciones más jóvenes alcanzan la edad reproductiva. Se calcula que para el año 2050 la población mundial se incrementará desde los 7.300 millones actuales a 9.700 millones.[229] Más de la mitad de este crecimiento tendrá lugar en África, donde la población se doblará en 2050 y se cuadruplicará a finales de siglo, alcanzando los 4.000 millones.[230] Estos niveles de crecimiento en los países más pobres del mundo agravarán de forma inevitable los desafíos que ya se afrontan en la actualidad para aliviar la pobreza, garantizar la seguridad alimentaria y la del abastecimiento de agua potable, y proporcionar acceso universal a servicios de salud y educación. En Níger, por ejemplo, uno de los países más pobres del mundo, las mujeres tienen un promedio de 7,6 hijos, y sólo el 8% de las mujeres sexualmente activas usan métodos anticonceptivos modernos. La población crece un 4% cada año.[231]

Este capítulo es una versión actualizada y revisada del capítulo originalmente escrito por Sarah Fisher.

228 Departamento de Asuntos Económicos y Sociales de las Naciones Unidas (2015), *World Population Prospects...*, *op. cit.*
229 *Ibidem.*
230 *Ibidem.*
231 *Ibidem*; Departamento de Asuntos Económicos y Sociales de las Naciones Unidas (2015). *World Contraceptive Use 2015.* POP/DB/CP/Rev2015. Nueva York: Departamento de Asuntos Económicos y Sociales de las Naciones Unidas.

El poder de la acción de las bases en el empoderamiento de las mujeres y el medioambiente

Kate Metcalf y colegas
Women's Environmental Network, Reino Unido

Women's Environmental Network (WEN) es la única organización del Reino Unido que ha trabajado constantemente para establecer los vínculos entre las mujeres, la salud y el medioambiente. WEN fue creada en 1988 por un grupo de mujeres involucradas en el movimiento ecologista que sintieron que las perspectivas de las mujeres no eran tenidas en cuenta por las principales organizaciones medioambientales. Nuestra visión se centra en lograr un mundo medioambientalmente sostenible y que alcance la igualdad de genero; otorgamos la misma importancia a ambos aspectos y creemos que ambos pueden y deben alcanzarse simultáneamente. Alcanzar uno sin el otro no es posible ni deseable.

A efectos prácticos, esto significa que WEN pretende que las mujeres puedan tomar decisiones informadas sobre el medioambiente y empoderarlas para que se conviertan en agentes de cambio en sus familias, sus redes personales y en la sociedad. Nos centramos en cinco áreas clave para nuestros programas: salud, residuos, alimentos, cambio climático y empoderamiento de las mujeres. Pero todo nuestro trabajo se basa en asumir que el género, las desigualdades y las cuestiones medioambientales están estrechamente relacionadas, especialmente en el entorno urbano en el que trabajamos, en el distrito londinense de Tower Hamlets.

Proyectos pasados y éxitos

Desde su fundación en 1988, la Women's Environmental Network ha participado en numerosas campañas, ha publicado información de alta calidad sobre cuestiones que vinculan el papel de las mujeres y el medioambiente y ha desarrollado sesiones prácticas sobre estos mismos temas. Hemos incorporado análisis de género a debates medioambientales como los del cambio climático, en los que los enfoques que ignoraban las cuestiones de género eran lo habitual, y también hemos ampliado el alcance de qué se considera una «cuestión medioambiental». Este enfoque nos ha permitido abordar una amplia gama de temas como los productos sanitarios, la menstruación, los productos químicos nocivos en los cosméticos, el cáncer de mama como una epidemia medioambiental, la incontinencia urinaria, los pañales de tela, el cultivo de alimentos y la conservación de semillas.

Cuestiones medioambientales

Muchas de las campañas de WEN se han centrado en productos que plantean problemas tanto desde el punto de vista de los riesgos para la salud como de la gestión de residuos. En 1989, WEN hizo campaña a favor de los productos sin dioxinas y sin blanquear, y consiguió un amplio acuerdo entre los fabricantes para usar celulosa blanqueada sin cloro elemental. En 1992, persuadió a los fabricantes de tampones para que proporcionaran advertencias de salud claras sobre el síndrome del shock tóxico en el exterior de los paquetes, y también impulsó nuevas investigaciones sobre esta infección. WEN sigue proporcionando información actualizada sobre alternativas a las compresas y los tampones que son más sostenibles desde el punto de vista ecológico y que evitan los numerosos problemas de salud asociados a estos productos. Este trabajo ha contribuido a romper los tabúes que rodean a la menstruación.

El informe «No laughing matter» de WEN proporcionó información gratuita sobre la prevención y la gestión de la incontinencia urinaria, otro tema tabú que afecta a casi el 17% de las mujeres mayores de dieciocho años y tiene un gran impacto social y medioambiental.[232] Una campaña de concienciación sobre la causas medioambientales del cáncer de mama en 1995 siguió explorando la relación entre la salud de las mujeres y el medioambiente y presionó para una reglamentación cautelar sobre productos químicos.

Desechos y pañales de tela

A principios de la década de 1990, WEN lanzó su primera campaña sobre la reducción de los residuos de embalaje, «Wrapping is a Rip Off», en la que se abogaba por el uso de productos reutilizables como pañuelos de tela en vez de pañuelos de papel. Impulsamos la Waste Prevention Bill, la ley de prevención de residuos británica, que fue presentada en el Parlamento en 1995 y se convirtió en 1998 en la Waste Minimization Act, la ley de minimización de residuos, que otorgó a las autoridades locales el poder de introducir medidas para la reducción de desechos.

WEN ha realizado continuas campañas para aumentar la concienciación sobre los pañales desechables, y en 2003 las presiones de nuestra red consiguieron que el Gobierno considerara prioritaria la cuestión de los residuos de los pañales en su programa de implementación de desechos. También lanzamos la «Real Nappy Week» («la semana de los pañales de tela»), que se celebra a finales de abril y se ha convertido en un importante acontecimiento apoyado por numerosas autoridades locales en el Reino Unido, y más tarde impulsamos «Real Nappies for London» y «Real Nappy Exchange» para proporcionar a los padres y madres información y acceso a vendedores de pañales de tela.

---

232 Women's Environmental Network (2004). «No Laughing Matter. Stress incontinence and the environment». Londres: WEN.

Productos químicos nocivos

El trabajo de WEN sobre los productos químicos peligrosos incluyó una campaña sobre pesticidas en 1993, centrada sobre todo en el lindano, usado en el cacao que se utiliza en la elaboración de chocolates. Tras un año de campaña, se consiguió que el Ministerio de Agricultura, Pesca y Alimentación realizara análisis periódicos sobre los chocolates comercializados. El lindano también tiene efectos perjudiciales sobre las mujeres que recolectan el cacao, y se ha denunciado que puede ser una causa de aborto espontáneo. A finales de la década de 1990, WEN publicó una serie de informes sobre ingeniería genética y fue uno de los miembros fundadores de la iniciativa Five Year Freeze. En 2005, esta campaña se convirtió en la GM Freeze, que sigue presionando para que se tomen precauciones sobre el avance de los alimentos genéticamente modificados y sobre las patentes de los recursos genéticos.

El trabajo de WEN sobre los productos químicos nocivos empezó en 2002 con nuestro informe «Pretty Nasty», que expuso el uso de ftalatos en los productos cosméticos europeos.[233] A éste le siguió «Getting Lippy: Cosmetics, toiletries and the environment», una campaña que hablaba tanto de la presión social sobre las mujeres para que usen cosméticos como de los riesgos concretos para la salud que el uso de éstos suele conllevar.[234] La WEN también empezó a proporcionar recursos y a realizar talleres sobre la elaboración casera de productos naturales de belleza, conocidos como Fruity Beauty, y llevó a cabo los talleres conocidos como Toxic Tour que invitaban a las mujeres a realizar un «tour tóxico» por sus cuartos de baño para descubrir

---

233 Women's Environmental Network (2003). «Pretty Nasty – questions & answers about phthalates, 2003». Londres: Women's Environmental Network.
234 Women's Environmental Network (2003). «Getting Lippy. Cosmetics, toiletries and the environment». Londres: Women's Environmental Network.

los potenciales efectos nocivos de las sustancias químicas presentes en los productos que guardamos allí.[235]

Género y cambio climático

WEN ha trabajado sin descanso para impulsar la conciencia de género en las políticas y acciones contra el cambio climático. En 2007, lanzamos el manifiesto «Women's Manifesto on Climate Change» en colaboración con la Federación Nacional de Institutos de Mujeres, con el que pedíamos al Gobierno británico que involucrara a las mujeres en la toma de decisiones sobre el cambio climático, proporcionara incentivos económicos y obligara al etiquetado de la huella de carbono para facilitar su labor con la reducción del impacto medioambiental.[236] A partir de este documento se desarrolló un exhaustivo informe («Gender and the Climate Change Agenda») en la Cumbre de Copenhague de 2009 que demostró que el cambio climático estaba contribuyendo al empeoramiento de la desigualdad de genero y que eran necesarios mayores esfuerzos para corregir esta desigualdad, así como para establecer estrategias de mitigación y adaptación al cambio climático sensibles al género.[237] Luego resumimos el informe en un breve documento de cuatro páginas, «Why women and climate change», para hacerlo más accesible al público general.[238] Esta versión resumida destacaba que las mujeres se ven más afectadas por el cambio climático debido a la desigualdad de género, que han contribuido menos a producir desajustes en el medioambiente y que no participan en igualdad de condiciones en la toma de decisiones sobre cómo

235 Women's Environmental Network (2003). «Toxic Tour: What's in my cosmetics?». Londres: Women's Environmental Network.
236 Women's Institute y Women's Environmental Network (2007). *Women's Manifesto on Climate Change*. Londres: Women's Environmental Network.
237 Women's Environmental Network (2010). *Gender and the Climate Change Agenda. The impacts of climate change on women and public policy*. Londres: Women's Environmental Network.
238 Women's Environmental Network (2010). *Why Women and Climate Change?* Londres: Women's Environmental Network.

enfrentarse al cambio climático, a pesar de que muchas veces se encuentran en una mejor posición para comprender y abordar los problemas. Por ejemplo: las mujeres son más propensas a sufrir una mayor carga de trabajo como resultado de catástrofes provocadas por el cambio climático, como a la hora de acarrear agua y combustible, y también es más probable que sufran violencia —incluyendo violencia sexual— en conflictos agravados por el cambio climático.

El trabajo actual de bases: el proyecto Local Food

Durante los últimos quince años, la WEN ha trabajado en proyectos de cultivo de alimentos para mujeres negras, asiáticas y de minorías étnicas que se encuentran en situaciones de desempleo o que tienen bajos ingresos en los distritos londinenses de Tower Hamlets y Hackney, dos de los que tienen mayores niveles de pobreza en Inglaterra.[239] Se calcula que un 40% de las mujeres asiáticas y negras viven por debajo del umbral de pobreza en el Reino Unido, y las mujeres pakistaníes y bangladesíes son las más desfavorecidas, con el promedio salarial más bajo entre todos los grupos étnicos y con las mayores tasas de pobreza.[240] El 30% de los residentes en Tower Hamlets son bangladesíes.[241] El proyecto de cultivo de alimentos de WEN, así pues, tiene como objetivo afrontar los problemas de salud, exclusión social y barreras a la educación asociados con estas tasas de pobreza —especialmente para las mujeres—, y contribuir a un sistema alimentario más sostenible.[242]

---

239 Greater London Authority (2011). *English Indices of Deprivation. A London perspective*. Londres: Communities and Local Government.
240 Fawcett Society (2008). *A Fawcett Society Briefing on Ethnic Minority Women, Poverty and Inequality*. Londres: Fawcett Society.
241 ONS (2006). *Population Estimates for UK, England, Wales, Scotland and Northern Ireland, mid 2006*. Londres: Office for National Statistics.
242 Metcalf, K. *et al.* (2012). «Community food growing and the role of women in the alternative economy in Tower Hamlets», *Journal of the Local Economy Policy Unit*, número especial: «Women and the local economy», vol. 27, núm. 8.

El proyecto Local Food abarca una serie de iniciativas más pequeñas, que se complementan y mejoran unas a otras. Como representante principal de la red de cultivo de alimentos Capital Growth en el distrito, WEN coordina la Tower Hamlets Food Growing Network. Se trata de una red de productores de alimentos que se mantiene gracias a cuatro reuniones estacionales al año, y que también mantiene una biblioteca comunitaria de semillas, ofrece boletines por correo electrónico y un directorio de recursos. La red, que fue creada en 2010, está integrada por personas que trabajan individualmente, grupos comunitarios, huertos comunitarios, grupos locales de salud mental, asociaciones vecinales, representantes municipales y el departamento de salud pública de Tower Hamlets. Esta red es un modelo fácilmente reproducible que puede contribuir a mejorar y promocionar el cultivo comunitario de alimentos en los barrios, a mejorar la calidad de los procesos de cultivo y el acceso a comida fresca y saludable para personas con bajos ingresos, y a conseguir que las cuestiones medioambientales puedan afrontarse de forma accesible. Se ha demostrado que reunir a personas de diferentes tradiciones culturales alrededor de una cuestión común es muy beneficioso. WEN también ofrece «Spice it Up!», un programa de formación de cultivo de alimentos ecológicos que empodera a las mujeres desfavorecidas para que cultiven sus propios alimentos ecológicos y compartan sus conocimientos y experiencias con las demás. El proyecto pretende afrontar el aislamiento social de grupos marginados como las mujeres somalíes y bangladesíes, así como promover la biodiversidad y los espacios verdes en una zona urbana densamente poblada. Con esta iniciativa queremos ayudar a las numerosas mujeres del distrito de East London que carecen de formación hortícola académica debido a su género, o a las barreras lingüísticas, culturales y económicas. «Spice it Up!» proporciona un espacio a las mujeres para que desarrollen sus habilidades y su confianza y valora sus conocimientos culturales sobre el cultivo de alimentos.[243]

El papel de WEN en esta área es único; ofrece actividades orientadas exclusivamente a mujeres para miembros de las minorías étnicas más desfavorecidas, que, muy frecuentemente, son reacias a acudir a grupos mixtos y tienen que enfrentarse a barreras particulares —culturales, prácticas, psicológicas e institucionales— en su aprendizaje.[244] Los beneficios sociales y de salud del cultivo comunitario de alimentos son cada vez más conocidos y se valoran cada vez más en el ámbito local. En una evaluación del programa Tower Hamlets Healthy Borough Programme, coordinado por el sistema sanitario de East London y el Ayuntamiento, se demostró que el cultivo comunitario de alimentos tiene efectos particularmente positivos, con numerosos beneficios sociales y de salud y una fuerte aprobación en la comunidad y entre los propietarios de las viviendas sociales. Debido al reconocimiento del valor de estos programas de cultivo comunitario, la London Borough de Tower Hamlets ha encargado recientemente un servicio de huertos comunitarios en el que WEN se asoció con diversas organizaciones de vivienda social como Eastend Homes, Poplar HARCA y Tower Hamlets Community Housing, así como con Capital Growth/ Sustain. WEN coordinó este proyecto de huertos urbanos, «Gardens for Life: Tower Hamlets Community Gardens», en el que se crearon quince nuevos huertos para residentes de complejos de viviendas sociales en centros comunitarios y en centros de acogida. Los beneficiarios de este proyecto recibieron formación y apoyo continuado y se les asoció a la red Tower Hamlets Food Growing Network para asegurar la sostenibilidad de las acciones. La red se ha convertido en una excelente forma de integrar a personas de diferentes condiciones cultura-

---

243 *Ibidem.*
244 Ward, J. y Spacey R. (2008). *Dare to Dream: Learning journeys of Bangladeshi, Pakistani and Somali women.* Leicester: NIACE.

les, sociales y económicas, pero, sobre todo, de generar espacios
seguros en los que los hombres y las mujeres puedan compartir
sus experiencias.

El cultivo de alimentos para uso doméstico puede proporcionar beneficios adicionales, como la mejora del acceso a
comida saludable. Los alimentos biológicos suelen ser vistos
como un lujo, pero cultivar alimentos sin usar pesticidas ni fertilizantes es una medida directa de ahorro para la mayoría de
los productores en pequeña escala y de bajos ingresos. Hemos
podido comprobar que las mujeres bangladesíes son jardineras
ecológicas especialmente buenas, gracias a las habilidades y
conocimientos sobre agricultura transmitidos a lo largo de las
generaciones en Bangladesh. Valorar los conocimientos tradicionales de este tipo también es importante para empoderar a
las mujeres, crear lazos en la comunidad y sacar el máximo partido de la diversidad cultural.

Desarrollar las habilidades

El voluntariado en los proyectos comunitarios de cultivo de
alimentos y agricultura urbana ha resultado ser una forma de
aumentar la empleabilidad de las personas y de ayudar en la
transición hacia un trabajo mediante el desarrollo de competen-
cias transferibles, un aumento de la autoconfianza y del apoyo
social, el desarrollo de habilidades técnicas y calificaciones formales y la creación de redes de contactos que aumentan las posibilidades de encontrar empleo.[245] Todo esto es especialmente
importante para las mujeres negras, asiáticas y pertenecientes a
otras minorías étnicas, que se encuentran con grandes barreras
culturales y psicológicas para conseguir empleos formales, pero
para quienes el cultivo de alimentos puede ofrecer una forma
de participación agradable y culturalmente apropiada y que,

---

245 Varley-Winter, O. (2011). *Roots to work: developing employability through community food-growing and urban agriculture projects*. Londres: City & Guilds Centre
for Skills and Development.

potencialmente, puede proporcionarles nuevas oportunidades en el futuro.

El papel de las mujeres en la economía alternativa de los alimentos: éxitos y obstáculos

Uno de los objetivos de WEN es facilitar el autoempoderamiento de las mujeres como actores sociales, económicos y medioambientales de acuerdo con los principios feministas. WEN también quiere construir comunidades entre mujeres y desarrollar otras comunidades de intereses en las que se priorice el papel de las mujeres y su relación con el medioambiente. Estos esfuerzos han tenido y siguen teniendo éxito en muchos aspectos, pero también se han encontrado con ciertos obstáculos y desafíos. Uno de ellos es el hecho de trabajar con mujeres que no hablan inglés, lo que dificulta los esfuerzos de empoderamiento. Otro obstáculo con el que WEN se ha tenido que enfrentar son las limitaciones horarias de muchas mujeres, que tienen poco tiempo libre y muchas veces tienen que regresar a casa a mediodía para cocinar el almuerzo. Entre los éxitos de los proyectos, en cambio, podemos mencionar la formación de centenares de mujeres locales en el cultivo de alimentos orgánicos, la construcción de redes de relaciones mediante la iniciativa «Spice it Up!» y la ayuda proporcionada para establecer numerosos huertos urbanos. En colaboración con las organizaciones asociadas, WEN está construyendo una red de huertos comunitarios en todo el distrito que conlleva a su vez la creación de vínculos entre las mujeres que se apoyan mutuamente en su trabajo para cultivar alimentos. WEN también está muy orgullosa de la creación de su biblioteca comunitaria de semillas, que se encuentra en continuo desarrollo. Sin embargo, todavía tenemos que enfrentarnos a algunos desafíos, sobre todo en lo referente a la sostenibilidad. Las organizaciones de mujeres y los servicios orientados a ellas se están enfrentando en todos los ámbitos a grandes problemas de financiación. No es fácil convencer a las personas y a los donantes de la importancia de estos servicios cuando se extiende entre ellos la percepción de que las cuestiones de igualdad de género ya se han resuelto y normalizado, y cuando piensan, en consecuencia, que ya no hay ninguna necesidad de que existan organizaciones específicamente centradas en las mujeres o de que se tengan que aplicar enfoques de género en las cuestiones medioambientales.

Los huertos urbanos permiten que las minorías étnicas expresen sus identidades culturales a través de los alimentos que deciden cultivar (por ejemplo, quingombó, chile, cilantro, boniato, calalú…) y de cómo organizan los huertos.[246] Programas como «Spice it Up!» impulsan la diversidad cultural y valoran el conocimiento de las mujeres y, en particular, posibilitan que las mujeres asiáticas tengan la oportunidad de compartir su cultura culinaria y agrícola con sus vecinos. El cultivo de alimentos en una comunidad de mujeres también les proporciona la confianza necesaria para involucrarse en otras tareas ecológicas comunitarias que requieren mayores esfuerzos.

Estas formas de renegociación, crecimiento personal y autonomía entre las mujeres pueden verse como actos feministas.[247] Al recuperar el poder de producción respecto a los procesos económicos de explotación a gran escala, las mujeres pueden tener una mayor influencia en sus propias economías domésticas. Esto no sucede sin tensiones, por supuesto; las mujeres han sido responsables históricamente —y lo siguen siendo en buena medida— de la provisión de alimentos en las familias,[248] y han tenido que tomar duras decisiones sobre el valor nutricional de los alimentos que adquirían cuando sus presupuestos eran

246 Baker, L. E. (2004). «Tending cultural gardens and food landscapes in downtown Toronto», *Geographical Review*, vol. 94, núm. 3, pp. 305-325.
247 Hayes, S. (2010). *Radical Homemakers: Reclaiming Domesticity from a Consumer Culture*. Richmondville: Left to Write Press.
248 Charles, N. y Kerr, M. (1988). *Women, Food, and Families*. Manchester: Manchester University Press.

ajustados.[249] Valorar las habilidades que poseen estas mujeres en el cultivo de alimentos es fundamental, ya que en la economía convencional no se aprecian adecuadamente.

Es fácil ver los efectos positivos de su participación en los huertos urbanos sobre el presupuesto familiar que dedican a la alimentación. Pero también es cierto que conseguir que esas habilidades se traduzcan en un mayor poder económico directo fuera de su hogar constituye un desafío para iniciativas como la nuestra. Para conseguir traducir en ingresos económicos el trabajo que realizan en estas iniciativas se podría vender localmente parte de la producción; otra forma sería que las participantes encontraran empleos remunerados en los que pudieran aprovechar sus habilidades como agricultoras. También se podría intentar que los huertos comunitarios fueran sostenibles económicamente vendiendo parte de la producción a restaurantes o mercados locales —como ya se ha mencionado— y, de hecho, estamos empezando a ver el desarrollo de relaciones entre los huertos comunitarios y algunos negocios locales, aunque tenemos que seguir trabajando en ello si queremos asegurar el éxito de estas colaboraciones. WEN también querría que la provisión de alimentos y otras tareas domésticas se compartiera de forma equitativa con los hombres para reducir la carga de trabajo de las mujeres.

«Spice it Up!» revaloriza unas habilidades agrícolas que van a ser cada vez más importantes a medida que nuestro sistema económico encuentre más dificultades para resolver los retos del cénit petrolero y el cambio climático. Los proyectos de cultivo de alimentos a pequeña escala son una forma de revitalizar las

---

249 DeVault, M. L. (1994). *Feeding the Family: The Social Organization of Caring as Gendered Work*. Chicago: University of Chicago Press; Wiig, K. y Smith, C. (2009). «The art of grocery shopping on a food stamp budget: factors influencing the food choices of low-income women as they try to make ends meet», *Public Health Nutrition*, vol. 12, núm. 10, pp. 1726-1734; Inglis, V. (2009). «Does modifying the household food budget predict changes in the healthfulness of purchasing choices among low- and high-income women?», *Appetite*, vol. 52, núm. 2, pp. 273-79.

comunidades locales y de darles más control sobre su seguridad alimentaria, al mismo tiempo que se sitúa la sostenibilidad en un primer plano. Ante la perspectiva de los retos que acabamos de mencionar, es muy importante el hecho de que estos proyectos desarrollen habilidades fundamentales como la cooperación, el trabajo con la naturaleza y el fomento de la resiliencia de las comunidades. Las acciones locales a pequeña escala suelen ser poco valoradas en la economía global —como sucede también con los conocimientos y habilidades de las mujeres—, pero creemos que proyectos como «Spice it Up!» son valiosos no sólo desde un punto de vista económico, sino también, y especialmente, desde un punto de vista social, cultural y medioambiental, y que representan una pequeña contribución a la creación de una economía alimentaria alternativa que sitúe a las mujeres en primer plano.

La planificación de ciudades sostenibles y la participación de las voces marginales

Hay muchos autores con más experiencia y conocimientos que WEN sobre los sistemas de planificación y sus limitaciones o posibilidades para crear cambios positivos a la luz de la crisis ambiental. Nosotros únicamente podemos compartir nuestras experiencias al trabajar con comunidades marginales en proyectos de horticultura urbana comunitaria. Pero creemos que de estas iniciativas se pueden extraer algunas lecciones valiosas sobre cómo crear procesos verdaderamente participativos de consulta en la planificación de ciudades sostenibles.

En nuestro proyecto «Gardens for Life» éramos conscientes de que la forma en la que pusiéramos en marcha los nuevos huertos sería decisiva para que la iniciativa llegara a las personas que realmente la necesitaban. Si hubiéramos anunciado una convocatoria abierta para solicitar posibles parcelas vacantes de tierra o para buscar gente interesada en ayudar a poner en marcha un nuevo huerto, no habríamos llegado a las personas en una situación más marginal en el distrito, que seguramente no habrían llegado a leer el anuncio, no habrían respondido a él o no habrían tenido confianza para hacerlo. Así que decidimos trabajar con los proveedores de vivienda social para identificar las posibles parcelas de tierra y luego fuimos puerta por puerta en cada zona preguntando a las personas que vivían allí si querían cultivar sus propias hortalizas. Nuestra experiencia fue que al principio sólo se interesaban un pequeño número de personas, pero que, una vez que el proyecto se ponía en marcha, muchas más se animaban y querían participar. En uno de los huertos sólo se interesaron tres personas al principio, pero luego terminaron participando veinte hogares en un bloque de sesenta pisos. Muchos de nuestros participantes de los complejos de viviendas sociales pertenecían a la comunidad bangladesí, y la mayor parte de ellos eran mujeres, y no hablaban inglés o no sabían leer y escribir. Es muy poco probable que estas participantes se hubieran unido al proyecto como resultado de ver un anuncio en los medios de comunicación o en las redes sociales, o incluso aunque lo hubiéramos colgado en su edificio. Y, sin embargo, han sido las que más se han comprometido y más han aportado al proyecto a medida que éste crecía.

Nuestra experiencia demuestra que este sistema, que puede ser percibido como menos «abierto» y transparente para la participación de la comunidad, ha sido el más adecuado para llegar directamente a los grupos más marginados y oprimidos de nuestra sociedad.

Estamos planeando trabajar en un proyecto que promueva la integración de una perspectiva de género en las políticas referentes al cambio climático en el ámbito de toda la ciudad de Londres, ya no únicamente un distrito. Usaremos enfoques participativos para trabajar con mujeres —especialmente mujeres de minorías étnicas y bajos ingresos— como parte de nuestro compromiso con una perspectiva intersectorial que estudie las múltiples desigualdades que pueden agravar los efectos del cambio climático. El objetivo es trabajar con estas comunidades para coproducir políticas climáticas sensibles al género para la ciudad.

Conclusión

El trabajo de Women's Environmental Network se centra en las bases, educando a mujeres y hombres (a través de la red Tower Hamlets Food Growing Network) en las zonas más desfavorecidas de Londres y ayudándoles a recuperar el control sobre su alimentación y a influir de forma positiva en su salud y en el medioambiente mediante el cultivo de sus propios alimentos en huertos comunitarios.

Creemos que enfoques parecidos pueden usarse de forma más extensa en las luchas ecológicas y feministas. WEN crea y facilita espacios en los que las mujeres pueden compartir y valorar sus conocimientos y habilidades, normalmente desvalorizados en la economía convencional y en la sociedad patriarcal. El cultivo de alimentos es una forma poco amenazadora y controvertida de implicar a muchas mujeres que viven aisladas y no participan en estructuras sociales más amplias. Es una estrategia útil para abordar sus necesidades concretas de género, aunque también pretendemos abordar en última instancia sus necesidades estratégicas de género. No sólo proporciona una plataforma para hablar de cuestiones medioambientales más amplias como el cambio climático de una forma accesible, con ejemplos concretos relacionados con la vida cotidiana de las personas, sino que también nos proporciona una herramienta para el aprendizaje de la lengua y la inclusión social.

También hemos descubierto que, aunque muchas mujeres podrían sentirse incómodas acudiendo a eventos de activismo social como una protesta contra los transgénicos, sí tienen fuertes sentimientos sobre esos temas y están deseosas de comprometerse de una forma práctica. Hemos conseguido algo importante para ellas: para muchas mujeres, el simple hecho de salir de casa ya es un gran obstáculo que superar. Hemos podido comprobar que la Tower Hamlets Community Seed Library, la biblioteca comunitaria de semillas del proyecto, empodera a las mujeres al proporcionarles un modo de actuar mediante la conservación y la posibilidad de compartir semillas con otros; todo ello les permite participar en cuestiones relacionadas con el medioambiente de una forma con la que se sienten cómodas. En WEN nos gustaría ver que se siguen usando este tipo de enfoques inclusivos para reunir a las personas y construir redes para la sostenibilidad y la igualdad de género. En este contexto, utilizar un enfoque feminista «encubierto» puede ser más efectivo que un enfoque abierto, sin que ello impida que nos esforcemos para implicar a las mujeres con las que trabajamos en cuestiones políticas y medioambientales de mayor alcance, como los biocombustibles, la soberanía semillera, el cambio climático y la igualdad de género. Nuestro objetivo es conseguir un mundo medioambientalmente sostenible en el que hayamos alcanzado la igualdad de género. No es una tarea fácil, y para llevarla a cabo vamos a necesitar múltiples enfoques que nos permitan concienciar sobre la importancia y los beneficios de trabajar en esta dirección. Esto implica trabajar tanto con mujeres como con hombres para impulsar esta agenda.

WEN hace un llamamiento para reconocer que el futuro del planeta y de todos los que vivimos en él depende de que los responsables políticos y los gobiernos incluyan a las mujeres en la toma de decisiones y las empoderen —mediante una mayor igualdad de género— para poder hacer los cambios que tenemos que hacer por el bien de todos. Necesitamos más mujeres en los altos niveles de la toma de decisiones y, muy especialmente, necesitamos movimientos de base para educar y empoderar a las mujeres en ese ámbito. Por todas estas razones, para WEN, el feminismo y el ecologismo van de la mano.

Todos los recursos de Women's Environmental Network se encuentran disponibles en http://wen.org.uk/all-resources

El impacto del equilibrio de género en el sector de las energías renovables

Juliet Davenport
Directora general de Good Energy, una empresa
suministradora de energía verde con más de 200.000
usuarios en todo el Reino Unido

En términos generales, ¿cuál es tu visión sobre la energía, sobre nuestro sistema energético?

Mi visión general ha sido siempre que debía apostarse por las renovables. Creo que podemos conseguir que Gran Bretaña genere un 100% de energía renovable y que eso sería bueno por muchos motivos. Primero, desde el punto de vista del clima; segundo, desde el de la seguridad energética y la seguridad global, y tercero, desde el punto de vista de la propiedad. Las energías renovables no tienen que ser propiedad de una persona; pueden ser desarrolladas por cualquiera en sus propios hogares y pueden ser desarrolladas por comunidades. Dan acceso a todos los niveles de la sociedad. Creo que lo ideal sería que muchas personas generaran su propia energía con las renovables, y que eso las haría mucho más responsables de la energía que consumen.

Entre los problemas que nos encontramos para alcanzar ese objetivo, ¿cuánta importancia crees que tiene la cuestión de la desigualdad de género?

Es una pregunta muy interesante. No puedo decir directamente que estos temas sean sólo responsabilidad de los hombres, porque se trata de que una parte más grande de la sociedad asuma la responsabilidad, tanto hombres como mujeres. Así que no se trata sólo de que las mujeres lleguen a posiciones de poder, sino, también, de que las mujeres comprendan que tienen tanta responsabilidad como las personas que han trabajado tradicionalmente en esta área. Al incorporar a las mujeres al mercado laboral, y en particular en el sector de la energía, incorporas nuevas perspectivas e ideas, pero también incorporas un sentido más amplio de la responsabilidad en temas como el consumo energético, dónde producimos la energía y qué efectos tiene sobre la vida de otras personas.

¿Cuánta importancia tiene la igualdad de género en Good Energy? ¿La promovéis activamente? ¿Cuáles son vuestras acciones al respecto?

Como parte de la industria energética, estoy acostumbrada a ser una solitaria voz femenina en un sector dominado muy mayoritariamente por hombres, aunque ahora hay más mujeres que trabajan en él. Desde la perspectiva de Good Energy, creo que ahora lo estamos haciendo bastante bien respecto a la igualdad de género. Recuerdo que, al principio, lo normal era acudir a las reuniones y darme cuenta de que era la única mujer allí. Hicimos algunos estudios sobre igualdad de género en la empresa y empezamos a evaluarla, que es el primer paso para cualquier organización que quiera preocuparse por este tema. ¿En qué momento o en qué áreas perdemos a las mujeres? ¿Cuándo se incorporan a la empresa? Descubrimos que, en las primeras etapas laborales en nuestra empresa, entre estudiantes y recién licenciadas, sí que conseguíamos alcanzar la igualdad de género, pero que, a medida que se avanzaba en la carrera laboral, íbamos perdiendo cada vez más a nuestras trabajadoras, de forma que las posiciones directivas de nuestro personal acababan cubiertas casi siempre por hombres. Quise ver cómo podíamos apoyar a las mujeres para evitar esto, asegurándonos de que pudieran progresar en sus carreras y de que estuvieran interesadas en lo que hacían. Ahora tenemos cuatro mujeres en los siete puestos del Consejo de Administración, y actualmente más de dos terceras partes de nuestro personal en puestos directivos de liderazgo son mujeres.

No hemos promocionado a mujeres de forma deliberada, pero sí incorporamos la cuestión en la agenda de nuestros cazatalentos y de nuestro equipo de recursos humanos, y les dijimos que queríamos encontrar un equilibrio. Hay que escoger siempre a la persona mejor preparada, pero también tienes que asegurarte de que has visto a los suficientes candidatos. Y por lo que respecta al personal que ya tenemos, hemos intentado apoyar a la gente para que regresaran al trabajo: hemos orientado a las personas que han tenido hijos sobre cómo conciliar, ya que ésta es una cuestión clave para que las mujeres se reincorporen. Para ello, tienes que asegurarte, en primer lugar, de que su trabajo les parece lo suficientemente interesante como para reincorporarse, porque en caso contrario preferirán quedarse en casa. En segundo lugar, puedes apoyar a estos empleados —tanto madres como padres— para que regresen a sus puestos si les ofreces jornadas de trabajo flexibles y si apoyas una cultura de trabajo que satisfaga sus necesidades de conciliación.

¿Puedes ver los efectos de ese mayor equilibrio de género en la compañía? ¿Cómo os ha afectado?

Sí. Hemos visto la llegada a puestos directivos de mujeres con una actitud muy positiva y resolutiva, lo que es fantástico y nos ha permitido romper algunas barreras a la hora de poner las cosas en marcha. También significa que la gente tiene que pensar de forma más integral, viendo las cosas desde diferentes perspectivas, lo que nos permite debates más ricos en las áreas de mayor riesgo. En los entornos dominados por hombres, a veces se produce la situación de que la gente tiene miedo de preguntar esas «preguntas estúpidas que en ocasiones son las más importantes». Las personas pueden temer quedar como tontos y prefieren callarse, y eso puede convertirse en un gran problema, porque no se habla de lo que está sucediendo en realidad.

No sé si puede suceder lo mismo si llegáramos a tener un entorno mayoritariamente femenino, pero es posible que también tuviera sus puntos negativos.

¿Crees que eso pasa por una diferencia de género, porque, en cierta manera, pensamos de manera diferente?

Sí, creo que sí. Cuando predomina un género, creo que se refuerzan todas sus características, tanto las positivas como las negativas. Cuando logras una mayor igualdad entre hombres y mujeres, todos trabajando juntos, creo que, en cambio, se consigue un equilibrio muy destacable que pone diferentes aspectos sobre la mesa. Si sólo tienes un género, empiezan a producirse los sesgos. Decir que existe un sesgo de género no sé si es muy correcto, porque hay diferentes tipos de sesgo, pero en cualquier caso corres el riesgo de que todo el mundo diga lo mismo, en vez de confrontar las ideas de los demás.

¿Es cierto que el sector energético está muy dominado por los hombres?

Aunque ahora trabajan en él más mujeres que nunca, sigue tratándose de un sector muy dominado por los hombres. Todavía se tiende a considerar la energía como una disciplina del ámbito de la ingeniería y, debido a la gran cantidad de chicas que rechazan las materias CTIM, el sector energético no es percibido como una elección de carrera profesional natural para ellas. Pero el sector energético tiene muchas posibilidades, y ofrece oportunidades en áreas muy diferentes, así que una licenciatura en ingeniería o ciencias no es un prerrequisito obligatorio, hay otras formas de acceder a él. En la actualidad estamos viendo un número cada vez mayor de liderasas en el sector energético, pero las cifras siguen siendo comparativamente bajas. Pero sí, podemos decir que el sector se está despertando en lo referente a estas cuestiones, y que muchas organizaciones están desarrollando programas para corregir los desequilibrios.

¿Hubo algo que hiciera que, personalmente, decidieras involucrarte en este sector? Si lo hubo, ¿lo viviste como un desafío que te motivó, o como una barrera?

Mi vida laboral y mi carrera empezaron cuando decidí estudiar ciencias en la universidad, y en aquel entonces el equilibrio de género era mucho peor que el que hay en la actualidad en el sector energético. Estudié Física, y las mujeres éramos sólo un 10% de los estudiantes, tal vez incluso menos, pero realmente lo disfruté. Entonces estudié el cambio climático, y si quieres hacer algo en este campo, terminas en el sector energético. No fue porque quisiera ser una mujer en un mundo dominado por hombres, sino porque era el área en la que estaba interesada. En términos de igualdad de género, es muy aburrido pertenecer a la minoría todo el tiempo, y también es un trabajo duro. Cuando hay más mujeres a tu alrededor, tienes más confianza en que serás escuchada. Pero cuando estás en una habitación con doce personas y eres la única mujer, si levantas la mano para decir algo, destacas. Lo haces, no puedes evitarlo. Si hay más mujeres en la habitación, en cambio, te sientes más normal.

Empezaste como científica. ¿Qué tipo de medidas crees que serían necesarias para conseguir que haya más mujeres en el ámbito de la ciencia, la tecnología, los negocios o la política?

Es un problema social más amplio. Veo niñas a las que, a los diez años, se les transmite la idea de que la ciencia es aburrida, o «para chicos». Creo que tenemos que fijarnos en las escuelas primarias y en cómo enseñamos ciencia. La ciencia es algo absolutamente fundamental. Nuestras vidas giran alrededor de ella. Todo lo que hacemos en nuestra vida —desde usar una tableta o el móvil a la electricidad que se suministra a nuestros hogares—, todo está basado en la ciencia. Y, sin embargo, la mayoría de las personas que utilizan la tecnología no saben cómo funciona, y creo que eso las hace muy vulnerables frente a las personas que sí lo saben y frente a aquéllas que pretenden deslumbrarnos con la ciencia.

En mi opinión, si queremos que la sociedad cambie su percepción, necesitamos dar a los científicos la misma relevancia social que a los artistas (escritores, actores, personalidades). Necesitamos ver la ciencia como algo verdaderamente positivo. Brian Cox y Helen Czerski son buenos ejemplos, en los que se puede ver cómo se presta atención a personas que han desarrollado sus carreras científicas y que se esfuerzan en divulgar la ciencia de forma accesible y atractiva para el público. Tenemos que elaborar programas sobre ciencia que sean realmente interesantes y que ayuden a las mujeres y los hombres a verla como parte de sus vidas, no como algo que hacen los demás. Es fundamental que esto empiece en edades tempranas, porque, para cuando las niñas tienen once años, muchas de ellas ya han tomado su decisión sobre si quieren ser, por ejemplo, escritoras o no. Bueno, tal vez exagero, pero a esa edad sí saben ya si les interesa o no la ciencia.

He trabajado con South East Physics Network, SEPnet, cuyo objetivo es que la gente se sienta más atraída por la ciencia —y, por supuesto, que las mujeres se sientan más atraídas por la ciencia—. Si te fijas, en muchas compañías y empresas de todo el mundo, gran parte de las personas que las dirigen o participan en ellas tienen algún tipo de formación científica, porque tienes que ser bueno con los números, tienes que ser capaz de entender cómo funcionan las cosas. Cuantas más mujeres terminen interesándose por la ciencia, más probable será que veamos a mujeres en altos cargos en las empresas, especialmente en el sector energético.

El mundo político, que, obviamente, es fundamental para determinar las políticas energéticas, también está claramente dominado por hombres. ¿Crees que esto ha hecho que tu trabajo y tu visión sean más difíciles de alcanzar?

Cuando veo la vida política, pienso que, definitivamente, no quiero ser política. ¡Ya es suficientemente duro ser una dirigente en el mundo empresarial! Que tu vida esté en el punto de mira y todo eso tiene que ser complicado. Supongo que eso es cierto sin importar cuál sea tu género.

Creo que la política tiene que ser más exigente consigo misma si queremos que más mujeres quieran participar en ella, y un buen primer paso sería hacer frente a los comportamientos sexistas en el Parlamento. ¿Si ha hecho que mi trabajo sea más complicado? Pues no lo sé. Tienes que esforzarte más para relacionarte con un hombre que con una mujer, y gran parte de las conversaciones con políticos son sobre las relaciones, sobre comprender de dónde vienen. Así que tal vez sí haga que sea un poco más complicado, sí.

Cambiando un poco de tema, ¿crees que hay algún tipo de sesgo de género en la base de usuarios de tu compañía, sobre todo entre los más implicados? Antes hablaste de propiedad comunitaria…, ¿hay un sesgo de género del que seas consciente en la base de usuarios involucrados en la microgeneración de energía?

Antes lo había. Cuando pusimos en marcha el proyecto, sí había claramente un sesgo de género, con más hombres entre los usuarios. Pero esto ha cambiado con el paso de los años, y hemos ido viendo que cada vez más mujeres se involucraban en el sector. En la actualidad, creo que ya no existe ese sesgo. En nuestros recientes análisis de la base de usuarios estamos viendo menos familias convencionales y más personas solteras, más parejas sin hijos y más parejas jóvenes. Si te fijas, donde menos hemos conseguido posicionarnos es entre las familias convencionales, lo que es curioso porque nuestro principal objetivo es contribuir a la lucha contra el cambio climático, es decir, a preservar el planeta para la siguiente generación. Ahora estamos buscando nuevas formas de conectar con ese perfil de familias para asegurarnos de que nuestro mensaje llega a ellos.

¿Estos datos son sobre los usuarios implicados en la microgeneración de energía, en concreto?

Sí, pero también sobre los consumidores de energía en general. Tenemos una buena oportunidad de conectar con la gente a través de la forma en la que usan la energía, qué electrodomésticos tienen en sus hogares, cuánta energía usan, y, por supuesto de las oportunidades de generar su propia energía. Uno de los beneficios de los que menos se ha hablado sobre el gran incremento del despliegue de tecnología solar en los últimos años es que ha permitido a la gente comprometerse más con la energía que usan. En pocos años, el papel de «generador de energía» ha pasado de estar en manos de unas pocas grandes empresas a estar en manos de millones de hogares, y esto es algo revolucionario. Cuanto más consigamos que las personas participen en la generación de energía, más posibilidades tenemos de evitar un cambio climático catastrófico.

En general, ¿la decisión de que, por ejemplo, una familia decida instalar paneles solares o contratar una tarifa verde la toman más los hombres o las mujeres?

Es difícil de decir, la verdad. Creo que antes era más fácil responder a esta pregunta. Es una pregunta muy interesante. Muchas veces hay dos nombres en las facturas, un hombre y una mujer, así que es muy difícil saber quién es el que tomó la decisión. Pero sí creo que muchas veces se trata de una decisión conjunta, lo que es fantástico.

Más allá del sector de la energía, ¿crees que las mujeres desempeñan un papel particular en la creación de una economía verde?

Sí. Ha habido muchas mujeres liderando en áreas como la moda, el arte, en empresas como People Tree, The Body Shop, en productos de belleza... Hemos visto muchas lideresas que irrumpían en esas áreas, tal vez, en parte, porque se trataba de los sectores tradicionalmente más dominados por las mujeres. Se puede decir que, en cierto modo, parece que la aparición de ideas relacionadas con la ecología y el medioambiente se produce antes en los sectores en los que hay un mayor equilibrio de género. Sería bueno investigar por qué y cómo sucede esto. ¿Es cierto que, si consigues que haya más mujeres involucradas en una industria, en ésta se empieza a ver el medioambiente como un factor al que hay que prestar tanta atención como al económico? ¿Qué conduce a este diferente enfoque, y cómo podemos alentar a más organizaciones a mejorar su equilibrio de género para que puedan beneficiarse de la economía verde?

Si pudieras hacer una sola cosa para mejorar la cantidad de mujeres en posiciones de poder, o para mejorar la igualdad de género en general, ¿qué sería?

Sinceramente, tomaría medidas fiscales. Haría que el cuidado de los niños fuera deducible, sobre todo para las personas con ingresos medios y bajos. Sé que ahora tenemos algunos mecanismos de apoyo para el cuidado de los niños, pero me parece que éste es uno de los mayores problemas a los que se enfrentan las mujeres cuando tienen que reincorporarse al trabajo. Cuando estás tratando de progresar en tu carrera para alcanzar puestos más altos —lo que suele suceder a los veintilargos o treinta y pocos—, si decides tener hijos, volver al trabajo se convierte en una decisión muy importante en el ámbito personal y financiero, y también en el laboral, si asumimos que te gusta tu trabajo, claro. Creo que sería genial si pudiéramos hacer que al menos una de esas decisiones fuera algo más fácil, y que fuera más sencillo que las mujeres regresaran al trabajo si eso es lo que quieren. En algún lugar leí que si tienes un chofer puedes deducirte ese gasto. Los gastos derivados del cuidado infantil también deberían ser deducibles. Esto nos conduciría a una sociedad mucho más equilibrada.

Y, por el contrario, ¿te gustaría que se incentivara que fueran los hombres los que se quedaran en casa, o que hicieran más por el cuidado de los niños?

Hay que pensar en cómo se incentivaría eso. Creo que tienes que hacerlo aceptable, hacer que se convierta en una norma social. ¿Cómo lo enseñas? Tiene que hacerse mediante la educación. ¿Tratar de hacerlo más atractivo con medidas fiscales? Bueno, tal vez podría considerarse una exención de impuestos para la gente que se queda en casa. Pero creo que lo más importante sería superar el estigma que los hombres sienten si deciden quedarse en casa. Si podemos superar eso, como sociedad, entonces, ¿por qué no? Hasta cierto punto, es como tomarse un tiempo sabático, pero con los niños al lado. Podemos tomarnos un tiempo. Podemos ver el hecho de pasar tiempo con nuestros hijos como una forma de enriquecer nuestras vidas, y asegurarnos de que volver al trabajo sea algo sencillo, no verlo como algo negativo.

Volviendo a la cuestión general que estamos examinando en este libro, ¿tú crees que es posible afirmar que conseguiríamos mejores resultados con el medioambiente si hubiera un mayor equilibrio de género, si hubiera más mujeres en posiciones de poder, en el sector de la energía en concreto, y en el medio empresarial o en la política en general?

Creo que la respuesta es que sí, porque tenemos que conseguir un mayor equilibrio en la sociedad. Presentamos diferentes perspectivas, nuevos desafíos, y la idea de «pensamiento de grupo» empieza a perder importancia. Ése es el peligro en las organizaciones en las que existe un sesgo de género, que se empieza a producir un «pensamiento de grupo» que refuerza el pensamiento dominante, que no lo cuestiona. Para mí, el equilibrio de género consiste en cuestionar las cosas, en plantear nuevos desafíos, en preguntarse si ésta es la mejor manera que hay de hacer algo y en comprobar qué efectos puede tener una acción o idea sobre otros sitios. Tener más mujeres en todos los ámbitos —en compañías energéticas, en cualquier tipo de empresa, en el Gobierno— es algo realmente bueno. Conseguir un equilibrio de género en tu organización, desde la base hasta los altos cargos, marca la diferencia. Necesitamos más mujeres en los consejos de administración, como gerentes o directivas, si queremos conseguir verdaderamente los resultados medioambientales y empresariales adecuados.

Lo personal es político: ecofeminismos en los territorios del Norte Global

Yayo Herrero
Antropóloga, ingeniera, profesora y activista

El ecofeminismo es una corriente de pensamiento y un movimiento social que bucea en los encuentros y sinergias que se producen cuando ecologismo y feminismo dialogan en plano de igualdad. A partir de este encuentro, se comparte la riqueza conceptual, política y práctica de ambos movimientos, de modo que el análisis de los problemas que cada uno afronta por separado gana en profundidad, complejidad y claridad.

Los ecofeminismos —se trata un movimiento plural y diverso que se declina en plural— revisan conceptos clave de nuestra cultura: economía, trabajo, bienestar... Desarrollan una mirada crítica sobre el actual modelo social, económico y cultural y proponen una mirada diferente que politiza la vida cotidiana, los territorios y los cuerpos, aspectos que en la cultura occidental fueron tratados como inferiores e instrumentales.

Los ecofeminismos denuncian cómo la economía y la política se consolidaron en contra y por fuera de las bases materiales que sostienen la vida, como si los ciclos vitales humanos y los límites ecológicos no tuvieran que ver con ellas.

La producción capitalista tiene una precondición: la producción de vida que se realiza en espacios invisibles y que sigue una lógica opuesta a la del capital. Fuera de los focos, invisibilizadas y subordinadas, están las aportaciones cíclicas que regeneran cotidiana y generacionalmente tanto la existencia humana como la del resto del mundo vivo. En esos espacios ocultos, mujeres, territorios, sujetos colonizados y animales y plantas, se posibilita la satisfacción de las necesidades humanas, a la vez estas aportaciones hacen posible que la producción capitalista exista.

Una buena parte de las personas creen que más que necesitar agua, alimentos, cuidados o vivienda, lo que necesitan es dinero. El dinero es el salvoconducto que permite obtener todo lo que se necesita para sostener la vida, y bajo esta creencia se instaura una lógica sacrificial que defiende, como un dogma sagrado, que todo —territorio, vínculos y relaciones, libertad o dignidad— merece la pena ser sacrificado con tal de que crezca la economía.

Los ecofeminismos contribuyen a desmantelar ese abismo que separa ficticiamente humanidad y naturaleza; establecen la importancia material de los vínculos y las relaciones; se centran en la inmanencia y vulnerabilidad de los cuerpos y la vida humana, y dan la vuelta a las prioridades, situando la reproducción natural y social como elementos, indisociables entre sí, y cruciales para el metabolismo económico.

No es fácil trabajar desde una perspectiva ecofeminista en los países occidentales, y menos aún en las sociedades urbanas. Occidente ha conformado a través de la historia una noción de Progreso que hace creer que es posible vivir como individuos aislados, emancipados de la naturaleza, de nuestros propios cuerpos y desresponsabilizados del cuidado de quienes nos rodean. Esa triple emancipación es ficticia y sólo se pueden beneficiar de ella algunos sujetos, mayoritariamente hombres, pero el analfabetismo ecológico generalizado, el mito del crecimiento exponencial —imposible en un planeta con límites físicos— y la fe tecnológica que hace creer que siempre se inventará algo que resuelva todos los problemas, incluso los que la misma tecnología provoca, hace mirar a otro lado cuando llegan noticias y señales de la crisis civilizatoria que atravesamos.

Hablar de ecofeminismo en Europa, en España, supone

disputar las hegemonías económica política y cultural. Y eso no es sencillo. Sin embargo, y a pesar de las dificultades, estas miradas se van abriendo paso y cada vez más personas tienen la intuición de que las cosas no van bien. El movimiento feminista ha hecho irrumpir el discurso de los cuidados, y la preocupación por el cambio climático o el agotamiento de recursos esenciales para el mantenimiento de la economía, tal y como la conocemos, van colándose en las agendas a pesar de la *omertá* pactada entre las élites. El diálogo entre ambas problemáticas avanza y no son pocos los colectivos que reclaman formación y debate en estos temas.

Existen luchas, cotidianas y concretas que, aunque no se denominen ecofeministas tienen todos los rasgos que permiten identificarlas como tal. Del mismo modo que las defensoras de la tierra en América Latina o África no se reconocen como ecologistas, ni se sienten cómodas con conceptos acuñados en Occidente que con frecuencia no encajan en sus cosmovisiones mucho más apegadas a la tierra y a las comunidades, algunos de los movimientos sociales cercanos se enmarcan dentro de los ecofeminismos, aunque no usen o conozcan el término.

Desde nuestro punto de vista, también en nuestro país el capital ataca violentamente la vida, los cuerpos y los territorios. Existen conflictos en los que personas organizadas confrontan contra su lógica y exigen priorizar las vidas cotidianas y la naturaleza por encima de los beneficios de los diversos sectores.

Estos movimientos, que tienen rasgos ecofeministas, se caracterizan por disputar la centralidad de la vida, construir trabajo, protagonismos y liderazgos compartidos y colectivos.

En ellos, se produce un proceso emancipador para las mujeres, agentes activas de resistencia, lucha y cambio, y el propósito de esas luchas es la propia vida. No se persigue dar la vida por una causa mayor, sino que la causa es la propia vida. Eso genera un tipo de movilización situada, aterrizada, arraigada en la tierra y los cuerpos.

Hemos seleccionado tres de estas luchas y resistencias que se resignifican cuando las miramos desde este prisma y que hablan de resistir y organizarse ante una triple guerra: una guerra por los recursos y los territorios, una guerra contra los derechos sociales y laborales y una guerra contra los vínculos y las relaciones.

Temporeras de la fresa, luchadoras contra la esclavitud del oro rojo.

En los últimos meses se ha visibilizado el conflicto en la producción de fresa en Huelva. Las temporeras contratadas para la recolección han conseguido organizarse y denunciar que además de explotación laboral, sufrían abusos sexuales y amenazas por parte de empleadores o capataces.

Cuando sus denuncias alcanzaron la luz pública se señaló la falta de procedimientos de control, la opacidad sobre el número de mujeres que trabajan en el sector y las condiciones en qué lo hacen.

Pero no estamos sólo ante un problema de falta de protocolos. Es un problema estructural que tiene que ver con la noción de producción que critica el ecofeminismo, con la transformación de la agricultura en un proceso industrial, centrado en la maximización de los beneficios, que explota personas y naturaleza en un contexto patriarcal.

Los abusos sexuales a las trabajadoras, según señalaban algunas personas de la Administración, eran un secreto a voces, pero la rentabilidad del sector, medida exclusivamente en valores monetarios, se encontraba por encima de los cuerpos, de las vidas cotidianas y de los territorios.

La situación de las jornaleras marroquíes no constituye una mala práctica aislada y puntual. No es un fallo el sistema. Es el sistema en estado puro. Es más bien el resultado sobre territorios concretos y vidas cotidianas de un modelo productivo insostenible, capitalista, racista y patriarcal.

El monocultivo masivo de fresa tiene importantes consecuencias sobre el territorio. Entre otros daños se encuentran la deforestación de grandes superficies, la contaminación de acuíferos, el uso generalizado de pesticidas, algunos de ellos prohibidos en varios países, y la utilización de fosfatos y nitratos extraídos en zonas de conflicto, como por ejemplo el territorio saharaui.

En el plano social, la explotación laboral constituye una parte indisociable de este modelo productivo. A mayor explotación, menores costes y mayores beneficios. Los bajos salarios son condición necesaria para que el sector sea competitivo y tenga un «alto valor añadido».

Quienes contratan creen que las mujeres dan menos problemas. Para no decir que son menos conflictivas, se argumenta «científicamente»: las mujeres son más aptas para la recogida de la fresa porque «tienen los dedos más delicados» y presentan una morfología que las capacita genéticamente para estar más tiempo inclinadas, recolectando.

El patriarcado, otra vez más, se alía con el capitalismo. Se contrata a mujeres pobres, jóvenes, que no estén obesas, preferentemente casadas y que tengan hijos a su cargo, menores de catorce años, para asegurar que vuelven a sus países. Ellas, *naturalmente*, vuelven a casa si dejaron allí a seres vulnerables de los que hacerse cargo. Parece ser que no es tan seguro que ellos lo hagan.

Y una vez aquí, solas, sin conocer el idioma, en entornos profundamente machistas, trabajan a destajo y en condiciones duras por un jornal miserable. En ocasiones, acosadas por capataces y empleadores que amenazan con apuntar menos kilos de los que recogen y despedirlas si no consienten en ser abusadas.

Las jornaleras de la fresa marroquíes enfrentan una alianza perversa entre diversas formas de patriarcado que se refuerzan entre sí: el que las ve como un recurso con dedos delicados, genéticamente predispuesto a agacharse, explotables, sumisas y nada proclives a quedarse en España por tener responsabilidades de cuidados; el de los capataces, que estando también probablemente explotados, encuentran alguien sobre quien ejercer el poder; y el de los hombres de sus propios países, sus maridos, ante los que, dicen las jornaleras, deben esconder los abusos que sufren para no ser repudiadas y poder volver a casa.

Toda esta concatenación de violencias contra los territorios y contra las personas —de clase, de origen, de género— forman parte estructural de una determinada forma de producir. No son casos puntuales o aislados.

Algún sindicato minoritario y otros colectivos solidarios ecofeministas están acompañando, ayudando a visibilizar y acogiendo a estas mujeres, a las que se trata de expulsar para que no denuncien. Hasta para poder denunciar hace falta una comunidad en la que sostenerse y apoyarse. La determinación de estas mujeres y de los colectivos que las apoyan luchan contra un sector que crece y tiene beneficios contra la tierra y las trabajadoras.

Defensoras de la vida y del territorio en el corazón de la ciudad.

Lo más parecido a la luchas en defensa del territorio en el corazón de las grandes urbes son los movimientos por el derecho a la vivienda, y están protagonizados fundamentalmente por mujeres. Allí, ellas resisten y se organizan.

Muchas de ellas son mujeres que, desde que comenzaron las amenazas de desahucios, tienen la vida metida en cajas, ya que no quieren arriesgarse a perder, además de la vivienda, muebles, ropa, enseres y fotos. En esas situaciones precarias, mantienen como pueden los equilibrios precarios de la economía y la vida doméstica.

Organizadas —muchas de ellas no lo estaban previamente—, denuncian el fracaso de la política para cuidar a la gente y hacerse cargo de sus vidas. La legitimidad de su lucha se apoya en la convicción de que lo que viven sus familias no es una anomalía ni una rareza. La discapacidad, el desempleo, la enfermedad, la niñez, la vejez, la precariedad laboral…, todas estas situaciones son parte de lo que es la vida, de sus etapas, de sus ciclos. La lucha antidesahucios advierte que una política decente, unas leyes decentes son aquéllas que garantizan el derecho a la vulnerabilidad, no como algo anómalo, propio de personas pobres y estigmatizables, sino como un rasgo inherente a la existencia humana que debe ocupar la centralidad de la política.

Cada vez que una institución dice que alguien debe irse a la calle sin alternativa habitacional, lo que nos está diciendo es que la política se declara incapaz de resolver y proteger a las personas en situación de desamparo. Se asume la «legitimidad» de echar a la gente a la calle, no sólo porque no pague, sino porque no paga lo que apetece ganar, sin límite ninguno. El «sector», en este caso el inmobiliario, y su facturación, está por encima de las vidas. Lo legal, «lo normal», es ganar cuanto se pueda a costa de lo que sea. Todo merece la pena ser sacrificado, cuerpos y territorios, si la contrapartida es ganar más.

Se trata de una lucha colectiva en donde unas personas, mayoritariamente mujeres, conocen a otras en su misma situación. Así convierten su problema individual, el desamparo de su familia, en un problema colectivo y político ante el que se organizan, porque sólo desde lo comunitario y lo colectivo pueden acumular fuerza, resistir y reconstruir.

El capitalismo expulsa gente de sus territorios, en este caso del territorio más próximo. Tu propia casa y el barrio en el que se desenvuelve tu vida. Son las migraciones forzosas intramuros del mundo rico. Expulsiones basadas en el despojo y la desposesión de las condiciones de vida más básicas.

Las mujeres del movimiento en defensa de la vivienda nos cuentan que cuando te echan de tu casa, no te echan sólo del recinto cerrado en el que duermes y cocinas, sino que te extraen de un marco de relaciones, vínculos y estructuras de apoyo mutuo. No es sólo que se expulsen familias de sus viviendas. Se les desbaratan las vidas. Es un ataque a las redes que las sostienen, a las relaciones de reciprocidad y afectos que son fundamentales, emocional y materialmente, para poder sobrevivir con dignidad.

Las administraciones y los intereses económicos no razonan en términos de relaciones y les parece que una persona hace su vida igual en un sitio que en otro, pero en su barrio y su entorno se ayudan, se prestan dinero para llegar a final de mes, de modo que muchas vidas precarias en común pueden sostenerse.

Este movimiento explica desde la práctica cómo construir ciudad, qué es el derecho a la ciudad, la importancia de la comunidad para afrontar las crisis, la fuerza que da no sentirse solas.

Un acceso justo y sostenible a la energía

En el último año, un amplio número de mujeres profesionales, activistas y académicas del sector de la energía ha dicho «basta» en España ante el modelo inseguro, insostenible y machista que opera en el país.

Tras una década exigiendo un cambio, la Unión Europea ha obligado a redactar una Ley del Cambio Climático y un Plan de Acción para los próximos años. Se constituyó una comisión de catorce personas expertas para redactar la ley. Todos son hombres. Unos meses después del anuncio, se articuló en Bilbao el primer encuentro de mujeres sobre energía y género. La asistencia al encuentro desbordó todas las previsiones.

No se trataba sólo de exigir presencia de mujeres y visibilizar a quienes desarrollan su trabajo o activismo en este ámbito, sino que se intentaba construir un movimiento que generase nuevas bases para el tratamiento de las cuestiones energéticas situando las crisis de energía y materiales y el aseguramiento del acceso a la energía como prioridades.

Las mujeres organizadas denuncian un modelo basado en combustibles fósiles — causante del cambio climático—, una minería cada vez más ineficiente y un modelo de consumo despilfarrado y excesivo.

Señalan que, además, estos modelos son injustos e impactan violentamente en la vida de las mujeres tanto de España como de los países donde se agrede y expulsa a las comunidades para poner en marcha megaproyectos.

Si se mantiene un modelo que sólo piensa en el hoy y en la energía como negocio y no como necesidad, éste seguirá siendo excluyente, injusto, colonial y ecocida. El modelo energético se basa en el saqueo y el expolio a los pueblos indígenas. Es de Europa de donde salen muchas de estas empresas, algunas de ellas cotizan en el IBEX 35.

En este lado, en España, el 80% de las mujeres que se dedican a tareas domésticas corre el riesgo de sufrir pobreza energética. Sufrimos un modelo de monopolio que convierte la energía en mercancía y culpabiliza al consumidor que no puede hacer frente a las facturas.

Las mujeres son además mayoría en la puesta en marcha de modelos alternativos como cooperativas de consumo o cooperativas de servicios energéticos.

Es decir, la posibilidad de transitar hacia modelos energéticos justos y sostenibles pasa por incorporar una mirada ecologista y feminista que sitúa las necesidades como prioridad consciente de la situación de crisis energética.

Y muchas más luchas...

No son las únicas luchas. Podríamos hablar de la organización de la huelga de consumo en las movilizaciones de las últimas celebraciones del 8 de marzo, cuyos argumentarios reproducen los análisis y propuestas de los ecofeminismos; de experiencias como la de Ganaderas en Red, una organización de mujeres de la ganadería extensiva que defienden su papel como mujeres trabajadoras del campo emancipadas, como defensoras y mantenedoras de un territorio progresivamente vaciado y garantes de un sistema de producción que respeta la dignidad de la vida animal; en el movimiento animalista hay una abrumadora mayoría de mujeres que tratan de luchar contra el especismo y la violencia de humanos contra animales; en el ámbito de la salud existe también un movimiento que se organiza para visibilizar y denunciar los mayores impactos de la contaminación química y electromagnética sobre los cuerpos de las mujeres; en los sistemas educativos hay miradas pedagógicas innovadoras que tratan de llevar la preocupación ecosocial y ecofeminista al corazón de los sistemas curriculares; en las plataformas contra el extractivismo y las macrogranjas porcinas, que surgen por doquier en todo el territorio, la presencia y liderazgos de mujeres es muy mayoritaria...

Todo ello nos muestra que las dimensiones ecológica y feminista están siendo imprescindibles para transformar la concepción y la gestión del territorio, de los bienes naturales y para reorganizar los tiempos de la gente... Sin ellas, es imposible alumbrar un modelo compatible con la biosfera y que trate de dar respuesta a todas las diferentes formas de desigualdad.

Los movimientos que están emergiendo en nuestro territorio vinculan la exigencia a la política institucional con la denuncia, la construcción de alternativas y el cuidado y apoyo comunitario ante los problemas que sacuden las vidas concretas.

Estas luchas, en nuestra opinión, muestran cómo en territorios concretos y en las vidas cotidianas se expresa eso de que lo personal es político.

No sabemos si las mujeres salvarán
el planeta, pero sí que sabemos
que ya no queda mucho margen
para hacerlo y que sólo una lucha
feminista, anticapitalista, antirracista
y ecologista lo puede conseguir.
Esperamos que este libro ayude a
hacerlo posible.

R